유아수학교육

이정욱 임수진 마혜진 박진이 양지애 이소정 공저

JUNGMINSA
정민사

책을 펴내면서

최첨단 과학기술과 4차 산업혁명 시대를 살아가야 할 우리 아이들에게 수학의 중요성은 아무리 강조해도 지나치지 않다. 수학능력은 출생 이후부터 발달하기 시작하고, 유아는 생활 속에서 경험을 통해 형성해온 많은 비형식적 수학 지식을 지니고 유아교육기관에 들어온다는 점은 더 이상 이론의 여지가 없다. 뿐만 아니라 유아기 수학능력은 이후 학교수학의 토대가 되고, 학업성취의 강력한 예측변인이 된다는 점도 많은 연구들에서 밝혀진 바 있다.

유아교사들은 수학의 중요성과 유아기 수학학습의 중요성을 인정하지만, 어떤 내용으로 어떻게 수학학습을 지원하고 지도해야 하는지에 대해 자신 없어 한다. 유아교사 스스로가 수학을 좋아하지 않고, 그러다 보니 유아에게도 수학학습의 기회를 충분히 제공하지 않는 경향이 있다. 이 책은 이러한 유아교사들의 어려움을 염두에 두고 유아교육과 학생의 예비교사교육과 현직교사교육에서 활용될 수 있는 교재로 집필하였다.

이 책의 구성은 총 8장으로 구성되어 있는데 제1장에서 유아기 수학의 중요성, 유아수학교육의 기본방향, 국가수준 교육과정에 포함된 유아수학교육을 제시하고, 제2장에서 수학적 과정과 수학적 태도를 설명하였다. 제3장부터 제7장까지는 유아수학교육 내용으로 수와 연산, 공간과 도형, 측정, 규칙성, 자료의 이해를 각 장에서 다루고 있다. 각 장의 수학내용 영역별로 유아의 수학 개념 발달과정과 적합한 지도방법을 제시하였다. 특히 유아의 수학학습 지도에는 놀이에 포함된 수학 개념 및 기능 파악하기(수학 놀이 읽기), 의도적으로 계획하지는 않았으나 가르칠 수 있는 순간을 포착하여 수학학습으로 이끌기(우발적 수학 놀이 지원하기), 수학학습을 위해 교사가 의도적으로 계획한 놀이(의도적 수학 놀이 제공하기)를 모두 포함하여 제시하였다.

마지막으로 제8장에서는 수학교육을 위한 환경구성과 평가를 설명하였다. 질 높은 수학교육을 위해서는 교사의 수학교과교육학 지식이 핵심이나 대부분의 유아수학교육 교재들에서 이를 다루고 있지 않아 이 책에서는 이에 대한 평가를 포함하였다.

이 책은 각 장의 들어가기와 마지막 다지기에 독자가 직접 참여하는 수학활동을 제시하고 있다. 이는 독자가 직접 수학활동을 하면서 수학에 흥미를 가지고 수학의 가치를 느낄 수 있었으면 하는 저자들의 바람에서 시도한 것이다. 저자들은 수학이 마냥 어렵고 골치 아픈 것만은 아니라는 것, 나름 재미있고 흥미로운 것임을 독자가 조금이라도 느낄 수 있기를 바라며 이 책을 집필하였다. 아직 미흡한 점이 있겠지만 수년간 유아수학을 주제로 연구하고 학생들에게 강의한 내용을 정리하여 엮은 이 책이 유아수학교육을 공부하는 독자들에게 보탬이 되기를 기대하는 바이다.

한 권의 책이 나오기까지는 여러 사람들의 도움이 있었다. 이 지면을 빌려서 감사의 뜻을 전하고자 한다. 무엇보다 먼저 저자들의 강의에 적극 참여해 주었던 학부 및 대학원 학생들에게 감사드린다. 또한 책 속의 예시를 제공해준 덕성여자대학교부속유치원과 고양청사푸르미어린이집 유아들 및 교사들에게 고마움을 전하고자 한다. 아울러 이 책의 출판을 위해 애써주신 정민사 여러 분께 감사를 드린다.

2019년 8월

저자 일동

활용 시 참고하세요

본 책은 학습내용, 들어가기, 내용, 다지기의 순서로 구성하여 각 장의 내용에 보다 쉽게 접근하고 이해하는 데 도움이 되고자 하였다. 대학의 예비유아교사 양성과정에서 수업 교재로 사용하는 경우에는 이 순서에 따라 수업을 실행할 수 있으며, 현장에 재직 중인 교사의 경우에는 필요한 부분을 중심으로 활용하면 된다.

학습내용	→	들어가기	→	내용	→	다지기
주요 학습내용 제시		학습자의 흥미 및 학습동기 유발		1. 개념의 발달 2. 지도 및 평가		주요 학습내용 이해 및 확인

학습내용에서는 주요 학습내용을 제시하여 각 장에서 다루는 주요 개념을 한눈에 살펴볼 수 있다. **들어가기**에서는 유아의 놀이 상황 읽기 혹은 주요 개념과 관련된 활동을 제시하였다. 학습자의 흥미 및 학습 동기부여를 위한 것이므로 각 장에 들어가기에 앞서 활용하면 도움이 될 수 있다. **내용**은 개념의 발달, 지도 및 평가로 구성하여 예비유아교사 혹은 이 책을 활용하고자 하는 교사가 이론-실제-평가를 순환적으로 경험하도록 구성하였다. 특히 지도 및 평가에서는 2019 개정 누리과정에서 강조하는 놀이 상황에서의 학습경험을 1) 수학 놀이 읽기 2) 우발적 수학 놀이 지원하기 3) 의도적 수학 놀이 제공하기로 나누어 기술하여 유아의 놀이를 지원하고 이를 관찰하여 평가하는 방법에 대해 설명하였다. **다지기**에서는 각 장에서 학습한 내용을 정리 · 확인하는 과정으로 구성하였다.

학습내용
- 유아의 수학적 경험
- 유아수학교육 방향
- 유아기 수학과 학업성취도
- 유치원 교육과정과 수학

> **학습내용**
> 각 장별로 다루는 주요 학습내용 제시

들어가기

> **들어가기**
> 학습자 흥미 및 학습동기 유발
> • 유아의 수학 놀이 읽기
> • 주요 개념과 연관된 활동 제시

다음을 생각해 봅시다.

유아기 수학적 경험은 문제해결을 위한 논리적 사고와 추론 능력을 키운다. 수학은 고립된 사실, 규칙, 공식을 단순히 모아놓은 것이 아니고 우리의 세계를 이해하고 확장하려는 노력인 탐구과정이므로 합리적이고 논리적인 사고, 문제해결 전략이나 추론 능력과 같은 사고과정을 발달시키고 생각하는 힘을 키우는 것이다(교육과학기술부, 2013). 유아는 일상생활이나 놀이 속에서 수, 양, 공간, 도형 등에서의 관계를 인지하고 추론하여 문제를 해결하는 경험을 하며 수학적 사고의 바탕을 형성한다. 수학적 사

> 유아기 수학적 경험
> 논리적 사고와 추론 능력, 생각하는 힘을 키우게 됨

> **핵심 개념 제시**
> 학습자가 알아야 할 주요 개념 제시

Tip 비교용어를 알아보아요.

수의 크기를 비교할 때에는 '크다', '작다' 예) 숫자 3은 5보다 작습니다.	물건의 수를 비교할 때에는 '많다', '적다' 예) 사탕 3개는 사탕 5개보다 적습니다.

> **Tip**
> 학습내용의 이해를 돕기 위한 내용 제시

함께 해봐요

숫자 5를 다양한 방법으로 나누어 보세요. 몇 가지 방법이 있나요?

예) 숫자 7=(3, 4), (1, 1, 1, 1, 3), (1, 1, 1, 1, 1, 2) 등

> **함께 해봐요**
> 학습내용 이해 및 참여도를 높이기 위한 활동 제시

2) 놀이 상황에서의 공간과 도형

공간과 도형 활동의 실제는 유아의 자유놀이 안에 포함된 공간과 도형 개념 읽어내기(수학 놀이 읽기), 교사가 의도하여 계획하지는 않았지만 놀이 중 수학학습의 기회를 포착하여 지원하기(우발적 수학 놀이 지원하기), 교사가 수학학습을 위해 의도적으로 계획한 놀이 제공하기(의도적 수학 놀이 제공하기)로 나누어 제시하고자 한다.

(1) 수학 놀이 읽기

유아가 공간과 도형의 개념을 경험할 수 있는 놀이 상황은 다양하다. 다음은 다양한 모양의 로콘블록으로 팽이를 만들어 놀이하는 상황이다. 이 과정을 보면 유아는 삼각형, 사각형, 오각형 등 다양한 종류의 평면도형을 사용하여 입체도형인 팽이를 구성하고, 각 팽이들의 공통점을 찾아보며 팽이가 돌아가기 위해서는 뾰족한 부분이 있어야 함을 추론하는 모습을 볼 수 있다.

> **2019 개정 누리과정을 반영한 놀이 상황에서 수학 놀이 지원하기**
> - 수학 놀이 읽기
> - 우발적 수학 놀이 지원하기
> - 의도적 수학 놀이 제공하기

(2) 우발적 수학 놀이 지원하기

유아는 놀이를 하는 매 순간, 공간과 도형을 경험한다. 다음은 바깥놀이터에서 '무궁화 꽃이 피었습니다' 놀이를 하며 유아가 경험한 위치와 방향(근접, 분리, 순서)에 대한 예이다. 교사는 놀이를 하며 각 개념을 지도할 수 있는 학습의 기회를 포착하여 관련된 수학적 상호작용을 하여 놀이를 지원하였다.

(3) 의도적 수학 놀이 제공하기

교사는 유아의 공간과 도형 개념의 발달을 도모할 수 있는 수학 놀이를 계획하여 제공할 수 있다. 개별 또는 소집단 형태의 수학 놀이와 대집단 형태의 수학 놀이로 나누어 살펴보고자 한다.

다지기

> **다지기**
> 학습한 내용에 대한 이해와 활용 정도를 확인하는 활동 제시

활용 시 참고하세요

수학 개념별 활동목록

수와 연산

번호	놀이 상황	활동명	활동개요	쪽
1	수학 놀이 읽기	메모리 게임	메모리 게임을 하기 위해 공평하게 카드를 나누고, 게임이 끝난 후에 빠르고 편하게 카드의 수 확인하기	87
2	우발적 수학 놀이 지원하기	오늘은 며칠일까요? 그러면 내일은?	수와 연산 개념을 고려하여 날짜를 찾아 읽어 보고, 친구 생일까지 남은 날짜 세어보기	89
3	의도적 수학 놀이 제공하기	하나 더 많은, 같은, 하나 더 적은	울타리 안에 원하는 수만큼 동물모형 넣고 주사위를 던져 나온 수만큼 동물모형을 넣거나 빼기	90
4		피자를 만들어요	피자조각을 나누어 가지고 주사위를 던져 나온 수만큼 피자 조각에 토핑 붙이기	91
5		숫자 컵을 쌓아보아요	숫자가 쓰인 컵과 수량을 나타내는 그림이 있는 컵을 연결하여 쌓기	92
6		동시 '바퀴는 몇 개일까요?'	동시를 감상하고 동시 내용에 포함된 수학적 요소에 대해 이야기 나누기	93

공간과 도형

번호	놀이 상황	활동명	활동개요	쪽
1	수학 놀이 읽기	로콘블록으로 팽이를 만들어요	다양한 모양의 로콘블록으로 팽이 만들기	127
2	우발적 수학 놀이 지원하기	무궁화 꽃이 피었습니다!	위치와 방향 개념을 고려하여 '무궁화 꽃이 피었습니다' 놀이하기	128
3	의도적 수학 놀이 제공하기	어떤 탈 것일까요?	여러 평면도형이 포함된 탈 것 그림을 보며 질문하고 답 맞추기	129
4		마트를 꾸며 보세요	위치어와 방향어를 사용하여 그림카드를 설명하고, 설명한 그림카드처럼 디오라마 구성하기	130
5		쌍둥이를 만들어 보세요	다양한 평면도형을 이용하여 자신이 선택한 동물과 똑같은 쌍둥이 동물 만들기	131
6		실외 게임 '정글 숲을 지나서 가자'	정글 숲의 줄을 피해 숨겨진 도형을 모아 동물 그림 맞추기	132

측정

번호	놀이 상황	활동명	활동개요	쪽
1	수학 놀이 읽기	듀플로 블록으로 의자를 만들어요	길이, 넓이, 두께 등을 고려하며 듀플로 블록으로 의자 만들기	160
2	우발적 수학 놀이 지원하기	양치질하는 동안에 노래가 나오는 신기한 칫솔	칫솔에서 나오는 노래의 길이 측정하기	161

번호	놀이 상황	활동명	활동개요	쪽
3	의도적 수학 놀이 제공하기	비교하는 말을 짝 지어 보아요	주사위를 던져 나온 수만큼 말을 옮기고 말이 도착한 칸에 있는 비교하는 말과 같은 말이 써진 카드를 버리는 게임	163
4		블록으로 침대를 만들어요	다양한 크기의 블록을 이용하여 친구의 키를 고려한 침대 만들기	164
5		나의 한아름 나무를 찾아라	한 아름의 둘레를 가진 나무 찾기	165
6		새 노래 '더 긴 것, 더 짧은 것'	노래를 배우고 음악적 개념과 노랫말에 포함된 수학적 요소에 대해 이야기 나누기	166

규칙성

번호	놀이 상황	활동명	활동개요	쪽
1	수학 놀이 읽기	패턴 줄넘기 만들기	규칙성있게 빨대를 번갈아 끼워 '패턴 줄넘기' 만들기	186
2	우발적 수학 놀이 지원하기	맛있는 딸바딸바, 포바바포바바 꼬치를 먹어요	규칙성 개념 고려하여 과일꼬치 끼우기	187
3	의도적 수학 놀이 제공하기	패턴 목걸이 만들기	다양한 크기, 모양, 색의 구슬을 이용하여 패턴 목걸이 만들기	188
4		키스 해링 그림 속 사람이 되어 보아요	'키스 해링' 그림 속 동작으로 운동패턴 만들기	189
5		패턴 음식 만들기	만들고 싶은 패턴 음식 만들기 카드를 선택하여 패턴으로 케이크와 꼬치 만들기	190
6		게임 '패턴 길을 만들어요'	규칙성에 대한 수학적 요소를 고려하여 패턴 길 만들기	191

자료의 이해

번호	놀이 상황	활동명	활동개요	쪽
1	수학 놀이 읽기	맛있는 과일 샐러드 만들기	역할놀이 과일모형을 이용하여 '과일 샐러드 만들기' 놀이하기	214
2	우발적 수학 놀이 지원하기	정리를 쉽고, 빠르게 하려면?	빠르고 쉽게 정리하기 위하여 다양한 준거로 블록 분류하여 정리하기	215
3	의도적 수학 놀이 제공하기	배고픈 애벌레에게 먹이를 줘요	두 개로 나눠진 과일모형의 짝을 찾거나, 배고픈 애벌레 모형 안에 완성한 과일모형 넣기	216
4		분류번호에 맞게 책을 책장에 정리해요	분류번호에 맞게 책 분류하거나 분류한 대로 책장에 책 정리하기	217
5		지게차에 짐을 실어 주세요	주사위를 던져 나온 수와 같은 글자수의 짐을 찾아 같은 번호의 지게차에 싣기	218
6		이야기 나누기 '아나바다 바자회를 준비해요'	바자회에서 판매할 물건들을 정리하기 위해, 분류기준을 정하고 기준에 따라 분류하기	219

목 차

- 책을 펴내면서 _002
- 활용 시 참고하세요 _004

CHAPTER 01 수학과 유아

1. 유아기 수학의 중요성 ······ 016
2. 유아수학교육의 기본방향 ······ 021
3. 국가수준 유아수학교육과정의 변천 ······ 026

CHAPTER 02 수학적 과정과 수학적 태도

1. 수학적 과정 ······ 043
   1) 문제해결하기 ······ 044
   2) 추론하기 ······ 046
   3) 의사소통하기 ······ 048
   4) 연계하기 ······ 051
2. 수학적 태도 ······ 053

CHAPTER 03 수와 연산

1. 수와 연산 개념의 발달 ······ 065
   1) 즉지하기와 수 세기 ······ 065
   2) 수 읽기와 쓰기 ······ 072
   3) 수의 관계 ······ 074
   4) 수 연산 ······ 079

2. 수와 연산의 지도 및 평가 ········· 085
1) 수와 연산의 지도방법 ········· 085
2) 놀이 상황에서의 수와 연산 ········· 086
3) 관찰을 통한 평가 ········· 094

CHAPTER 04 공간과 도형

1. 공간과 도형 개념의 발달 ········· 105
1) 공간적 사고 ········· 105
2) 도형 ········· 114

2. 공간과 도형의 지도 및 평가 ········· 124
1) 공간과 도형의 지도방법 ········· 124
2) 놀이 상황에서의 공간과 도형 ········· 126
3) 관찰을 통한 평가 ········· 133

CHAPTER 05 측정

1. 측정 개념과 기능의 발달 ········· 143
1) 비교하기 ········· 144
2) 순서 짓기 ········· 146
3) 측정하기 ········· 149

2. 측정의 지도 및 평가 ········· 158
1) 측정의 지도방법 ········· 158
2) 놀이 상황에서의 측정 ········· 159
3) 관찰을 통한 평가 ········· 167

목 차

CHAPTER 06 규칙성

1. 규칙성 이해의 발달 176
1) 규칙성과 대수적 사고 176
2) 규칙성의 유형 177
3) 규칙성의 발달과정 181

2. 규칙성의 지도 및 평가 184
1) 규칙성의 지도방법 184
2) 놀이 상황에서의 규칙성 185
3) 관찰을 통한 평가 192

CHAPTER 07 자료의 이해

1. 자료 이해 능력의 발달 201
1) 분류하기 201
2) 분류결과 나타내기 206

2. 자료의 이해 지도 및 평가 211
1) 자료의 이해 지도방법 211
2) 놀이 상황에서의 자료 이해 214
3) 관찰을 통한 평가 220

CHAPTER 08 환경구성과 평가

1. 환경구성 ······ 230
1) 수학영역 ······ 230
2) 다양한 놀이 공간 ······ 232
3) 수학활동자료 ······ 235

2. 평가 ······ 238
1) 유아에 대한 평가 ······ 238
2) 교사의 자기평가 ······ 246

- 참고문헌 _250
- 찾아보기 _257

c h a p t e r 1

수학과 유아

1. 유아기 수학의 중요성
2. 유아수학교육의 기본방향
3. 국가수준 유아수학교육과정의 변천

학습내용

- 유아의 수학적 경험
- 유아수학교육 방향
- 유아기 수학과 학업성취도
- 유치원 교육과정과 수학

다음을 생각해 봅시다.

♣ 아침에 일어나서 강의를 들으러 온 지금까지의 일들을 생각해 봅시다. 그중에 수학과 관련된 경험들을 적어 보세요.

이 장에서는...

수학은 우리의 생활 속에 녹아들어 있기 때문에 유아는 하루 일과를 통해 기초적인 수학 개념에 접할 기회가 많습니다. 그러나 교사가 유아기 수학에 대한 충분한 지식을 지니고 있지 않다면 의미 있는 수학학습의 기회를 활용할 수 없게 됩니다. 유아기 수학에 대한 이해의 첫걸음으로, 이 장에서는 유아기 수학의 중요성과 유아수학교육의 기본방향, 그리고 우리나라 국가수준 유치원 교육과정에서 어떠한 수학적 내용을 다루었는지 살펴보고자 합니다.

1 유아기 수학의 중요성

생활 속의 수학
자연이나 인간사회 속에는 수학의 원리가 들어 있음

수학은 우리의 생활 도처에 포함되어 있고, 우리가 이 세상을 더 잘 이해할 수 있도록 돕는다. 자연이나 인간 사회의 많은 부분은 수학의 원리에 의존하고 있다. 예를 들어, 정육각형으로 만들어진 꿀벌의 벌집을 생각해 보자. 벌집은 불순물이 끼지 못하도록 빈틈없이 맞물린 모양으로 공간을 채우도록 만들어 졌는데, 공간을 빈틈없이 채울 수 있는 도형은 정삼각형, 정사각형, 정육각형 뿐이다. 이 중에서 꼭짓점의 각이 최대인 정육각형은 다른 두 도형보다 꿀이 훨씬 더 많이 들어간다. 꿀벌은 본능적으로 정육각형을 사용하여 벌집을 짓는 것이다. 또 다른 예로 원형으로 된 맨홀 뚜껑을 생각해 보자. 원은 모든 지점에서 지름이 일정하기 때문에 원 모양으로 뚜껑을 만들면 구멍으로 절대 빠지지 않는다. 그러나 원을 제외한 다각형은 폭이 긴 쪽과 짧은 쪽이 있기 때문에 세워서 돌리면 뚜껑이 구멍 속으로 들어갈 수 있어 위험하므로 맨홀 뚜껑은 원형으로 만드는 것이다.

맨홀 뚜껑이 둥근 이유는?

[EBS 클립뱅크_맨홀뚜껑과 원의 성질] 동영상

수학으로 가득 찬 세상에서 유아는 자연스럽게 수학에 접하게 된다. 만 2세 영아도 간식 시간에 우유가 담겨있는 컵을 교사에게 내밀며 "더 주세요."라고 말하는 것을 쉽게 볼 수 있다. 이는 영아가 직관적으로 양의 개념을 가지고 있으며, 우유를 첨가하면 처음에 주어진 우유의 양이 증가한다는 것, 즉 더하기를 통한 양의 변화를 이해함을 보여준다. 또한 유아는 사각기둥 블록을 쌓아올린 후 마지막 꼭대기에 지붕이라면서 사각뿔 블록을 올리고, 그 위로는 더 이상 블록을 쌓아올리지 않는다. 유아는 '~의 위'라는 위치 개념뿐만 아니라 평평한 면 위에는 블록을 더 쌓아올릴 수 있지만 뾰족한 꼭짓점 위로는 더 이상 쌓아올릴 수 없음을 아는 것이다. 이렇듯 수학은 유아의 생활 속에 녹아들어 있고, 유아는 초보적인 수학 지식을 형성하는 능력이 있다. 유치원에 들어올 때쯤이면 많은 유아들이 이미 놀랄 만큼 광범위하고 복잡하며 정교한 수학적 지식을 지니고 있다(Clements, 2004).

일상에서의 수학적 경험

영아도 간식 시간에 우유가 담겨있는 컵을 교사에게 내밀며 "더 주세요."라고 말한다.

유아는 정육면체 블록을 쌓아올린 후 마지막 꼭대기에 지붕으로 삼각기둥을 올리고, 그 위로는 더 이상 블록을 쌓아올리지 않는다.

비형식적 수학
주변의 일상적 경험을 통해 자연스럽게 획득되는 수학적 지식

연구들은 6개월~12개월 영아도 2~3개의 수량은 세지 않고 즉각적으로 인식할 수 있고(Sarama & Clements, 2009), 1개에 1개를 더하거나 2개에서 1개를 빼는 간단한 산술적 추론이 가능함(Wynn, 1992)을 보고한다. 이는 Geary(1994)가 지적하였듯이 유아가 양에 대한 기본 감각을 지니고 태어나므로, 언어나 도구를 사용하는 것이 인간의 본성인 것처럼 수학적으로 사고하는 것은 인간의 본성임을 나타내는 것이다(김민경, 홍혜경, 이지현, 이정욱, 2006). 따라서 유아는 형식적 교육을 받기 이전에도 생활 속 경험을 통해 자발적으로 수학에 대한 많은 비형식적 지식을 구성한다. 비형식적인 수

학은 자발적으로 말하기를 배우는 것과 같이 형식적 교육이 없어도 유아 스스로 환경 속에서 능동적으로 지식을 구성하는 것이다(Ginsburg & Baron, 1993). 예컨대 딱지놀이를 하려고 딱지를 접으면서 색종이를 반으로 접으면 긴 네모 모양이 되고, 대각선으로 접으면 세모 모양이 된다는 것을 자연스럽게 알게 된다. 생활 속의 특정한 맥락 안에서 형성되는 비형식적 수학은 직관적이고 감정적이며 암묵적이지만 일상생활의 문제 해결에 유용하게 활용되고, 이후 학교교육을 통한 형식적 수학의 토대가 된다.

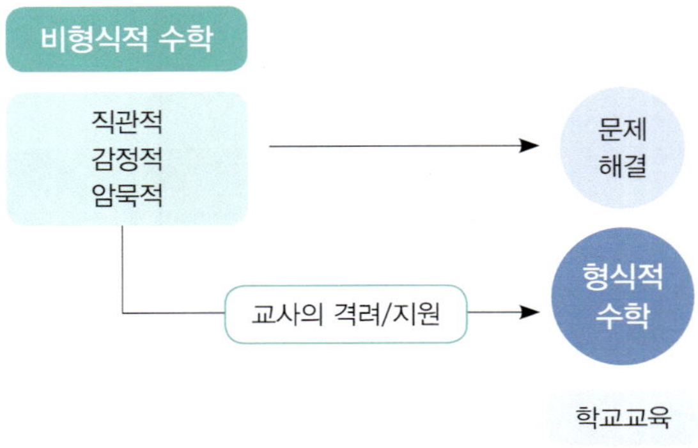

유아의 비형식적 수학은 교사의 격려와 지원에 힘입어 직관적이며 암묵적인 이해에서 점차 논리적이고 명시적인 이해로 발달한다. 유아는 교사의 지도를 통해 일상적 경험과 놀이에서 마주친 직관적 수학 개념을 명시적으로 표현하는 방법을 배우게 된다. 비형식적 수학은 수학이란 구조물을 짓기 위한 토대와 기회를 제공하지만 실제로 이 토대 위에 건실한 구조물을 형성하기 위해서는 교사의 지도가 필요하다(Hildebrandt & Zan, 2002). 교사는 유아에게 다양한 방법으로 수학적 패턴과 구조를 접하고, 놀이하고, 탐색할 기회를 제공함으로써 기초적인 수학적 이해의 발달을 돕는다(Ginsburg, Inoue, & Seo, 1999; Sarama & Clements, 2009).

유아의 수학 발달과 학습
수학적 사고는 전반적인 인지와 학습의 토대 형성에 기여

발달심리 및 수학교육 연구들은 유아가 어떻게 수학을 배우고 발달하는지에 대해 많은 것을 알려주고 있으며, 유아기의 수학적 사고가 전반적인 인지와 학습의 토대를 형성하는 데 도움이 된다고 보고하고 있다(Schoenfeld & Stipek, 2011). 예를 들어, 신생아도 출생 직후부터 수량적 · 공간적 패턴에 주목하고, 시간이 지나면서 주변을 이해하기 위해 다양한 수학

적 방법을 발달시키게 되는데 이는 이후 더 진행되는 학습을 위한 기초가 된다(Devlin, 2005). 또한 뇌 과학 연구들은 유아의 초기 경험이 신경세포 네트워크를 어떻게 형성할지를 결정하여 이후 인지적 발달의 토대가 된다고 설명한다. Evans와 동료들(2015)은 뇌 과학 연구를 통해 초기 수학능력과 연관되는 뇌 영역들의 네트워킹이 있으며, 이 영역들은 시각적 집중력과 의사결정을 포함하는 여러 인지적 과제들과 관계가 있음을 밝히고 있다(Evans, Kochalka, Ngoon, Wu, Qin, Battista, & Menon, 2015).

유아기 수학적 경험은 문제해결을 위한 논리적 사고와 추론 능력을 키운다. 수학은 고립된 사실, 규칙, 공식을 단순히 모아놓은 것이 아니고 우리의 세계를 이해하고 확장하려는 노력인 탐구과정이므로 합리적이고 논리적인 사고, 문제해결 전략이나 추론 능력과 같은 사고과정을 발달시키고 생각하는 힘을 키우는 것이다(교육과학기술부, 2013). 유아는 일상생활이나 놀이 속에서 수, 양, 공간, 도형 등에서의 관계를 인지하고 추론하여 문제를 해결하는 경험을 하며 수학적 사고의 바탕을 형성한다. 수학적 사고는 단순히 계산을 하는 것이 아니라 깊은 생각을 하는 사고법으로 구체적인 예를 통해 논리를 형성하고 발전시켜 답을 찾는 과정이다(김민형, 2018). 오늘날의 4차 산업사회에서 인공지능, 로봇, 빅 데이터, 블록체인 등 우리 시대를 견인하는 기술은 수학적 사고가 바탕을 이룬다. 따라서 유아기부터 수학적으로 사고하며 생각하는 힘을 기르는 것이 중요하다.

유아기 수학적 경험
논리적 사고와 추론 능력, 생각하는 힘을 키우게 됨

유아기의 수학은 특히 미래 학업능력의 강력한 예측변인으로, 학업 성취에 매우 중요한 역할을 한다. Duncan과 동료들(2007)은 장기종단연구를 통해 유치원 입학 시점에서 수학 개념을 이해하는 능력이 이후의 수학 성취도뿐만 아니라 읽기 성취도를 예측한다고 보고하였다. 반면에 유치원 입학 시점에서의 읽기능력은 이후 수학성취도를 예측하지 못하는 것으로 나타났다. 이러한 연구결과는 이후 캐나다에서 실시된 Pagani와 동료들의 연구(2010)에서도 동일하게 나타나, 유치원 입학 시점의 초기 수학이 이후의 일반적인 학업성공을 예측하는 데 있어 읽기 기능이나 사회 · 정서 기능보다 강력한 변인이 되는 것을 보여주고 있다. 뿐만 아니라 유아기의 수학적 경험의 차이는 초등학교에서 보다 고착되고 중학교와 고등학교까지 계속되면서 이후 학업성취에 지속적인 영향을 미치게 된다

유아기 수학과 학업능력
수학은 미래 학업능력의 예측변인으로서 학업성취에 중요한 역할을 함

(Klibanoff, Levine, Huttenlocher, Vasilyeva, & Hedges, 2006: 59). 연구자들은 수학을 배우는 데 지속적으로 문제가 있는 아동은 고등학교 졸업이나 대학 진학률이 낮은 편이고, 청소년기 수학 성취도는 노동시장에서의 성공을 예측한다고 보고하였다(Duncan & Magnuson, 2011).

유아기 수학능력의 격차
유아기 수학능력은 사회·경제적 배경과 연결되어 지속됨

또한 유아기부터 나타나는 수학능력의 격차는 유아의 사회·경제적 배경과 연결되어 이후의 학교교육을 통해 해소되지 않고 지속되는 경향이 있다. Schoenfeld와 Stipek(2011)은 유치원 입학 시점에 낮은 수학점수를 받은 유아들이 잘 준비된 동료 유아들을 따라잡지 못하고 8학년까지 계속 뒤쳐진다고 지적하였다. 이들 유아의 대부분이 저소득층 가정에 편중되어 있음을 고려하면 유아기 수학에서 출발점 평등을 확보하는 것은 보다 중요해진다. 교육적 평등을 위해 모든 유아가 질 높은 수학교육을 받을 수 있어야 하는 것이다.

교사의 지원과 수학학습
수학에 대한 이해를 바탕으로 일과와 놀이 속에서 수학적으로 생각하도록 지도

따라서 유아의 현재 수준에 적합하고, 심화된 이해를 발달시킬 수 있는 질 높은 수학학습 경험을 제공해야 하기 위해서는 교사가 유아수학교육에 대한 이해가 풍부해야 한다. 그러나 유아교육기관의 일과 중 유아가 기초적인 수학 개념에 접할 기회는 많지만, 교사가 이를 학습기회로 활용할 수 있을 만큼 유아수학에 대한 지식이 충분하지 않다고 지적되곤 한다(Delacour, 2012). 누리과정 실행연구(이정욱, 박진이, 2013)에 따르면 유아교사들은 수학적 탐구를 포함한 자연탐구영역을 최소한으로 실행하고 가장 어려워하는 것으로 나타났다. 교사가 유아의 수학학습을 지원하는 데 자신감이 없고 잘 준비되어 있지 않다면 수학을 배울 수 있도록 타고난 유아의 능력이 충분히 발달되기 어렵다. 그러므로 교사는 유아가 어떻게 수학을 배우는지 그 과정을 이해하고, 유아교육기관의 일과와 놀이 속에서 수학적으로 생각하도록 지도하는 방법을 알아야 한다.

요약하면, 빠르게 발전하는 과학기술 사회에서 유아기 수학능력은 미래 학업 및 전문적 성공을 위한 토대를 제공한다. 특히 유아기 수학은 4차 산업사회에서 요구하는 수학적으로 사고하고 생각하는 힘을 기른다는 점에서 중요하다. 유아는 의미 있는 수학을 학습할 수 있는 능력과 흥미를 지니고 있고, 수학학습은 유아의 인지적 및 사회적 경험을 강화하고 이후 학습을 위한 기초가 된다(Cross, Woods, & Schweingruber, 2009). 유아기 동안

이미 많은 수학 지식이 발달하고, 유아기 수학은 이후 학업 성취와 교육적 평등에 중요한 역할을 하므로 유아기 수학의 중요성에 대한 인식이 확산되고 있다. 이와 함께 유아기부터 질적으로 우수한 수학교육을 실시해야 한다는 주장이 널리 인정되고 있다.

2 유아수학교육의 기본방향

유아에게 질 높은 수학교육을 제공하기 위해 교사는 무엇보다도 유아수학의 중요성을 인식하고, 유아수학에 대해 충분히 이해해야 한다. Schoenfeld와 Stipek(2011)는 유아의 수학학습과 관련하여 몇 가지 근거 없는 부적절한 믿음이 있다고 지적한다.

첫째, 유아가 풍부한 활동에 참여하면 수학학습은 자연적으로 발생한다. 흔히 유아는 모든 곳에서 배우기 때문에 여러 활동에 참여를 한다면 학습은 자연적으로 일어난다고 생각한다. 그러나 활동에 노출되거나 참여하는 것 자체가 학습을 보장하지는 않는다. 유아가 활동을 통해 자신에게 의미 있는 수학에 몰입하고, 수학적 기능 및 이해를 발달시킬 때 학습이 이루어진다.

둘째, 수학학습은 명확하게 처방된 한 가지 경로를 따라야만 한다. 이는 모든 유아가 동일한 방식으로 수학을 배우고, 수학문제의 해결에서 정답을 찾는 것이 중요하며, 이를 위해 미리 정해진 문제해결 방법을 따라야 한다는 생각에 기초한다. 그러나 수학학습의 초점은 답을 찾는 데 있는 것이 아니라 수학적 문제해결에 적극적으로 참여하여 자신의 해결 전략을 구성하는 데 있다.

셋째, 유아의 모든 수학학습은 놀이 맥락에서 이루어져야 한다. 수학개념은 틀림없이 놀이를 통해 배울 수 있다. 그러나 모든 수학학습이 놀이를 통해 자동적으로 발생하지는 않는다. 유아의 수학학습은 교사가 의도적으로 수학에 중점을 두고 구성한 교육과정이나 활동에 의해서도 이루어진다. 즉, 유아는 놀이와 구조화된 교육과정 모두를 통해 학습을 하게 된다.

앞서 말한 바와 같이 유아가 초기 수학 지식을 형성하고 확장하기 위해서는 일상의 수학적 양상에 주목하는 것을 배우고 이를 정교화할 필요가 있다. 그리고 여기에는 교사의 지원과 지도가 필요하다. 지금까지 실시되어 온 많은 연구들(이정욱, 유연화, 2012; NAEYC & NCTM, 2002; Sarama & Clements, 2009)에 기초하여 유아의 수학적 발달을 증진시키는 수학교육의 기본방향을 제시하면 다음과 같다.

1) 유아가 경험하는 수학은 본인에게 의미 있는 것이어야 한다.

수학적 경험과 의미 만들기
자신에게 의미 있는 맥락 속에서 수학적 경험을 하며 의미 만들기

수학을 이해하는 것은 유아가 의미를 만드는 과정이어야 한다. 유아는 자신의 주변 세계를 이해하는 과정에서 자연스럽게 수학을 사용하고, 수학에 관한 흥미와 태도를 증진시킨다(이정욱, 유연화, 2012). 유아가 주변을 관찰 및 탐색하고 실험하는 과정이나 놀이와 활동, 생활 속의 구체적인 문제를 해결하는 과정에서 수학을 학습하고 사용하는 것이 보다 적합하며, 이를 통해 수학에 관한 흥미와 태도를 증진시킬 수 있다. 학습지를 사용한 반복 훈련에 의해 단순 암기 방식으로 수학을 가르치는 것은 유아가 자신에게 의미 있는 맥락 속에서 수학적 경험을 하며 스스로 의미를 만드는 기회를 갖지 못하게 한다.

2) 유아가 현재 지니고 있는 비형식적 수학에 기초하여 수학학습이 이루어져야 한다.

비형식적 수학에 기초한 수학학습
비형식적 수학을 보완하고 심화시켜 형식적 수학으로 연결하기

수학에 대한 유아의 자신감과 능력은 새롭게 접하는 경험을 이미 지니고 있는 지식 및 경험과 연결하면서 형성된다(NAEYC & NCTM, 2002). 수학에 대한 유아의 초기 이해는 직관적이다. 직관적 이해는 명확한 개념이 부족

하여 때때로 유아가 사전 지식을 충분히 활용하고 이를 학교 수학과 연결하는 것을 어렵게 한다. 따라서 교사는 유아가 이미 지니고 있는 비형식적 지식을 파악하고, 이를 수학적으로 이해하도록 도와야 한다. 즉, 교사는 유아가 직관적 수준에서 파악한 것을 표상, 재창안, 재조직, 수량화, 추상화, 일반화, 정련할 기회를 많이 주어야 한다. 또한 유아의 비형식적 수학에 기초하여 교수–학습 활동을 제공함으로써 유아의 비형식적 수학을 보완하고 심화시키며 형식적 수학으로 연결해야 한다(이정욱, 유연화, 2012).

3) 유아의 수학학습은 수학적 과정 중심으로 이루어져야 한다.

수학적 과정 중심의 수학학습
문제해결, 추론, 의사소통, 연계하기에 초점을 둔 수학학습하기

수와 연산, 공간과 도형, 측정, 규칙성, 자료 이해와 같은 수학교육내용을 어떻게 가르치고 학습해야 하는가는 수학적 과정에서 찾을 수 있다(2장 참조). 수학적 과정은 주변의 다양한 현상을 수학과 연결하고, 다양한 상황에서 발생하는 문제를 해결할 때 활성화되어야 하는 기능 또는 능력을 의미한다(신이섭 외, 2011). 미국수학교사협의회(NCTM, 1989 2000)는 수학적 과정으로 문제해결, 추론 및 증명, 의사소통, 연계성, 표상을 제시한 바 있다. 수학이 고립된 사실, 규칙, 공식을 단순히 모아놓은 것이라는 전통적 관점에서 벗어나 우리의 세계를 이해하고 확장하려는 노력인 탐구과정이라는 관점으로 전환됨에 따라 수학적 탐구를 수행하는 데 필요한 문제해결 전략과 추론능력을 발달시키는 것이 수학학습에서 중요하게 부각되고 있다(교육과학기술부, 보건복지부, 2013). 이에 수학학습은 생활 속에서 부딪치는 문제를 수학적 사고와 추론에 의해 해결하며 이루어지는 것임을 강조한다. 또한 수학은 규칙과 논리, 개념을 이해하는 것이므로 조사하고 탐구하고 발견하는 과정에서 자신들의 수학적 추론과 아이디어를 말, 글, 그림, 그래프, 차트, 구체물을 사용해 나타내고, 다른 사람들과 의사소통하는 과정이 포함되어야 한다. 뿐만 아니라 수학적 아이디어 간의 관계를 인식 · 연계하면서, 그리고 수학적 개념을 다른 교과영역과 연계하는 과정에서 수학학습이 이루어져야 한다(이정욱, 유연화, 2012).

4) 수학적 개념들 간의 관계 및 계통성을 고려하여 교육과정을 일관성 있게 구성해야 한다.

일관성 있는 수학교육과정
수학적 개념들 간의 관계 및 계통성을 고려한 교육과정 구성

수학교육과정은 다섯 가지 주요 내용영역인 수와 연산, 공간과 도형, 측정, 규칙성, 자료의 이해에서 유아가 이해할 수 있고, 이후 학습에 토대가 되는 핵심 개념 및 기능들로 구성되어야 한다(NAEYC & NCTM, 2002). 이들 핵심 개념과 기능들은 연구들을 통해 밝혀진 유아의 수학학습 경로에 기초하여 조직되어야 한다. 예컨대 유아는 3까지, 그리고 5까지의 수를 먼저 알고 난 후에 10까지의 수를 이해하게 되므로 이에 기초하여 학습경험을 조직해야 한다. 또한 10이 얼마만큼의 양인지를 알고 난 후에 5와 5로 가르거나 모으기를 할 수 있고, 지금 가지고 있는 사탕 4개에 친구가 6개를 더 주면 모두 10개가 된다는 더하기를 할 수 있다.

수학적 개념의 성장은 기초 내용에 다른 내용을 더 첨가함으로써, 내용들이 일관성 있게 연결될 때 일어난다. 수학적 개념의 계통성은 교육과정을 구성할 때 논리적 연결성을 가지고 단계적으로 학습할 수 있게 한다.

5) 핵심적인 수학적 개념을 지속적으로 접할 수 있고, 도전적인 수학적 경험을 할 수 있는 기회를 제공해야 한다.

핵심 수학 개념의 반복적 경험
핵심적인 수학개념을 지속적으로 접하도록 하기

여러 가지 수학 개념과 기능을 균등하게 다루면서 가볍게 일회성으로 나열하는 것으로는 유아의 수학적 이해를 적절히 지원하지 못한다. 그보다는 여러 다른 활동과 상황에서 핵심 개념을 반복적으로 접할 수 있게 하여 유아가 이들 개념에 노출되는 수준에 그치는 것이 아니라 탐색 및 탐구과정에서 학습한 개념을 활용할 수 있게 한다. 연구자들은 수와 연산, 공간과 도형, 측정이 특히 3~6세 유아기에 중요한 핵심 내용영역임을 강조한다(NAEYC & NCTM, 2002). 수의 관계와 같이 유아기에 중요하게 다루어야 할 핵심 개념을 의미 있는 맥락에서 반복하여 경험하는 것은 무의미한 단순 반복연습과는 달리 유아의 수학학습을 지원할 수 있다. 더불어 유아에게 제공하는 수학적 경험은 유아가 이미 알고 있는 내용의 확인이나 반복에 그치지 않고 유아의 잠재적 발달수준으로 이끌 수 있는 도전적인 경험이 되어야 한다(이정욱, 유연화, 2012).

6) 유아에게 적합한 다양한 경험과 교수 전략을 통해 수학적 개념, 방법, 언어를 적극적으로 소개한다.

놀이와 의도적 교수
놀이와 의도적 교수 함께 제공하기

유아는 추상적 사고에 의해서 무언가를 파악하고 이해하기보다는 직접 경험하고 실행하며 배운다(learning by doing). 또한 유아는 놀이를 통해 많은 수학적 지식을 형성한다. 그러나 놀이참여 자체가 수학학습을 자동적으로 보장하는 것은 아니다. 교사의 적절한 지원과 지도 없이 유아 스스로 하는 놀이만으로는 충분한 수학적 경험을 하기 어렵고, 유아가 지니고 있는 잠재적 발달수준에 도달하기 어렵다. 따라서 유아의 놀이와 정신세계를 존중하여 자유롭게 놀이할 충분한 기회를 제공하는 한편, 교사가 수학적 개념, 방법, 언어를 적극적으로 소개하기 위해 계획하고 의도한 학습의 기회도 함께 제공해야 한다(이정욱, 유연화, 2012). 교사가 이끄는 수학교수와 유아의 수학학습 간에는 강력한 상관이 있는 것으로 보고된다(Farran, Lipsey, & Wilson, 2011). 뿐만 아니라 유아와 하는 수학적 대화의 양이 매일 2%에서 4%로 증가하면 유아의 수학적 성취가 유의미하게 향상되는 것으로 나타난다(Hofer, Farran, & Cummings, 2013). 그러므로 교사는 유아의 수학적 발달과 학습과정을 잘 알고 유아의 수학적 사고에 민감하며 놀이와 의도적 교수를 함께 활용하여 수학학습을 지원해야 한다.

7) 유아의 수학적 지식, 기능 및 전략을 주의 깊게 평가하여 유아의 학습을 지원한다.

평가에 기초한 수학학습
관찰, 면담, 포트폴리오와 같은 다양한 평가 전략 사용하기

유아의 수학학습 지원을 위해 평가는 필수적이다. 교사는 수학학습에 있어 유아의 강점과 필요에 근거해서 교수와 관련된 의사 결정을 해야 한다. 개별 유아에 대한 형식적 및 비형식적 평가를 통해 얻은 정보에 의해 유아의 강점 및 필요 사항이 결정된다. 관찰, 면담, 또는 포트폴리오 같은 여러 평가 전략을 사용하여 교사는 유아의 사고과정과 개념, 기능에 대한 이해 정도를 파악하고 이에 근거하여 이후 교수 계획을 세워야 한다. 평가를 하면서 교사는 유아가 수학적 상황에서 생각하는 방식이 성인의 생각과 다르고, 유아마다 독특할 수 있음을 유념해야 한다.

요약하면, 유아기 수학교육은 유아의 세계와 적절하게 연결되고 발달에 적합하게 이루어져야 한다. 유아가 지닌 경험과 지식을 바탕으로 자신을 둘러싸고 있는 세계를 이해하기 위해 수학을 사용하면서 배워야 한다. 놀이와 의도적 교수를 함께 활용하여 수학적 과정을 통해 핵심적 수학개념을 학습하도록 한다. 유아수학교육은 단순히 초등학교 수학에 대한 준비를 시키는 것이 아니라 유아가 자신의 아이디어를 보다 복잡하고도 풍부하게 탐색하며 생각하는 힘을 기르도록 이끄는 것이다. 뿐만 아니라 수학에 대한 관심과 흥미, 긍정적 인식을 가지게 하고 쉽게 이해하고 재미있게 배우는 수학이 될 수 있어야 한다.

3 국가수준 유아수학교육과정의 변천

우리나라 유치원교육과정은 국가수준에서 일반적인 지침 형식으로 제정하여 발표하고, 국가수준 교육과정을 기초로 지역 수준의 교육과정, 그리고 단위 유치원의 특수성에 기초한 교육과정을 개발하여 운영 · 평가하는 형태로 이루어진다. 따라서 국가수준에서 제시되는 교육과정은 각 단위 유아교육기관과 교사수준에서 개발하는 유아수학교육의 기초가 된다.

1) 제1차 유치원교육과정

제1차 유치원교육과정
'수량과 도형'으로 자연 영역에 포함

1969년에 제정된 제1차 유치원교육과정은 건강, 사회, 자연, 언어, 예능의 5개 영역으로 조직되었고, 수학교육의 내용은 '수량과 도형'으로 자연 영역에 포함되어 있었다. 수학 관련 목표 진술은 없으며, 수량과 도형의 내용은 다음과 같다.

수량과 도형

- 물건을 비교 분류하여 정리하기
- 양과 부피에 대하여 알기
- 길이, 넓이, 높이, 빠르기에 대하여 알기
- 방향과 거리에 대하여 알기
- 시간을 지키고 생활하기

제1차 유치원교육과정의 수학교육 내용은 듀이의 진보주의 영향을 받아 교과 중심의 교육을 피하고, 생활 중심과 경험 중심을 강조하였다. 미국의 유치원 교육내용을 그대로 도입함에 따라 발달과정을 반영하지 못했다는 지적을 받았으며, 수학교육의 내용 역시 구체성이 부족하였다고 평가된다.

2) 제2차 유치원교육과정

제2차 유치원교육과정
'논리 · 수학적 사고에 관한 개념'과 '표상능력'으로 인지발달 영역에 포함

1979년에 개정된 제2차 유치원교육과정은 사회정서발달, 인지발달, 언어발달, 신체발달 및 건강영역 등 4개 발달영역으로 구성되었다. 수학교육 내용은 '논리 · 수학적 사고에 관한 개념'과 '표상능력'으로 인지발달영역에 포함되었다.

논리 · 수학적 사고에 관한 개념

- 일대일 대응하기
- 한 가지 속성을 준거로 분류하기
- 두 가지 이상의 속성을 준거로 분류하기
- 유목 간 공통점 찾기
- 한 가지 준거에 의해 계열화하기
- 두 가지 이상의 준거에 의해 계열화하기
- 보존 개념 알기
- 개수 헤아리기
- 수의 대 · 소 알기
- 사물의 순서 알기

표상능력

- 지각을 통한 경험을 그림으로 표현하기
- 지각을 통한 경험을 다양하게 꾸미기
- 모방하기
- 매듭 만들기
- 형태 익히기
- 형태 비교하기
- 형태의 부분을 보고 전체를 파악하기
- 여러 가지 지각을 통해 대상이나 사물 확인하기
- 도형 찾기
- 도형 만들기
- 위치 익히기
- 기호 익히기
- 흔적을 보고 사물을 확인하기
- 지도 보기
- 디자인하기

제2차 유치원교육과정은 학문 중심 교육과정의 영향을 받아 인지발달과 정서발달을 강조하였다. 피아제 이론의 영향으로 수학교육 내용에 수-이전 개념(pre-number concept)으로 일대일 대응하기, 분류하기, 계열화하기, 보존 개념 알기를 포함하여 '논리 · 수학적 사고에 관한 개념'을 조직하였다. '표상능력'은 부분과 전체, 형태, 도형, 위치와 같은 개념을 포함하여 구성되었다.

3) 제3차 유치원교육과정

제3차 유치원교육과정 '논리적, 수리적 사고에 관한 개념'으로 인지발달 영역에 포함

1981년 개정된 제3차 유치원교육과정은 신체발달, 정서발달, 언어발달, 인지발달, 사회성발달의 5개 발달영역으로 조직되었다. 수학교육 내용은 '논리적, 수리적 사고에 관한 개념'으로 인지발달영역에 포함되었다.

논리적, 수리적 사고에 관한 개념

- 위치, 도형, 양 등을 알기
- 개수 헤아리기
- 일대일 대응하기
- 수의 이름과 크기 알기
- 사물의 공통점 알기
- 분류하기
- 순서 짓기
- 시간 개념 알기
- 사건의 순서 알기
- 부분과 전체 간의 관계 알기
- 보존성 알기

제3차 유치원교육과정에서는 제2차 유치원교육과정의 표상능력에 해당되는 내용과 논리 · 수학적 사고에 대한 개념이 통합되어 '논리적 · 수리적 사고에 관한 개념'으로 구성되었고, 계열화가 순서 짓기로 변경되었다. 공간과 도형, 양과 수, 분류하기, 시간 개념, 부분과 전체, 보존성 등 광범위한 개념이 포함되어 있다.

4) 제4차 유치원교육과정

1987년 개정된 제4차 유치원교육과정은 신체발달, 언어발달, 인지발달, 정서발달, 사회성발달의 5개 발달영역으로 조직된 제3차 교육과정과 동일하게 구성되었다. 수학교육 내용은 '다양한 조작적 활동을 통하여 논리적, 수리적 사고의 기초 능력을 기른다.'는 목표하에 인지발달영역에 포함되었다.

제4차 유치원교육과정
'다양한 조작적 활동을 통하여 논리적, 수리적 사고의 기초능력을 기른다' 목표 하에 인지발달 영역에 포함

다양한 조작적 활동을 통하여 논리적, 수리적 사고의 기초 능력을 기른다.

- 준거에 따라 분류한다.
- 준거에 따라 순서를 짓는다.
- 수 개념을 익힌다.
- 사물을 측정한다.
- 공간 관계에 대하여 안다.
- 시간 관계에 대하여 안다.
- 사건 또는 현상의 원인과 결과를 관계 짓는다.

제4차 유치원교육과정에서는 각 발달영역을 교과와 구분하기 위해 내용을 삭제하고 목표수준만을 제시하여 유치원 수준에서 교육활동을 선정하고 재구성할 수 있도록 하였다. 수학교육의 내용은 분류, 순서 짓기, 수 개념, 측정, 공간 관계, 시간 관계, 원인과 결과로 구성되었다. 측정, 사건이나 현상에 대한 원인과 결과에 대한 관계 짓기가 포함되어 수학적 추론, 문제해결에 대한 관심이 제기되었다.

5) 제5차 유치원교육과정

1995년 개정된 제5차 유치원교육과정은 건강생활, 사회생활, 표현생활, 언어생활, 탐구생활의 5개 생활영역으로 구성되었다. 수학교육과정과 관련된 내용은 '논리 · 수학적 사고'로 탐구생활영역에서 다루고 있다.

제5차 유치원교육과정
'논리 · 수학적 사고'로 탐구생활영역에 포함, 수준별 내용으로 제시

논리 · 수학적 사고

- 사물 분류하기
- 사물의 순서 짓기
- 수의 기초 개념 이해하기
- 일상생활에서 수 활용하기
- 전체와 부분 경험하기
- 기초적인 측정과 관련된 경험 가지기
- 시간에 관한 기초 개념 가지기
- 공간에 관한 기초 개념 가지기
- 기본 도형 인식 및 구성하기
- 기초적인 통계에 관련된 경험 가지기

제5차 유치원교육과정은 생활영역으로 조직되었다. 만 3세를 교육대상에 포함함에 따라 교육과정의 내용을 1수준과 2수준으로 구분하여 제시하였다. 영역별로 내용체계를 제시하고, 그에 따른 수준별 교육내용 제시로 수학 내용의 계열화를 추구하였으나 내용의 전반적인 체계성이 부족하였다. 수학교육 내용으로 수의 활용과 기초통계가 처음으로 포함되었다.

6) 제6차 유치원교육과정

제6차 유치원교육과정
'수학적 탐구'로 탐구생활영역에 포함, 수준별 내용으로 제시

1998년 개정된 제6차 유치원교육과정은 제5차 교육과정과 마찬가지로 건강생활, 사회생활, 표현생활, 언어생활, 탐구생활의 5개 생활영역으로 조직되었다. 수학교육과 관련된 내용은 '수학적 탐구'로 탐구생활에 포함되었다.

수학적 탐구

- 분류하기와 순서 짓기
- 수의 기초 개념 이해하기
- 기초적인 측정과 관련된 경험하기
- 시간에 대한 기초 개념 알기
- 공간과 도형의 기초 개념 알기
- 기초적인 통계와 관련된 경험하기

제6차 유치원교육과정에서는 최근 수학교육의 내용체계를 반영하였으며, 제5차 유치원교육과정에 비해 교육내용을 통합하여 제시하였다. 예컨대 분류하기와 순서 짓기를 통합하고 그 안에 규칙성 내용을 포함하였으며, 수의 기초 개념에 수의 활용 및 부분과 전체를 통합하였다. 또한 공간과 도형을 통합하여 제시하였다.

7) 2007 개정 유치원교육과정

2007년에 개정된 2007 개정 유치원교육과정도 건강생활, 사회생활, 표현생활, 언어생활, 탐구생활의 5개 생활영역으로 구성되었다. 수학교육과 관련된 내용은 '수학적 기초 능력 기르기'로 탐구생활에 포함되었다.

2007 개정 유치원교육과정
'수학적 기초 능력 기르기'로 탐구생활영역에 포함, 수준별 내용으로 제시

하위내용	수준별 내용	
	I	II
수 감각 기르기	생활 속에서 사용되는 수의 여러 가지 의미를 안다.	
	생활 속에서 수량의 많고 적음을 비교한다.	
	주변의 물체를 10까지 세고 숫자와 연결해 본다.	생활 속에서 익숙한 큰 수를 세는 경험을 한다.
		구체물을 가지고 더하고 빼는 경험을 해 본다.
공간 및 도형에 대해 알아보기	나를 중심으로 위, 아래, 앞, 뒤, 옆을 알아본다.	위치나 경로를 여러 가지 방법으로 나타내본다.
	기본 입체(둥근기둥, 상자, 공 모양 등) 및 평면 도형(세모, 네모, 동그라미 등)의 생김새를 구별하고 이름을 알아본다.	기본 입체 및 평면 도형의 특징을 알아본다.
		기본 평면 도형을 합하거나 나누어서 여러 가지 모양을 구성해 본다.
		그림을 보고 구성물을 만들거나 만든 구성물을 그려 본다.
기초적인 측정해 보기	주변 물체의 여러 가지 측정 가능한 속성(길이, 크기, 무게, 들이, 시간)을 탐색한다.	
	두 물체의 길이와 크기를 비교하고 말한다.	길이, 크기, 무게, 들이를 비교하고 순서지어 본다.
	임의 측정(손 뼘, 블록 등) 단위에 관심을 가진다.	임의 측정 단위를 사용해서 길이, 들이 등의 측정 경험을 한다.

하위내용	수준별 내용	
	I	II
규칙성 이해하기	여러 가지 물체나 무늬의 배열에서 단순하게 반복되는 규칙을 찾아본다.	생활 주변에서 반복되는 규칙을 알고 다음에 올 것을 예측해 본다.
자료 정리 및 결과 나타내기	한 가지 기준에 따라 자료를 분류하고 설명한다.	처음에 분류한 기준과 다른 기준으로 다시 분류한다.
	여러 가지 자료를 모으고 비교해 본다.	모은 자료를 다양한 방법으로 나타내 본다.

2007 개정 유치원교육과정에서는 각 생활영역의 내용범위를 확실히 하고, 개별 아동이나 지역수준의 프로그램의 유형에 따라 적용할 수 있는 명확한 지식체계를 구축하는 것을 목적으로 하였다. 이에 따라 하위내용과 수준별 내용의 체계성이 강화되었으며, 수학교육 내용은 수학적 감각을 기르는 데 초점을 두고 구성되었다. 수 감각 기르기에 제시된 '주변의 물체를 10까지 세고 숫자와 연결해 본다.'와 같이 초등학교 교육과의 연계성 확보를 위해 내용과 용어를 통일하고자 하였다. 이전의 교육과정에서 기초적인 통계와 관련된 경험으로 기술되던 내용이 자료 정리 및 결과 나타내기로 수정되었으며, 규칙성이 별개의 하위내용으로 처음 제시되었다.

8) 3~5세 연령별 누리과정

3~5세 연령별 누리과정
'수학적 탐구하기'로 자연탐구영역에 포함, 연령별로 내용 제시

2012년에 개정된 3~5세 연령별 누리과정은 신체운동 · 건강, 의사소통, 사회관계, 예술경험, 자연탐구의 5개 영역으로 구성되었다. 수학교육과 관련된 내용은 '수학적 탐구하기'로 자연탐구 영역에 포함되었다. 3~5세 연령별 누리과정은 2007 개정 유치원 교육과정과 달리 각 연령별로 세부 내용이 기술되었다. 이에 따라 수와 연산의 기초 개념 알아보기, 공간과 도형의 기초 개념 알아보기, 기초적인 측정하기, 규칙성 이해하기, 기초적인 자료수집과 결과 나타내기의 5개 내용에 해당하는 각 연령별 세부 내용이 제시되었다.

<table>
<tr><th rowspan="2">내용</th><th colspan="3">세부내용</th></tr>
<tr><th>3세</th><th>4세</th><th>5세</th></tr>
<tr><td rowspan="4">수와 연산의 기초 개념 알아보기</td><td>생활 속에서 수에 관심을 갖는다.</td><td colspan="2">생활 속에서 사용되는 수의 여러 가지 의미를 안다.</td></tr>
<tr><td>구체물 수량의 많고 적음을 비교한다.</td><td>구체물 수량에서 '같다', '더 많다', '더 적다'의 관계를 안다.</td><td>구체물 수량의 부분과 전체 관계를 알아본다.</td></tr>
<tr><td>다섯 개 가량의 구체물을 세어보고 수량에 관심을 갖는다.</td><td>열 개 가량의 구체물을 세어보고 수량을 알아본다.</td><td>스무 개 가량의 구체물을 세어보고 수량을 알아본다.</td></tr>
<tr><td></td><td></td><td>구체물을 가지고 더하고 빼는 경험을 해 본다.</td></tr>
<tr><td rowspan="4">공간과 도형의 기초 개념 알아보기</td><td>나를 중심으로 앞, 뒤, 옆, 위, 아래를 알아본다.</td><td colspan="2">위치와 방향을 여러 가지 방법으로 나타내 본다.</td></tr>
<tr><td></td><td></td><td>여러 방향에서 물체를 보고 그 차이점을 비교해 본다.</td></tr>
<tr><td>물체의 모양에 관심을 갖는다.</td><td>기본 도형의 특성을 인식한다.</td><td>기본 도형의 공통점과 차이점을 알아본다.</td></tr>
<tr><td></td><td colspan="2">기본 도형을 사용하여 여러 가지 모양을 구성해 본다.</td></tr>
<tr><td rowspan="2">기초적인 측정하기</td><td>두 물체의 길이, 크기를 비교해 본다.</td><td>일상생활에서 길이, 크기, 무게 등을 비교해 본다.</td><td>일상생활에서 길이, 크기, 무게, 들이 등의 속성을 비교하고, 순서를 지어 본다.</td></tr>
<tr><td></td><td></td><td>임의 측정 단위를 사용하여 길이, 면적, 들이, 무게 등을 재본다.</td></tr>
<tr><td rowspan="2">규칙성 이해하기</td><td>생활 주변에서 반복되는 규칙성에 관심을 갖는다.</td><td>생활 주변에서 반복되는 규칙성을 알아본다.</td><td>생활 주변에서 반복되는 규칙성을 알고 다음에 올 것을 예측해 본다.</td></tr>
<tr><td></td><td>반복되는 규칙성을 인식하고 모방한다.</td><td>스스로 규칙성을 만들어 본다.</td></tr>
<tr><td rowspan="3">기초적인 자료 수집과 결과 나타내기</td><td></td><td colspan="2">필요한 정보나 자료를 수집한다.</td></tr>
<tr><td>같은 것끼리 짝을 짓는다.</td><td>한 가지 기준으로 자료를 분류해 본다.</td><td>한 가지 기준으로 분류한 자료를 다른 기준으로 재분류해 본다.</td></tr>
<tr><td></td><td></td><td>그림, 사진, 기호나 숫자를 사용해 그래프로 나타내 본다.</td></tr>
</table>

3~5세 연령별 누리과정의 구성체계는 2007 개정 유치원 교육과정과 연계성을 가지고 구성되었다. 그러나 2007 개정 유치원 교육과정이 교육내용을 기술하는 데 있어 광범위하게 포괄적으로 진술됨에 따라 3~5세 연령별 누리과정은 보다 구체적이며 체계적으로 제시할 필요성이 제기되어 이를 반영하였다. 또한 5세 누리과정의 수학교육과 초등학교 1학년 수학교육의 연계에 있어 교육내용의 연계와 교수학습 방법의 연계를 모두 포함하여 조직하였다. 유아수학교육에서도 수학적 과정과 내용의 연계가 중요하므로 초등학교 수학교육과정의 성취기준과 같이 내용진술에서 수학적 과정을 명시하는 방안을 고려할 필요가 있다는 평가가 있었다.

9) 2019 개정 누리과정

2019 개정 누리과정
'생활 속에서 탐구하기'로 자연탐구영역에 포함, 연령 구분없이 공통된 내용 제시

2019 개정 누리과정은 3~5세 연령별 누리과정과 동일하게 신체운동·건강, 의사소통, 사회관계, 예술경험, 자연탐구의 5개 생활영역으로 구성되었다. 수학교육과 관련된 내용은 '생활 속에서 탐구하기'로 자연탐구에 포함되었다. 교육내용의 범주가 수의 기초 개념, 공간과 도형, 측정, 규칙성, 자료의 이해로 구성된 점은 이전 교육과정과 마찬가지이지만, 이전 교육과정과 달리 수준별·연령별 구분 없이 3~5세 공통의 수학교육 내용이 제시되었다.

생활 속에서 탐구하기

- 물체를 세어 수량을 알아본다.
- 물체의 위치와 방향, 모양을 알고 구별한다.
- 일상에서 길이, 무게 등의 속성을 비교한다.
- 주변에서 반복되는 규칙을 찾는다.
- 일상에서 모은 자료를 기준에 따라 분류한다.

3~5세 연령별 누리과정과 비교하여 볼 때 2019 개정 누리과정은 교육내용 제시에 있어 다음의 부분이 변경되었다. 첫째, 수의 기초 개념에서 3~5세 연령별 누리과정은 수의 학습범위를 20까지 제시하고, 구체물을 활용하여 수의 관계와 수량의 변화(수와 연산)를 이해하는 부분을 포함하였

으나, 2019 개정 누리과정은 수의 관계, 수와 연산 부분이 삭제되고 수세기와 수량 개념을 중심으로 구성되었다. 둘째, 공간과 도형의 내용을 위치와 방향의 인식, 도형에 대한 인식과 구별에 초점을 두고 제시함에 따라 도형을 구성하고 분해하는 부분이 삭제되었다. 셋째, 측정에서는 생활주변에서 경험할 수 있는 임의 측정 단위로 측정하는 부분을 삭제하고, 일상에서 길이, 무게 등의 속성을 비교하는 내용으로 구성되었다. 넷째, 규칙성에서는 규칙성을 탐색하고 인식하는 내용만 제시하여 규칙성에 대한 이해를 바탕으로 유아 스스로 규칙성을 만들어보는 내용이 삭제되었다. 다섯째, 자료의 이해에서는 자료를 기준에 따라 분류하는 것이 주요 내용으로 제시되어 자료를 재분류하는 내용과 분류한 자료를 그래프로 나타내는 내용(그림, 사진, 기호나 숫자를 사용해 그래프로 나타내기)이 삭제되었다.

2019 개정 누리과정은 학습범위를 구체적으로 제시하지 않고 제시된 수학교육의 포괄적 내용범주 안에서 교사가 유아의 발달과 이해수준에 따라 자율적으로 학습내용을 결정하도록 하고 있다.

다지기

■ 2019 개정 누리과정의 수학교육은 자연탐구영역 중 '생활 속에서 탐구하기'의 '수의 기초 개념', '공간과 도형', '측정', '규칙성', '자료의 이해'로 구성되어 있습니다. 5가지 범주 중 자세히 알아보고 싶은 한 가지를 선택하여 아래의 표에 동그라미로 표시합니다. 선택한 범주의 내용이 2007 개정 유치원 교육과정(수준별 내용 제시), 3~5세 연령별 누리과정(연령별 세부내용 제시), 2019 개정 누리과정(3~5세 공통 내용으로 제시)을 거쳐 어떻게 변화되었는지 표에 정리해 봅시다.

수의 기초 개념, 공간과 도형, 측정, 규칙성, 자료의 이해

2007 개정 유치원 교육과정		3~5세 연령별 누리과정	2019 개정 누리과정
〈공통수준〉	〈Ⅰ수준〉	〈3세〉	
		〈4세〉	
	〈Ⅱ수준〉		
		〈5세〉	

국가교육과정정보센터(http://ncic.kice.re.kr/nation.kri.org4.inventoryList.do)에서 구체적인 내용을 찾아볼 수 있습니다.

chapter 2

수학적 과정과 수학적 태도

1. 수학적 과정

2. 수학적 태도

학습내용

- 수학적 과정
- 수학적 태도

다음을 생각해 봅시다.

♣ 다음은 유아들이 수영장 놀이를 하며 발생한 문제를 해결하는 장면입니다.

수영장을 만들어요!

서준 : 우리 수영장 놀이하자!

은정, 영채 : 좋아! (네모난 자석벽돌 블록을 가리키며) 이것으로 만들면 되겠다!

서준 : 무슨 모양으로 만들까?

은정 : 네모 모양의 큰 수영장을 만들자.

유아들 : (모두 만든 후에) 다 됐다! 만세!

서준 : 그럼 이제 들어가서 누가 수영 잘하나 시합하자!

영채 : 좋아!

은정 : (수영장 밖에 누워 자신의 키를 재며) 그런데 내 발이 수영장에 닿아서 내가 들어가면 부서질 거 같은데..

영채 : 그러면 우리 수영장을 조금 더 길게 만드는 공사를 하자!

서준 : 그래! 얼마나 크게 수영장을 만들어야 하지?

영채 : 은정이가 누웠을 때 보다 조금 더 길게 하면 되지 않을까!

서준 : 좋아!

은정 : 그런데 영현이도 하고 싶다고 하면 어떡해? 영현이는 나보다 크데.

서준 : 그럼 우리 반에서 영현이 키가 가장 크니까 영현이보다 크게 만들면 되겠다!

유아들 : 좋아! 그럼 이제 수영장 공사를 시작하자!

1. 유아들은 수영장 놀이를 하면서 어떠한 문제 상황에 직면했나요?

2. 유아들은 위의 문제 상황을 어떻게 해결했나요?

이 장에서는...

앞에서 살펴본 놀이 상황은 네모모양 블록으로 수영장 만드는 놀이를 하는 중에 생긴 문제를 해결하며 수학적 과정을 경험하는 것을 보여줍니다. 블록으로 만든 수영장 바닥에 친구의 발이 닿자 유아들은 수영장의 크기를 어떻게 할지 의논하고 문제를 해결하는 방법을 찾아냅니다. 유아는 이러한 과정을 통해 자연스럽게 수학적으로 생각하는 힘을 기르게 됩니다. 유아는 일상생활에서 마주하는 수학적 문제 상황에서 문제를 해결하고, 추론하여 자신의 생각을 증명하고, 서로 의사소통하고, 수학적 경험과 다른 경험을 연계하는 수학적 과정을 통해 수학적으로 사고하는 능력을 향상시킬 뿐 아니라 수학에 대한 자신만의 태도를 가지게 됩니다. 이 장에서는 유아가 일상생활에서 보다 의미 있는 수학적 경험을 하도록 돕는 수학적 과정과 수학적 태도에 대해 살펴보고자 합니다.

1 ····· 수학적 과정

수학적 과정이란 수와 연산, 도형 등 수학내용영역에서 다루는 수학 개념을 이해하고 습득할 때, 그리고 수학 주제를 활용하여 다양한 현상을 이해하고 문제를 해결하고 의사소통할 때 활성화되어야 할 능력을 말한다(이정욱, 유연화, 2012). 예를 들어 간식시간에 나온 과자를 3명의 친구와 공평하게 나누어 먹는 상황은 수 세기, 수의 비교 등의 개념과 관련된 수학적 상황이다. 유아는 이 문제를 해결하기 위해 서로 이야기하기도 하고(의사소통), 이 상황을 그림으로 그려 볼 수도 있다(표상하기). 그리고 한 사람에게 하나씩 과자를 나누어주며 남는 과자를 다시 나누는 방법, 혹은 전체 수를 센 다음 과자를 나누는 방법 등 자신들만의 전략을 사용하여 문제를 해결한다(문제해결하기). 이와 같이 수학과 관련된 상황을 이해하고 해결하는 과정을 의미하는 수학적 과정은 문제해결하기, 추론 및 증명, 의사소통, 연계하기, 표상하기를 포함한다(NCTM, 2000). 최근 개정된 우리나라 2015 수학과 교육과정에서는 문제해결, 추론, 창의 · 융합, 의사소통, 정보처리, 태도 및 실천의 6가지 수학과 역량을 제시한다. 2019 개정 누리과정에는 수학적 과정이 직접적으로 명시되어 있지 않으나 '탐구과정 즐기기' 내용범주 안에 궁금한 것을 탐구하는 과정에 참여하고 서로 다른 생각에 관심 가지기와 같은 내용을 제시하고 있다(교육브, 보건복지부, 2019).

수학적 과정
수학 개념을 습득할 때, 수학과 연결하여 주변의 다양한 현상을 이해하고 문제를 해결할 때 활성화되는 능력

이 장에서는 미국수학교사협의회(NCTM, 2000)와 2015 수학과 교육과정에서 제시한 수학적 과정의 내용을 기초로 문제해결하기, 추론하기, 의사소통하기(표상하기 포함), 연계하기의 4가지 수학적 과정을 제시하고자 한다.

수학적 과정
문제해결하기
추론하기
의사소통하기
연계하기

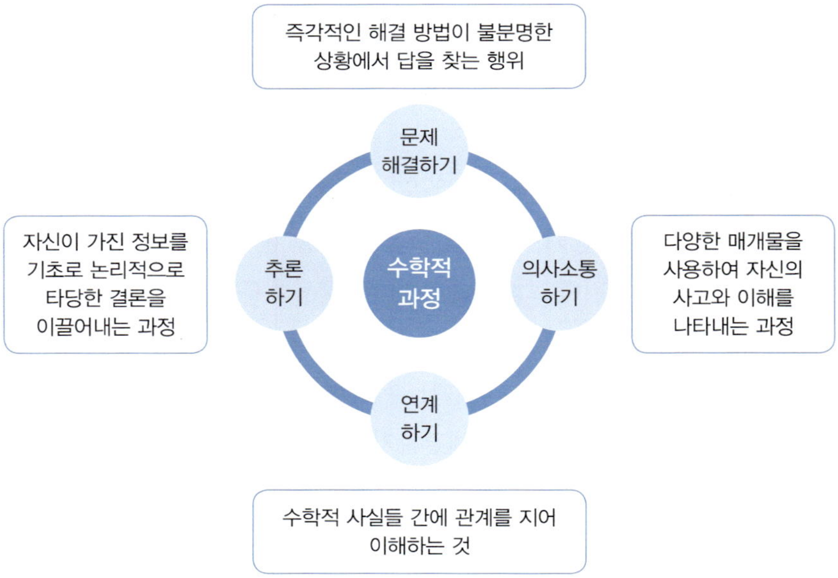

1) 문제해결하기

문제해결하기
일상생활이나 수학적 상황에서 부딪히는 문제 상황을 자신의 수학적 지식과 경험을 활용하여 해결하는 과정

문제해결하기는 해결 방법이 미리 정해져 있지 않는 과제에 참여하여 답을 찾는 것으로, 수학교육의 목표이면서 수학적 사고를 발달시키기 위해 중요한 부분이다. 유아는 일상생활에서 부딪히는 문제를 자신의 수학적 지식과 경험을 활용하여 해결한다. 예를 들어 "다리를 만들려면 어떤 모양의 블록이 필요할까?", "여기 있는 친구들이 피자를 두 조각씩 먹으려면 피자는 모두 몇 조각이 있어야 할까?" 등의 수학적 문제를 해결하기 위해 유아는 다양한 전략을 사용하며, 이 과정에서 자신이 알고 있는 수 개념, 공간지각능력 등을 사용한다. 그리고 수학적 지식과 기술을 사용하여 문제를 해결하며 새로운 수학적 지식을 구성하게 된다.

다음은 주사위에 나온 숫자만큼 게임 말을 옮기는 과정에서 출발 지점을 세는 것부터 시작해야 하는지, 아니면 출발하는 곳의 다음 칸부터 세어야 하는지에 대한 문제를 해결하는 예이다.

출발 칸부터 세면 어떻게 해!		
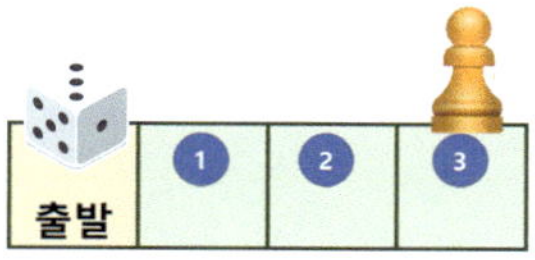	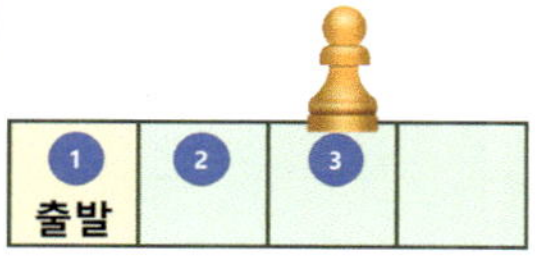	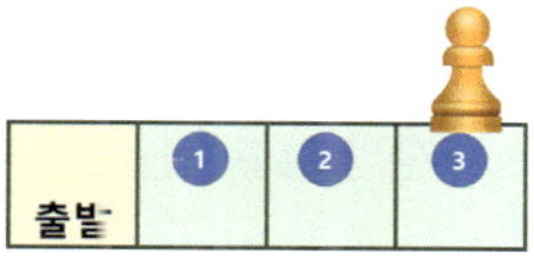
준수 : 3이 나왔네. (출발 칸 다음부터) 한 칸, 두 칸, 세 칸	채원 : (출발 칸을 가리키며) 여기에서 출발해야지. 출발 칸이니까. 그러니까(출발 칸부터) 한 칸, 두 칸, 세 칸	도윤 : 근데 만약 1이 나오면 출발 칸에 서있어야 하는 거야? 말이 안 되잖아. 그러니까(출발 칸 다음 칸을 가리키며) 여기에서부터 한 칸, 두 칸, 세 칸이지.

위의 상황에서 유아는 문제를 인식하고 서로 의사소통하여 문제를 해결하는 경험을 하였다. 이와 같은 수학적 문제해결 과정은 유아의 일상 안에서 자연스럽게 일어나기도 하지만, 교사의 사려 깊은 안내에 의해 경험할 수도 있다. 유아의 문제해결 과정을 지원하기 위해 교사가 유의해야 할 사항은 다음과 같다.

• 유아 스스로 문제를 해결할 기회 제공하기

교사는 유아의 일상생활에서 일어나는 다양한 수학적 문제를 민감하게 인식하고, 이를 교수 상황(teachable moment)으로 활용해야 한다. 예를 들어, 게임을 위해 두 팀으로 나눌 때, "우리 반은 19명인데 어떻게 팀을 나누면 좋을까?"와 같이 문제를 제시하면 유아가 문제 상황을 인식하고 해결 방법을 찾는 데 도움을 줄 수 있다. 그리고 유아가 스스로 문제를 해결하도록 충분한 시간을 주고, 문제해결에 참여하는 유아를 격려해준다.

문제해결 지원
스스로 문제를 해결할 기회 제공
다양한 자료 제공
단계적 사고 지원
다른 사람의 생각 모니터링

• 다양한 자료 제공하기

교사는 유아가 도전할 수 있는 흥미 있는 문제를 제시하고, 문제를 해결하는 데 필요한 여러 유형의 자료를 준비하여 이해수준이 다른 유아들이 각자의 전략을 사용하여 문제를 해결하도록 지원할 수 있다. 또한 문제해결 방법을 서로 이야기해 볼 기회를 제공하는 것이 중요하다. 이때 교사가 "이 문제를 어떻게 해결했니? 다른 방법으로 해결한 친구가 있니?"와 같은 질문을 하면 유아 상호 간에 자신의 해결책을 공유하며 언어화하는 데 도움이 된다.

• 단계적 사고 지원하기

문제를 해결하는 과정에서 단계적으로 사고하도록 돕는다. 교사는 문제를 해결하는 과정이 문제를 이해하고, 해결 방법을 계획하고, 그 계획을 실행한 후 해결 방법을 평가하는 과정으로 구분됨을 이해하고 이와 같은 단계를 유아가 경험하도록 안내한다. 이를 위해 교사는 각 단계에 적합한 발문이나 환경 제공을 통해 유아의 문제해결을 지원할 수 있다.

- 문제인식 : "무엇이 문제이니?", "~가 무슨 뜻이니?", "우리가 무엇을 해결해야 할까?"
- 계획하기 : "이렇게 하면 어떻게 될까?", "다른 방법은 없을까?", "무엇을 제일 먼저 해야 된다고 생각하니?"
- 실행 및 검토하기 : "너의 말이 맞는지 확인해 볼까?", "만약 ~~했다면 어땠을까?", "적절한 해결 방법이었니?"

• 서로의 생각을 확인하고 모니터링하기

문제를 해결할 때 여러 사람의 생각을 들어보며, 각 유아가 자신의 생각과 다른 유아의 생각을 비교하고 모니터링할 기회를 제공한다. 이러한 경험은 유아는 한 가지 방법이 아니라 다양한 방법으로 문제를 해결할 수 있음을 알고, 문제 해결에 다양한 전략을 사용할 수 있게 돕는다.

2) 추론하기

추론하기
주어진 문제를 해결하기 위해 알고 있는 정보나 지식을 서로 관련짓거나 재구성하여 타당한 결론을 이끌어 내는 과정

유아가 일상에서 발견한 문제를 수학적으로 해결하기 위해서는 논리적 사고력을 길러주는 것이 중요하다. 추론하기는 일상의 문제를 해결하는 과정에서 기존의 정보나 지식을 서로 관련 짓거나 재구성하여 논리적으로 타당한 결론을 이끌어내는 것이다(김소향, 2004). 피아제는 유아기에는 추론하기가 가능하지 않다고 했으나, 최근에는 유아의 추론능력이 제한적이지만 자신의 경험에 근거하여 주어진 사물이나 사실이 갖고 있는 규칙성과 관계성을 발견하며, 논리적인 결과를 도출해 낼 수 있다고 한

다(Bransford, Brown, & Cocking, 1999). 예를 들어, 유아는 '동그라미–동그라미–?–동그라미–동그라미–네모–동그라미'로 놓인 패턴에서 빠진 패턴이 무엇인지 추론하고 이를 찾아 넣는 등 기본적인 추론이 가능하다는 것이다. 따라서 유아가 문제를 해결하는 과정에서 자신의 수학적 사고를 명확하게 표현하고 다른 사람의 수학적 사고를 공유하고 생각해보는 수학적 상황을 제공하는 것은 추론능력을 향상시키는 데 의미 있는 경험이 된다.

다음은 퍼즐을 빠르고 정확하게 맞추기 위해 '추론하기'를 사용한 예이다.

퍼즐을 빠르고 정확하게 맞추려면?		

유민 : 음... 지유 너는 테두리만 모았구나. 그럼 나는 테두리 아닌 조각만 모을게.	교사 : 위와 옆이 모두 편평하네. 그러면 어느 쪽에 놓으면 될까? 지유 : 모서리쪽이요. 여긴가? 유민 : 사람이 서 있어야 하니까 우선 위쪽이고... 여기다!	지유 이 조각은 여기일 거예요. 교사 왜 그쪽일거라고 생각하니? 지유 : (계산대 그림이 그려진 퍼즐조각을 가리키며) 계산해 주는 사람은 계산대에 있어야 하잖아요.
▶ 분류한 퍼즐조각의 공통된 특성을 통해 분류 기준 추론하기	▶ 퍼즐조각의 모양과 그려진 그림을 통해 퍼즐조각의 위치 추론하기	▶ 유아의 아이디어를 검토하고 추론하는 질문하기

위의 상황에서 유아는 퍼즐의 테두리 부분과 안쪽 브분을 구분하여 분류하고, 그림의 위치, 색과 같은 지각적 정보를 단서로 퍼즐의 위치를 추론하였다. 유아의 추론하기를 지원하기 위해 교사는 다음에 유의한다.

추론하기 지원
추론/사고 표현 기회 제공
추론과 관련된 어휘 사용

• 유아가 추론하고 사고를 표현할 기회 제공하기

유아가 자신의 생각을 검토하고 언어로 표현할 기회를 의도적으로 제공하는 것은 추론능력의 발달에 중요하다. 예를 들어, 교사가 작은 컵에 가득 들어가는 모래의 양을 큰 컵에 부어 보여준 뒤, "작은 컵으로 모래를 몇 번 더 부어야 큰 컵의 끝까지 다 찰 것 같니?"와 같은 질문을 하면 유아는 추론할 기회를 갖게 된다. 이때 유아가 단서(작은 컵에 들어가는 모래의 양 등)를 사용하여 큰 컵에 들어갈 모래의 양을 추론하고, 이를 자신의 언어로 설명하도록 돕기 위해서는 "왜 그렇게 생각하니?", "어떤 일이 생기게 될까?", "또 다른 방법은 없을까?"와 같은 질문을 하는 것이 필요하다. 이러한 과정을 통해 유아는 문제해결을 위해서는 자신의 생각을 검토하고 추론하는 것이 필요함을 이해할 수 있다.

• 추론과 관련된 어휘 사용하기

교사는 유아의 추론과정을 지원하기 위해 '또는', '아니면', '만약에 ~한다면', '왜냐하면' 등과 같이 추론 관련된 어휘를 사용하는 모델을 보여주고, 유아가 이를 사용할 수 있도록 한다. 이를 통해 유아는 보다 논리적으로 사고하고 추론하는 과정을 경험할 수 있다.

3) 의사소통하기

의사소통하기
수학적 아이디어나 개념에 대한 자신의 생각을 다양하게 표현하는 것

수학적 의사소통하기는 수학적 문제 상황에서 수학에 대한 아이디어나 개념에 대한 유아의 생각을 언어, 문자, 몸짓, 창안한 상징, 관례적 상징, 그리기 등을 통해 표현하고 공유하는 것이다(NCTM, 2000). 수학적 아이디어를 다른 사람과 나누며 유아는 자신의 사고를 명확히 하고 강화하는 것을 배우고, 다른 사람의 수학적 사고를 이해할 수 있게 된다. 즉 수학적 의사소통하기는 유아가 수학적 지식과 문제해결 방법에 대해 반성적으로 사고하도록 하여 수학적 사고 발달을 촉진하게 된다. 다음은 급식 후 남은 잔반을 줄이기 위해 잔반의 양을 측정하는 과정에서 나타난 '의사소통하기'의 예이다.

<table>
<tr><th colspan="6">급식 잔반을 줄이려면?</th></tr>
<tr><td>문제 상황 인식하기</td><td colspan="5">
교사 : 오늘은 이만큼 잔반이 남았네. 어제랑 비교해서 더 늘어난 것 같니, 줄어든 것 같니?
시호 : 어제 잔반이 얼마만큼이었는지 기억이 안 나요.
지수 : 아무래도 매일 잔반의 양을 표시해야 할 것 같아요.
교사 : 그런데 어떻게 잔반의 양을 표시할 수 있을까?</td></tr>
<tr><td>잔반의 양을 측정하는 방법 고안하기 (의사소통하기 및 표상하기)</td><td colspan="2">
“어제 잔반을 남겼다가 비교할 수는 없단다. 음식물이 썩고, 냄새도 심하고...”
▶ 비교대상의 특성상 직접비교 불가능</td><td colspan="2">

“사진으로는 얼마만큼 인지 잘 보이지가 않아요.”
▶ 부정확한 사진 표상</td><td>
‘똑같은 크기의 투명한 통에 넣어 표시하면 어대요?”
▶ 나무젓가락의 젖은 부분으로 측정하기</td></tr>
<tr><td>측정 후, 결과 공유하기</td><td colspan="3">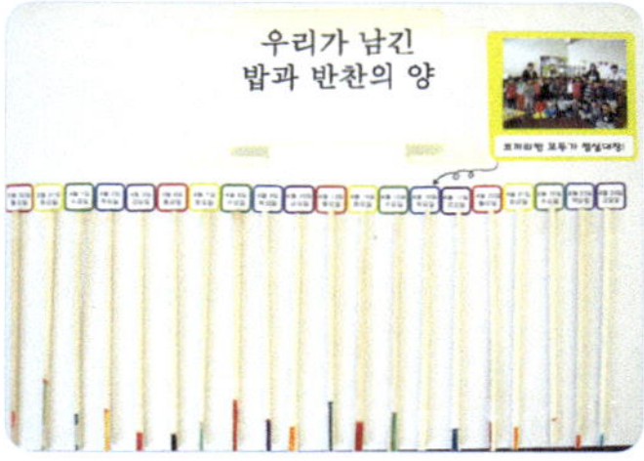

“잔반이 점점 줄어들고 있어요. 우리가 진짜 열심히 노력하고 있나봐요.”
▶ 나무젓가락에 표시된 색 테이프의 길이 비교하기(표상하기)</td><td colspan="2">
“드디어 잔반 없는 날 성공!”</td></tr>
</table>

위의 상황에서 유아는 자신이 생각한 잔반 측정방법에 대해 또래 및 교사와 의사소통하고, 나무젓가락의 젖은 부분으로 측정한 결과를 색 테이프로 표상하며 문제를 해결하였다. 이와 같이 수학적 의사소통하기는 수학적 내용 지식을 다루는 모든 활동에서 이루어진다. 교사는 유아의 수학적 의사소통하기를 지원하기 위해 다음에 유의한다.

의사소통 지원
수학적 언어 사용 모델
다양한 유형의 의사소통 기회 제공
수학적 문제해결 기회 제공
다양한 표상양식 사용

• 수학적 언어 사용의 모델 되기

유아가 적절한 수학적 언어를 사용할 수 있도록 교사는 수학적 언어 사용의 모델이 되어야 한다. 이는 유아가 탐구하고 있는 수학적 개념과 과정, 유아의 수학적 사고를 표현하도록 돕는 방법이 된다. 예를 들어 유아가 "선생님 저희 집은 열층이에요."하고 이야기하면, "그래. ○○는 십층에 사는 구나."와 같이 관례적인 표현을 자연스럽게 사용하도록 모델링을 한다.

• 다양한 유형의 의사소통 기회 제공하기

유아–유아, 교사–유아 사이에 의사소통을 할 충분한 기회를 제공한다. 이 과정은 유아가 자신이 아는 것과 모르는 것을 이해하고 또래와 교사의 전략이나 설명을 들으며 새로운 전략이나 추론과정을 배울 수 있는 기회이다. 유아가 가진 사전 경험이나 지식을 수량화하거나 다른 상황에 적용할 수 있는지 등에 대한 질문을 하며 유아와 교사, 유아 상호 간에 이야기 나눌 수 있도록 한다. 예를 들어 "얼마나 많니?", "어떻게 다르니?", "다시 해도 그렇게 나올까?" 등의 상호작용은 유아가 의사소통하는 데 도움이 된다.

• 수학적 문제 해결의 기회 제공하기

일상생활에서 생긴 수학적 문제를 해결하는 과정은 다양한 방식으로 표현하고 수학적 의사소통을 할 수 있는 중요한 기회이다. 따라서 개별 혹은 소그룹으로 문제를 해결할 수 있는 상황을 제공하고, 서로의 해결방법에 대해 이야기해 볼 기회를 제공하는 것이 필요하다.

• 다양한 표상양식 사용하기

유아의 수학적 표상은 수학적 의사소통의 도구로 사용되므로 교사는 상호작용을 통해 다양한 수학적 표상을 하도록 도와주어야 한다. 예를 들어 "네가 알아본 것을 친구에게 어떻게 알려주겠니?" 혹은 "막대그래프 길이만큼 블록을 놓아보겠니?" 등과 같이 수학적 생각을 다양한 표상을 통해 표현할 기회를 제공한다.

4) 연계하기

연계하기는 수학을 고립된 내용으로서가 아니라 통합된 전체로서 파악하고, 일상생활에서 수학의 관련성과 유용성을 인식하게 하는 것이다(NCTM, 2000). 수학이 일상생활 경험과 연결될 때, 수학의 개별적 지식과 기능을 암기하는 대신 일반적인 원리를 획득하고, 수학의 유용함을 인식하게 되기 때문이다(김경희, 2007). 유아수학교육에서 연계하기는 수학 내용 영역 간의 연계(예 : 규칙성과 도형), 수학과 다른 교과와의 연계(예 : 수학과 미술과의 연계), 수학과 일상생활의 연계(예 : 분류와 정리정돈) 등을 포함한다. 다음은 '연계하기'의 여러 가지 예이다.

연계하기
다른 내용 영역 사이의 관계를 인식하거나 다른 교과와의 관계를 인식하는 과정

수학 내용영역 간의 연계	 • 물건 순서대로 놓아보기 • 측정(순서 짓기), 자료의 이해(분류) 연계	 • 자신이 찾은 도형 소개하기 • 공간과 도형, 수와 연산, 자료의 이해와 연계
수학과 다른 교과와의 연계	 • 이름이 긴 공룡카드 가져가기 게임 • 언어와 수학의 연계 : 수와 연산	 • 같은 색의 자연물끼리 모으기 • 미술과 수학의 연계 : 자료의 이해(분류)
	 • 요리활동에서 계량스푼 사용하여 측정하기 • 과학과 수학의 연계 : 측정	 • 장구장단 연주하기 • 음악과 수학의 연계 : 규칙성

수학과 일상생활의 연계	 • 블록 분류하여 정리하기 • 정리하기와 자료의 이해(분류) 연계	 • 달력에서 날짜 찾기 • 날짜와 수와 연산(숫자읽기, 수의 순서) 연계

연계하기 지원
비형식적 수학경험 제공
일상경험과 수학 상황 연결

이와 같이 연계하기는 유아의 일상에서 여러 형태로 일어난다. 교사는 유아의 연계하기 경험을 지원하기 위해 다음에 유의해야 한다.

• 수학적 개념을 담은 비형식적 수학 경험 제공하기

유아가 일상 경험을 통해 습득한 직관적이고 비형식적 수학은 이후에 학교에서 배우는 형식적 수학과 연계된다. 예를 들어, 형식적 수학인 '2+3=5'에 대한 이해는 유아기에 친구와 사탕을 나누어 먹거나 블록을 쌓아보는 등 다양한 경험을 통해 습득한 비형식적인 개념과 연결된다. 따라서 교사는 유아가 일상생활에서 수학적 문제를 해결하거나 수학적 상황에 참여하는 경험을 충분히 제공해야 한다.

• 수학적 개념과 유아의 일상경험 통합하기

유아의 일상과 놀이 중에 수학이 적용되는 다양한 통합적 활동을 제공한다. 예를 들어 노래를 부르며 발견한 리듬패턴을 신체를 사용한 패턴으로 연결하며 규칙성을 경험하게 하거나 미술작품을 감상하며 발견한 여러 도형을 수학적 경험으로 연결하도록 하는 것이다. 따라서 교사는 언어, 과학, 미술, 쌓기놀이를 하는 중에 일어나는 여러 상황을 수학적 개념과 연결할 기회를 제공한다.

2 수학적 태도

수학에 대한 유아의 이해는 호기심과 열정에 바탕을 두고 있으며, 일상의 다양한 경험으로부터 자연스럽게 성장해간다. 이 과정에서 수학적 소양을 길러 창의적이며 합리적인 문제해결능력과 태도를 기르는 것은 유아수학교육의 중요한 목적이 된다(이정욱, 유연화, 2012). NCTM(2000)에서도 유아가 자신감을 가지고 수학활동에 참여하며, 문제해결을 위해 다양한 전략을 탐색하며, 새로운 방법을 생각해내고, 자신의 방법에 관해 설명하며 적극적으로 활동에 참여하려는 유아의 긍정적인 태도는 유아수학교육의 중요 목적이라고 하였다.

수학적 태도
수학에 대한 유아의 지속적이고 일관된 감정적 성향

수학적 태도는 수학에 대한 흥미와 즐거움, 수학이 일상생활에 유용하다는 생각, 수학을 하는 자신의 능력에 대한 신념 등으로 수학에 대한 유아의 지속적이고 일관된 감정적 성향이다. 수학적 태도의 형성은 유아가 어떤 수학경험을 하였는가에 따라 달라지며, 이후의 수학학습에 대한 생각, 수행, 태도, 결정에 영향을 미친다(Kamii & Housman, 1999). 따라서 정해진 답을 찾기보다 유아가 적극적으로 문제 해결에 참여하고, 새로운 도전을 받아들이도록 하는 환경과 기회를 제공하여 수학에 대한 긍정적인 태도를 형성하도록 지원하는 것이 중요하다. 생활 속 경험이나 놀이와 관련하여 수학을 경험한 유아는 그렇지 않은 유아에 비해 수학에 대한 긍정적인 태도를 가지기 때문이다(김경희, 2007; 김지혜, 2003; 백소영, 2005).

NCTM(2000)에서는 유아의 수학적 태도를 수학에 대한 자신감, 수학적 아이디어 탐구, 다른 문제해결 방법 찾기, 설득력 있는 주장이 주어지면 의견을 바꾸는 유연성, 과제를 끝까지 계속하는 지속성, 수학에 대한 흥미와 호기심, 수학적 사고에 대한 반성, 수학의 활용에 가치 두기, 수학의 역할 이해하기로 제시하고 있으며, 여러 연구들은 유아의 수학적 태도를 구성하는 요소를 다음과 같이 제시한다(표 2-1 참조).

표 2-1 수학적 태도의 구성요소

구분	수학적 태도의 구성요소
Ward(1993)	수학에 대해 갖는 선호도, 자신감, 학습에 대한 열의, 유능감, 타인평가의 인식
Kennedy와 Tipps(2000)	동기유발, 적극성, 주의집중, 인내심, 열정, 호기심, 상상력, 융통성, 협동성
McAfee와 Leong(2002)	개방성, 호기심, 적극성, 지속성, 상상력, 발명성
황정숙(1997)	유아들이 수학에 대해 갖는 자신감, 유능감, 대안 탐색 의도
문연심(2009)	호기심, 자신감, 유능감, 개방성, 지속성, 융통성

수학적 태도
호기심, 주의집중, 개방성, 적극성, 지속성 등 여러 요소의 상호작용을 통해 구성

연구 간 차이는 있지만 여러 연구를 종합해보면, 공통으로 제시하는 수학적 태도의 구성요소는 호기심, 주의집중, 개방성, 적극성, 지속성으로 정리할 수 있다(김소향, 2004; Copley, 2000; NCTM, 2000).

- **호기심**: 주어진 상황에서 답을 찾기 위해 사고하려는 본능적인 태도로 학습의 동기가 되고 수학적 주제나 내용에 관심을 기울이는 태도
- **주의집중**: 문제해결을 위해 유아가 수학적 상황이나 활동의 과정에 주의를 기울이는 태도
- **개방성**: 수학활동 과정에서 자기 주장에 대한 타인의 비판을 너그럽게 받아들이고, 발생한 결과에 대해 인정하려는 태도
- **적극성**: 수학과 관련된 활동에 능동적으로 참여하여 열심히 활동하는 태도
- **지속성**: 끈기성과 유사한 개념으로 해결되지 않은 문제에 대해 포기하지 않으려는 과제 집착력으로 지속적으로 해결해 보려는 태도

이들 구성요소들은 서로 상호작용하여 유아의 수학적 태도를 형성한다(박지영, 황해익, 2006). 그리고 수학적 태도는 문제해결력이나 수학적 성취 등과 관련하여 형성되기 때문에, 유아가 수학활동을 경험하면서 즐거움을 느끼고, 자신감과 긍정적인 태도를 가질 수 있도록 하는 것이 중요하다. 수학에 대해 긍정적인 태도를 형성하기 위해 교사는 다음과 같은 경험을 제공해야 한다.

첫째, 유아가 일상생활에서 수학 개념을 자연스럽게 경험할 기회를 제

공하며, 단순한 암기나 훈련에 초점을 두는 것이 아니라 구체물을 조작하거나 직접 경험할 수 있는 활동을 제공한다.

둘째, 유아가 일상에서 호기심을 갖는 수학적 상황이나 문제에 대해 적극적으로 탐색하고 문제를 조사할 기회를 제공한다.

셋째, 유아가 실패감을 느끼지 않도록 발달수준에 적합한 경험을 제공한다. 유아가 수학적 상황이나 문제에서 계속적으로 실패하게 되면, 이후 유사한 상황에서 "나는 수학은 싫어." 또는 "나는 못하요."와 같은 부정적인 태도를 나타낼 수 있기 때문이다.

넷째, 수학적 과정에 참여하는 유아를 격려한다. 유아가 수학문제를 해결하며 교사나 또래와 의사소통하고, 문제를 해결하기 위해 여러 가지 방법을 찾아내 적용해보는 기회를 통해 긍정적인 수학적 태도를 형성할 수 있기 때문이다.

유아가 수학에 대해 긍정적인 태도를 가질때 수학을 좋아하게 되고, 수학활동에 참여하려는 경향이 더 많아지며, 이러한 태도는 유아의 수학적 능력에 영향을 줄 수 있다(김경희, 2007). 따라서 유아수학교육은 쉽고 재미있는 수학 경험을 통해 유아가 수학에 대한 흥미와 호기심, 긍정적인 태도를 형성하는 데 중점을 두어야 한다.

Tip 예비유아 교사의 수학적 태도 점검하기

	문항	전혀 그렇지 않다	그렇지 않다	보통이다	그렇다	매우 그렇다
1	수학은 일상생활의 문제를 해결하는 데 유용하다.					
2	수학은 내가 즐기는 과목이다.					
3	나는 쉽게 해결되는 쉬운 문제보다 어려운 수학 문제가 좋다.					
4	나는 수학을 잘한다.					
5	나는 수학문제를 푸는 것이 흥미롭다.					
6	나는 교실에서 수학활동을 하는 것이 편하다.					
7	나는 수학과 관련된 책 읽기를 좋아한다.					
8*	나는 대부분의 직업에서 수학적 사고능력이 필요한 것은 아니라고 생각한다.					
9	나에게 수학은 쉬운 것이다.					
10*	나는 수학 단어를 들을 때 거부감이 느껴진다.					
11	나는 모든 사람들은 수학을 공부해야 한다고 생각한다.					
12*	나는 수학활동을 하는 데 시간을 조금만 들이고 싶다.					
13	나는 때때로 수학 관련 서적을 읽는다.					
14	나는 수학이 오늘날의 세계를 이해하는 데 유용하다고 생각한다.					
15	나는 표준보육과정 또는 누리과정 내의 수학활동의 목표와 내용에 대해 이해한다.					
16	나는 수학을 좋아한다.					
17*	나는 아무리 노력해도 수학을 이해하기 힘들다.					
18*	나는 수학에 관한 대화를 할 때 긴장감을 느낀다.					
19*	나는 어려운 수학문제를 보면 내가 지도할 수 없다고 생각한다.					
20	나는 수학은 나라의 발전에 중요한 요소라고 생각한다.					
21	나는 좋은 직업을 가지는 데 있어서 수학을 잘하는 것이 중요한 요소라고 생각한다.					
22*	나는 수학활동을 지도할 때 불안하다.					
23*	나는 수학을 가르치지 않아도 되는 직업이 더 좋다.					
24	나는 다른 사람들과 수학에 대해 이야기 나누는 것을 즐긴다.					

	문항	전혀 그렇지 않다	그렇지 않다	보통이다	그렇다	매우 그렇다
25	나는 숫자를 사용하는 게임을 좋아한다.					
26	나는 수학문제를 잘 풀 수 있다.					
27	나는 필요한 것 이상의 더 많은 수학적 경험을 계획한다.					
28*	나는 수학 없이도 일상생활을 완벽하게 지낼 수 있다.					
29*	숫자를 활용하는 일은 나를 혼란스럽게 한다.					
30	나는 내가 배웠던 수학에 대한 대부분의 내용을 기억한다.					
31*	나는 수학활동을 하는 것에 대해 생각만 해도 신경이 예민해진다.					
32*	나는 수학 문제를 풀 때 스스로 풀기보다 정답을 미리 보는 편이다.					
33*	나는 대부분의 수학적 아이디어가 유용하지 않다고 생각한다					
34*	나는 수학활동을 해야 하는 것이 두렵다.					
35*	내가 수학을 가르치는 유일한 이유는 의무감 때문이다.					
36	이해를 하면서 수학문제를 푸는지는 나에게 중요하다.					
37	나는 수학에 대한 좋은 느낌을 가지고 있다.					
38	나에게 수학은 어려운 일이 아니라 즐거운 게임에 가깝다.					
39	나는 영유아와 수학활동을 할 때 열정적이다.					
40*	수학적 개념을 가르치는 방법을 지금 이해하지 못하고, 앞으로도 절대 이해하지 못한다.					
	총 (　　　　)점					

출처 : 유승희(2017). 영유아교사의 수학교수효능감에 대한 수학적 태도, 수학교과교육학 지식 및 구성주의 신념의 영향. 명지대학교 대학원.

[결과해석]

- 전혀 그렇지 않다 1점, 그렇지 않다 2점, 보통이다 3점, 그렇다 4점, 매우 그렇다 5점
- 총점의 점수가 높을수록 수학에 대한 태도가 긍정적인 것을 의미
- 구성 : 수학에 대한 불안이나 두려움(6, 10*, 18*, 22*, 29*, 31*, 34*, 37번)
  수학에 대한 가치(1, 8*, 11, 14, 20, 21, 28*, 33*번)
  수학에 대한 자아 개념(4, 9, 15, 17*, 19*, 26, 30, 40*번)
  수학에 대한 흥미나 즐거움(2, 5, 12*, 16, 23*, 24, 25, 38번)
  수학에 대한 동기(3, 7, 13, 27, 32*, 35*, 36, 39번)
- *표시가 되어 있는 문항은 역문항으로 반대로 점수 계산(예 : 2점 → 4점, 5점 → 1점)

■ 다음은 두 반이 블록을 공평하게 나누는 이야기입니다. 이야기를 읽고 아래의 예와 같이 수학적 과정과 수학적 태도가 드러나는 부분에 밑줄을 친 후, 어떤 수학적 과정과 태도인지 적어 보세요.

'공평하지 않아! 너희 반이 블록을 더 많이 가졌잖아?'

"이건 불공평해. 너희 반이 우리 반보다 블록이 더 많잖아.", "아니야! 우리 두 반 블록은 똑같아." 두 반 아이들은 블록의 수로 논쟁을 벌였다. 그러나 두 반의 블록 종류와 수는 똑같고, 분류하기 쉽도록 두 반 교사의 이름 첫 글자를 블록마다 써 두었고, 블록영역의 선반을 정리하는 방법도 똑같았다. 교사는 유아 스스로 이 문제를 해결하도록 격려하기 위해 "두 반의 블록의 수가 같은지 다른지 어떻게 하면 확인할 수 있을까?"라는 질문을 하였다.

사이언은 두 세트의 블록에 쓰여 있는 표시(교사 이름 첫 글자)를 발견하였고, 몇몇 유아가 모여 교구장에 있는 모든 블록을 꺼내어 이름의 첫 글자를 확인했다. 그 결과, 블록 한 개만 다른 반 교구장에 있었다는 것을 발견했다(예 : 수학적 과정 – 문제해결하기). 다음 날 놀이시간에 어제 이 활동에 참여했던 유아들 모두 블록영역으로 모여 블록의 수를 세는 활동을 시작했다. 여러 유아가 계획 없이 같은 블록을 세었고, 어디까지 세었는지 잊어버려 결과적으로 같은 블록을 두 번 세기 시작했다. 교사는 수 세기를 조직적으로 하도록 제안할까 잠시 생각했다. 그러나 유아가 자신들의 방법으로 진행하고, 자신들의 결론을 찾도록 하기로 결정했다.

tally marks

이때 케빈이 각 유아마다 블록을 한 종류씩 세도록 지정해주었다. 유아들은 작은 칠판과 분필을 가지고 여기저기 흩어졌다. 반 단위의 직육면체 블록을 맡은 유아가 먼저 블록을 세고, 작은 칠판에 빗금(Tally marks)으로 표시했다. 나머지 유아들은 반 단위 블록을 찾는 것을 도와주며 열심히 참여했다. 유아들은 다음으로 단위블록을 세었고, 이러한 방법이 이어졌다. 다른 반 유아들도 이러한 과정을 지켜본 후 똑같은 방법으로 자기 반의 블록을 세어 나갔다. 두 반의 유아들은 적극 참여하였고, 끝날 때까지 계속되었다.

'zero touches please'를 나타내는 유아의 표상

그러나 다 세기 전에 정리정돈 시간이 다가왔고, 유아들은 아직 수세는 활동을 끝내지 못했다. 우리 유치원은 반일제이기 때문에 놀이시간이 끝나면 다른 반을 위해 블록을 모두 정리하는 규칙을 가지고 있다. 누군가가 "우리 오늘 한 번만 블록을 그대로 남겨둘 순 없어요?"라고 질문했다. 교사는 "오전반에게 너희가 무슨 일을 하고 있는지 설명하면 아마 오전반 유아들도 이 활동이 끝낼 때까지 블록영역의 활동을 하지 않는데 동의해 줄거라고 생각해."라고 말했다. 유아들은 즐거워했고, 그날의 일과가 끝날 때 블록영역에 다시 가보니 누군가가 오전반에게 메시지를 전하는 표시를 붙여놓았다(그림 참고).

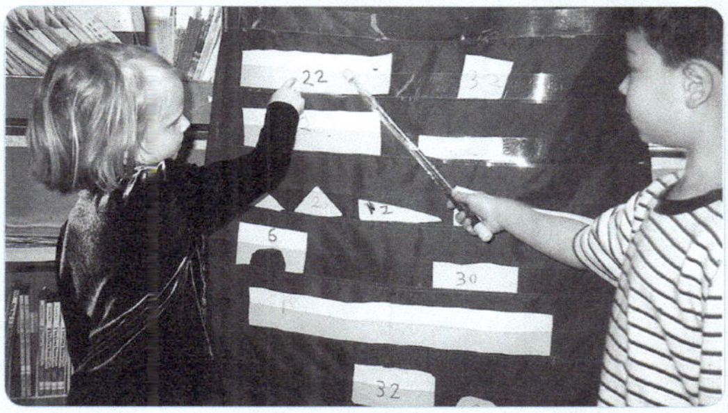

제니의 차트

다음날, 활동을 마무리할 때즈음 제니는 블록의 둘레를 따라 그리고 그 외곽선 모양을 가위로 오리고는 그 그림 안에 블록의 수를 기록하였다(제니의 차트 그림 참고). 제니에게 자료수집결과를 기록하는 방법을 다른 유아들에게 소개해 달라고 부탁했고, 그 결과를 친구들과 공유하였다.

두 반 유아들은 각 반에 있는 블록의 수를 센 후 그 결과를 비교했다. 딱 두 종류 블록의 수만 달랐다. 두 종류의 블록을 담당한 유아들은 수를 다시 세었다. 그중 한 종류는 블록의 수를 세는 과정에서 실수를 했고, 나머지 하나는 빗금을 세는 과정에서 실수를 했다. 드디어 두 반의 유아들은 서로 같은 수의 블록을 가지고 있다는 데 합의하게 되었다.

출처 : Andrews, A. G., & Trafton, P. R. (2017). 『어린이 수학자』. 한종화(역)에서 일부를 발췌하여 수정함.

chapter 3

수와 연산

1. 수와 연산 개념의 발달

2. 수와 연산의 지도 및 평가

학습내용

- 즉지하기
- 수 세기
- 수 읽기와 쓰기
- 두 수의 크기 비교하기
- 부분과 전체 관계
- 더하기와 빼기

다음을 생각해 봅시다.

♣ 유아가 코끼리 공기놀이를 하고 있습니다. 유아의 놀이 상황에 수와 연산의 어떤 개념이 담겨 있는지 생각해 봅시다.

민규 : 정희야 우리 코끼리 공기놀이하자.

정희 : 좋아. 몇 개씩 가지고 갈까?

민규 : 다섯 개 어때?

정희 : 응. 좋아하는 색으로 가지고 가자.

민규 : 난 무조건 연두색 5개. (가져온 공기를 하나씩 헤아리며) 난 이렇게 다섯 개!

정희 : 난 파란색이랑 보라색 좋아하니까! 파랑 셋, 보라 두 개.. 딱 봐도 다섯 개!

민규 : 얼른 하자.

정희 : 코끼리 손을 만들어서 공기를 빨리 넣는 사람이 이기는 걸로 하자. 어때?

정희 : 좋아!

민규와 정희의 놀이를 지켜보던 채정이가 다가와 놀이에 참여하고자 한다.

채정 : 재미있겠다! 내가 심판할게.

민규, 정희 : 그래 그럼! 네가 시작하고 외쳐 줘.

민규와 정희는 검지와 엄지 손가락을 이용해 코끼리 코를 만들고 공기놀이할 준비를 한다.

채정 : 준비됐지?

민규, 채정 : 응. 빨리 해.

채정 : 시작!

정희 : 오~예! 내가 이겼다. (손바닥으로 바닥을 쓸며) 하나도 안 남았어!

민규 : (카펫에 놓여있는 공기를 보며) 난 2개 남았는데!

채정 : 손바닥을 펴서 몇 개씩 가져갔는지 보자.

정희 : 난 바닥에 아무것도 안 남았으니까 (자신의 손을 펼쳐서 보여주며) 다섯 개가 있고, 민규는 2개 남았으니까 손에 3개 있을 걸?

민규 : (손을 펼쳐 공기를 보여주며) 딩동댕! 난 3개 남았어.

이 장에서는...

앞의 놀이 상황은 유아가 즐겨 하는 코끼리 공기놀이입니다. 수와 연산에 관련된 수학적 개념을 찾으셨나요? 좋아하는 색의 조합으로 다섯 개의 공기를 가져가며 유아는 수의 부분과 전체에 대한 경험을 합니다. 또한 자신이 가져온 공기의 수를 헤아린 뒤, "다섯 개요."하고 말하며 집합수 개념에 대한 직관적 인식을 보여줍니다.

유아는 일상 안에서 다양한 수학적 경험을 하며, 부분적으로 수에 대한 이해를 하고 있습니다. 수에 대한 감각이 발달하는 이 시기에 유아의 이해를 확장시키기 위해서는 다양한 상황에서 수를 경험할 기회를 제공하는 것이 중요합니다. 이에 유아교육기관에서는 유아가 일상에서 자연스럽게 수를 경험하도록 하며 수의 의미, 수의 관계, 연산 등 유아의 수 개념 발달을 도울 기회를 제공합니다. 이 장에서는 유아가 접하는 자연수를 중심으로 수와 연산 개념의 발달과 이를 지원하기 위한 지도 방법에 대해 살펴보고자 합니다.

1 수와 연산 개념의 발달

우리는 장난감 개수를 헤아릴 때, 마트에서 계산을 할 때와 같이 일상에서 다양하게 수를 사용한다. 유아가 일상에서 주로 경험하는 수는 자연수(natural number)로, 상황에 따라 집합수, 순서수, 이름수의 의미가 각기 다르게 사용된다. 집합수는 집합에 속한 수의 양으로, 유아가 사물의 수를 세고 수량을 알아볼 때 사용한다. 예를 들어 사탕이 5개 있을 때, '하나, 둘, 셋, 넷, 다섯'이라고 수를 헤아린 뒤 5개라고 말하는 것은 집합수에 해당된다. 순서수는 첫째, 둘째, 셋째와 같이 차례를 나타내는 수로, 순서수는 기준에 따라 그 위치가 상대적이다. 은행, 주민센터 등에서 발급받는 순서표가 순서수의 대표적인 예이다. 이름수는 운동선수의 등 번호, 휴대전화 번호 등과 같이 수를 사용해서 명명하는 것을 의미한다.

자연수
수의 발생과 동시에 존재했다고 여기는 수로서 1부터 시작하여 1씩 커지는 1, 2, 3, 4, 5와 같은 양의 정수

일상생활 속에서 자연수가 사용되는 다양한 상황

집합수	• 게임을 하기 위해 두 편으로 나눈 뒤 수를 헤아린다. – 예 : ○○팀은 모두 몇 명인가요? • 우리 반 친구가 모두 몇 명인지 세어본다.
순서수	• 은행놀이를 하며 순서표를 만든다. • 기준을 정해 순서를 말해볼 기회를 제공한다. – 예 : ○○는 어디에 있을까? ○○는 앞에서 두 번째 서 있어요.
이름수	• 내가 좋아하는 운동선수(예 : 축구선수)의 번호를 알아본다. • 엄마의 전화번호를 알아본다.

집합수
어느 집합에 속하는 원소의 수로 개수나 양을 나타내는 수

순서수
차례를 나타내는 수

이름수
사물의 이름 대신 수로 명명하는 수

따라서 자연수를 사용하는 다양한 상황에서 수에 대한 기초 경험을 하는 것은 유아가 수의 의미를 이해하고, 수를 활용하여 문제를 해결하는 데 중요하다.

1) 즉지하기와 수 세기

즉지하기는 수 세기보다 후에 나타나는 능력으로 간주되어 왔으며, 유아가 이해할 수 없는 수학영역이라고 명시되었다. 그러나 최근 들어 즉지

하기가 수 세기보다 훨씬 기초적인 기능으로 간주되고 있다. 즉지하기는 수 세기 없이도 물체를 보자마자 물체의 개수를 곧바로 지각하는 것이고, 수 세기는 수의 양을 이해하는 과정이 필요하기 때문이다. 즉지하기와 수 세기로 구분하여 수 세기를 살펴보면 다음과 같다.

(1) 즉지하기

즉지하기
적은 수의 물체가 있을 때 수 세기 없이 수를 즉각적으로 인식하고 식별하는 능력

대부분의 성인은 주사위로 보드게임을 할 때, 주사위의 점을 세지 않고도 주사위의 숫자를 빠르게 인식한다. 이는 즉지하기(subitizing)가 가능하기 때문이다. 즉지하기는 적은 수의 물체가 있을 때 수 세기 없이 수를 즉각적으로 인식하고 구별하는 능력을 말한다. 언어적 수 세기가 불가능한 영아의 경우에도 즉지하기가 가능하다고 알려져 있으며, 즉지하기는 수 세기에 앞서 나타나고 유아의 수학능력 발달에 도움을 준다(Starkey & Cooper, 1995). 즉지하기는 지각적 즉지하기와 개념적 즉지하기로 구분할 수 있다(Sarama & Clements, 2009).

① 지각적 즉지하기

지각적 즉지하기
정신적 또는 수학적 과정을 사용하지 않고 직관적으로 수를 인식

지각적 즉지하기는 5 이하의 작은 수량을 빠르고 정확하게 파악하는 것을 말한다. 예를 들어 주사위에 그려진 5개의 점을 보았을 때, 다른 수학적 과정 없이 바로 '5'라고 인식할 수 있다.

② 개념적 즉지하기

개념적 즉지하기
그룹화, 패턴화 등의 수학적 과정을 사용하여 수를 인식

개념적 즉지하기란 그룹화, 패턴화 등의 수학적 과정을 사용해 수를 빠르게 인식하는 것이다. 개념적 즉지하기를 위해서는 큰 집합의 물체를 2~4개의 단위로 묶고, 자료의 배열 형태에 따라 작은 단위를 합산할 수 있어야 한다(김보경, 박윤현, 이순형, 2017). 예를 들어 주사위에 7개의 점이 그려져 있을 때 '5'라는 하나의 큰 단위와 '1'단위 2개를 나누어 지각적으로 인지하거나, '3'과 '2'단위 2개를 나누어 인지함으로써 숫자 7의 즉지하기가 가능하다.

지각적 즉지하기　　　7=1+5+1 또는 2+3+2
개념적 즉지하기

(2) 수 세기

수 세기는 물체에 수 단어를 하나씩 순서적으로 배정하는 절차를 사용하는 것이다. 유아기 수 세기 능력과 관련하여 피아제 학파는 전조작기 유아의 경우에는 수에 대한 보존 개념이 형성되지 않는다고 보고, 영유아의 수 세기를 의미 없는 행동이라고 하였다. 이에 따라 특정 집합 내에서 분류하기, 서열화하기, 일대일 대응하기 등과 같은 수 이전의 활동을 강조하였다.

수 세기
물체에 수 단어를 하나씩 순서적으로 배정하는 절차

Tip 피아제의 수 보존능력의 발달

단계	내용
1단계	공간적 배열(예 : 길이 등)에 의거해서 크기를 비교하는 단계로서 일대일 대응 능력이 없음
2단계	일대일 대응은 가능하나 집합의 크기를 공간 배열에 따라 직관적으로 판단 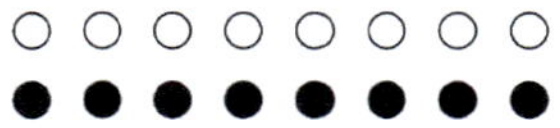 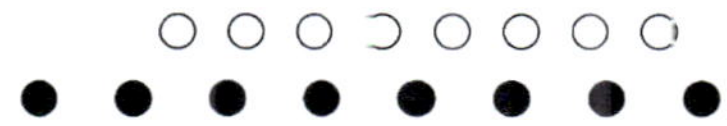 동일한 수의 흰색 바둑돌과 검정 바둑돌을 보여주면, 유아는 그 숫자가 동일하다고 인식함 그 후, 검정 바둑돌을 길게 배열한 뒤, "흰 바둑 돌과 검정 바둑 돌의 수가 같니?"하고 물으면 유아는 검정 바둑돌이 더 길기 때문에 검정 바둑돌이 많다고 이야기함
3단계	일대일 대응이 지속적으로 가능하므로 공간적으로 배열 형태를 변화하여도 집합의 크기가 동등함을 인식함

이와 다른 입장에서는 논리적 개념에 대한 이해가 이루어지기 전에 영유아가 수에 대한 지식과 이해를 형성할 수 있다고 제시하였으며, 최근에

는 이러한 입장이 지배적이다. 또한 수 세기가 분류하기와 서열화 능력의 발달을 돕고, 수에 대한 이해를 형성하는 데 중요하다고 보고, 수 세기 과정을 강조한다(Gelman & Gallistel, 1978).

수 세기는 말로세기와 물체세기로 구분되는데, 다음은 수 세기에 대한 유아의 발달적 특성이다(표 3-1 참조). 말로세기의 발달과정을 살펴보면, 만 2~3세가 되면 숫자를 암기해서 헤아리는 말로세기가 가능하며, 만 4세는 1부터 30까지, 만 5세는 1부터 100까지 말로세기가 가능하다. 물체세기의 경우 만 2~3세에는 1부터 4까지, 만 4세가 되면 10까지, 만 5세가 되면 20까지의 물체세기가 가능하다. 거꾸로 세기의 경우, 만 4세의 경우 5부터 1까지, 만 5세가 되면 10부터 1까지 거꾸로 세기가 가능하다. 곱셈의 기초가 되는 뛰어 세기의 경우, 만 5세부터 10배수의 뛰어 세기가 가능하며, 학령기인 만 6세가 되면 5배수 혹은 2배수의 뛰어 세기가 가능하다.

뛰어 세기
수가 일정하게 커지거나 작아지도록 규칙적으로 건너서 세는 것

표 3-1 수 세기의 발달

2~3세	4세	5세	6세	7세
← 말로세기 →				
1–10	1–30	1–100		1–1000
← 물체세기 →				
1–4	1–10	1–20	1–100	
	← 거꾸로 세기 →			
	5부터 1까지	10부터 1까지	20부터 1까지	
		← 뛰어 세기 →		
		10, 20, 30…	5, 10, 15, … 2, 4, 6, 8, 10…	3, 6, 9, … 4, 8, 12, …

출처 : *Engaging Young Children in Mathematics: Standards for Early Children in Mathematics Education*, pp. 26–28. by D. H. Clements, J. Sarama, & A. DiBiase, 2003. Lawrence Erlbaum Associates, Inc.

① 말로세기

말로세기
언어적인 학습결과로 나타나는 암기적 수 세기

유아의 수 세기는 수 단어 습득과 함께 시작된다. 유아는 처음에는 숫자를 암기해서 말하는 방법으로 수 세기를 시작한다. 따라서 말로세기는 수 개념을 이해하고 세는 것이 아니라 수 단어를 학습한 결과로 볼 수 있다. 그러나 점차 수의 이름과 물체를 일대일 대응시키는 물체세기로 이어

진다는 점에서 말로세기는 수 세기에서 중요한 역할을 한다(Smith, 2C12).

유아가 말로세기를 할 때 1에서 10까지는 숫자에 대한 이해나 생각하는 과정 없이 숫자를 단순히 순서대로 암기하는 기계적 암기방법을 사용한다. 그러나 11부터는 십 단위 이름(예 : 10, 20, 30, 40 …)에 1부터 9까지의 숫자가 규칙적으로 결합되어 숫자가 만들어진다는 규칙성을 발견하게 된다(홍혜경, 2010). 우리나라의 수 단어는 우리말 수 단어(예 : 하나, 둘, 셋…)와 한자 수 단어(예 : 일, 이, 삼 …)를 함께 사용하는 이중 명명체계이다. 따라서 만 2세를 전후하여 우리말 수 단어를 먼저 습득하지만 만 5세경에는 한자 수 단어를 주로 사용하고, 숫자가 커질수록 한자 수 단어를 사용하여 수 세기를 더 잘한다(김영실, 김지영, 2002). 이는 한자 수 단어가 '십, 이십, 삼십…'과 같은 수 단어의 생성 규칙을 찾아내기 쉽기 때문이다.

② 물체세기

유아는 수 단어를 암기하여 세는 말로세기에서 시작하여 물체에 수 단어(예 : 일, 이, 삼, 사 등)를 일대일로 대응시키는 물체세기를 할 수 있게 된다. 물체세기란 마지막 헤아린 수가 그 물체의 양(집합수)을 나타냄을 이해하는 것이다. 물체를 정확하게 세기 위해서는 다음의 수 세기 원리를 이해해야 한다(Gelman & Gallistel, 1978).

물체세기
마지막 헤아린 수가 그 물체의 양을 나타내는 것을 이해하는 수 세기

- **일대일 대응의 원리** : 일대일 대응의 원리는 수를 셀 때 물체 하나에 수 단어가 하나씩 대응되어야 한다는 것을 의미한다. 그러나 유아는 물체 하나에 수 단어를 여러 개 대응시키거나, 물체를 세지 않고 건너뛰거나, 한 물체를 두 번 세는 등의 오류를 보인다. 유아가 일대일 대응의 원리를 이해하기 위해서는 센 것과 세지 않은 것을 구분하는 것이 필요하다. 따라서 물체를 셀 때 물체를 하나씩 손가락으로 가리키며 헤아리거나 헤아린 물체를 한쪽으로 놓아서 아직 헤아리지 않은 물체와 분리하도록 돕는다. 또한 그림에 있는 물체를 셀 때에는 물체에 빗금을 치거나 동그라미 표시를 하도록 한다.

수 세기의 원리
일대일 대응의 원리
안정된 순서의 원리
기수의 원리
순서무관의 원리
추상화의 원리

일대일 대응의 원리
물체 하나에 수 단어가 하나씩 대응되어야 하는 원리

	일대일 대응의 원리		
일대일 대응의 원리	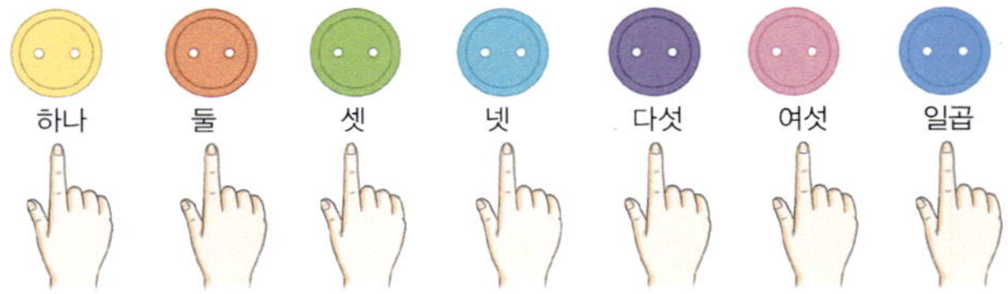		
일대일 대응 원리의 오류	 ▶물체 하나에 여러 개의 수 단어 대응	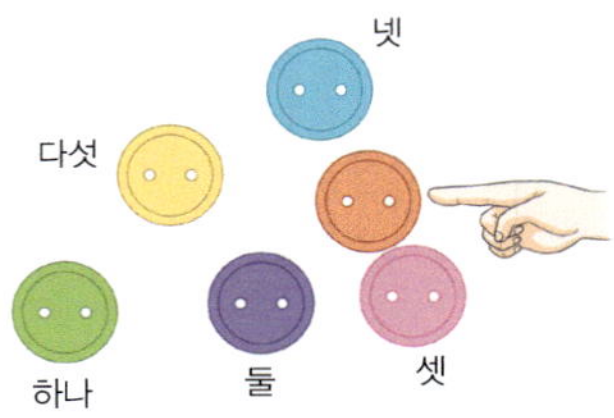 ▶ 물체 세지 않고 건너뛰기	
지도방법	 ▶ 손가락으로 하나씩 가리키며 물체세기	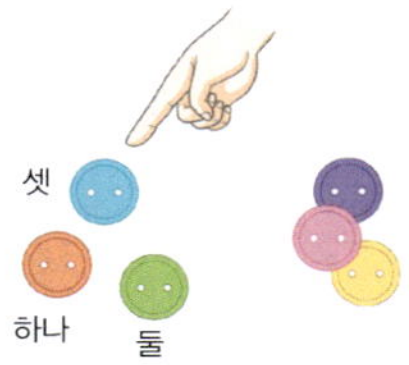 ▶ 센 물체는 한쪽으로 놓아 세지 않은 물체와 구분하기	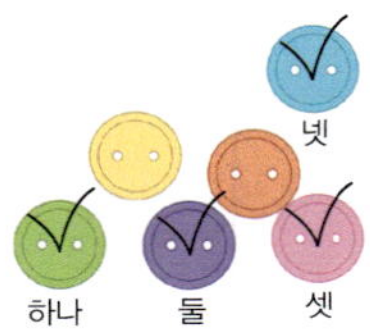 ▶ 센 물체를 그림에 표시하기

안정된 순서의 원리
매번 수를 셀 때마다 동일한 순서로 세는 원리

• **안정된 순서의 원리** : 수를 셀 때마다 수 단어를 동일한 순서로 사용하는 것이다. 안정된 순서의 원리는 3개의 물체가 있을 때, '하나, 둘, 셋'이라고 명명하며, 유아가 관습적으로 올바른 수 세기 방법을 배우기 전부터 발달한다(이정욱, 유연화, 2012). 예를 들어 유아가 과자 3개, 방울토마토 3개를 셀 때, '하나, 셋, 둘'과 같이 부정확한 순서이지만 매번 반복적으로 일관되게 세는 경우, 안정된 순서의 원리에 따라 수를 세는 것으로 볼 수 있다. 추후 유아는 관습적으로 올바른 수 단어(예 : 하나, 둘, 셋, 넷...)의 순서를 배우고, 수 세기를 할 때 '하나, 둘, 셋, 넷'과 같이 안정된 순서에 의해 수를 셀 수 있게 된다.

• **기수의 원리**(집합수의 원리) : 물체의 수를 셀 때 마지막에 적용하는 수 단어가 그 집합의 전체 수량을 나타냄을 이해하는 것이다. 기수의 원리를 이해하는 것은 수 세기와 전체 수량이 연결되어 있음을 아는 것으로, 수에 대한 추론을 할 수 있게 된다는 점에서 매우 중요하다. 이는 수가 특정한 양을 나타냄을 이해하는 것이기 때문이다. 교사가 유아에게 "블록 5개만 가지고 올 수 있니?"라고 요청하거나 유아가 물체를 헤아렸을 때 "모두 몇 개니?"하고 다시 물어봄으로써 유아의 집합 수 개념 발달을 도울 수 있다. 또한 마지막으로 센 단어에 힘을 주어 한 번 더 강조(예 : 하나, 둘, 셋, 넷, 네 개구나.)하는 것도 도움이 된다.

기수의 원리
물체의 수를 셀 때 마지막 항목에 적용된 수 단어가 그 집합의 전체 수량을 나타내는 것

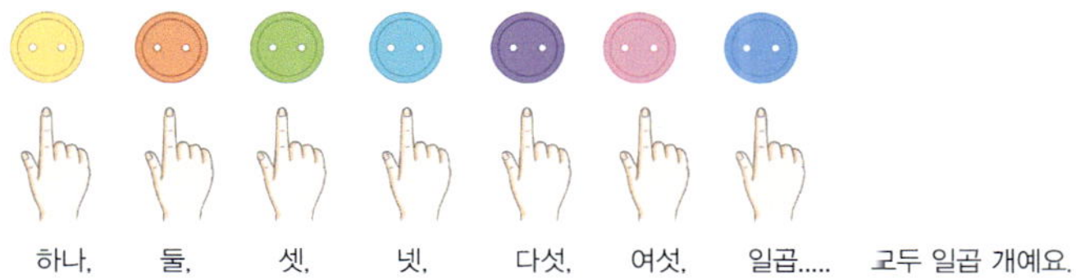

기수의 원리

• **순서무관의 원리** : 수를 세는 것은 어떤 물체를 먼저 세는가와 관계없이 세는 물체의 수는 동일함을 아는 것이다. 이에 따라 한 집합의 물체를 셀 때 왼쪽, 오른쪽, 어떤 방향으로 헤아리든 그 집합의 수는 항상 일정함을 이해할 수 있게 된다.

순서무관의 원리
수를 세는 것은 세는 순서와 상관이 없다는 것을 이해하는 원리

순서무관의 원리

• **추상화의 원리** : 수를 세는 대상과 관계있는 원리로 어떠한 물체로 구성된 집합이라도 수 세기를 할 수 있음을 이해하는 것이다. 이에 유아는 구체적인 사물 외에 상상의 것도 셀 수 있음을 알고 셀 수 있다. 세어야 할 대상이 반드시 동일한 사물일 필요는 없으며(예 : "연필, 지우개, 가

추상화의 원리
어떠한 물체의 집합이라도 수 세기를 할 수 있다는 것을 이해하는 원리

위 모두 3개가 있어."), 사물 이외에 상상의 것, 경험이나 사건 등(예 : "이번 주에는 눈이 두 번이나 왔어.")도 수 세기가 가능하다는 것을 이해하는 것이다.

2) 수 읽기와 쓰기

유아는 수에 대해 이해한 것을 그림, 기호, 숫자, 글자 등과 같은 다양한 방법으로 나타낸다. 표상이란 수학적 개념에 대한 유아의 이해를 숫자(기호)나 언어를 통해 조직화 하고 재구성하는 것을 의미한다. 유아의 수 표상능력은 영상적 표상, 언어적 표상, 숫자나 기호 등의 상징적 표상 순으로 발달한다(김숙자, 변경애, 변선주, 박현진, 2007).

세발자전거 바퀴는 모두 몇 개일까요?		

영상적 표상	언어적 표상	상징적 표상

(1) 수 읽기

수 읽기(명수법)
수를 말로 나타내는 것으로서, 우리말 명수법, 한자말 명수법으로 구분

대부분의 성인은 자신의 연령을 말할 때, 한자어를 사용하여 '스물 셋'이라고 말한다. 그러나 유아는 "나는 다섯 살이에요." 혹은 "나, 오살이에요."와 같이 말한다. 이는 우리나라에서 수를 말로 나타나는 명수법(numeration)에는 '하나, 둘, 셋……'과 같이 우리말로 숫자를 읽는 방법과 '일, 이, 삼……'과 같이 한자어로 읽는 방법 두 가지가 있기 때문이다.

유아가 우리말 명수법과 한자말 명수법 두 가지를 상황에 따라 구분하여 읽는 것은 어려운 일이다. 따라서 수를 읽을 수 있는 다양한 상황을 제시하여 유아가 상황에 맞게 수 읽기를 할 수 있도록 지원하는 것이 필요하다. 예를 들어 연필 5개는 '다섯 개'로 읽고 아파트 5층은 다섯 층이 아

니라 '오층'이라고 읽는다는 것을 놀이와 같은 자연스러운 상황에서 유아가 경험하며 스스로 깨닫도록 돕는 것이 필요하다.

(2) 수 쓰기

유아가 상징을 사용하여 수를 나타내기 위해서는 숫자의 모양과 이름을 인식하고, 숫자와 물체의 양을 연결하여 생각할 수 있어야 한다. 수 쓰기의 발달과정을 살펴보면, 만 3세 유아는 수량적 관계를 표상할 수 없고, 만 4세 유아는 그림표상은 가능하지만 숫자나 언어표상은 미흡하다. 만 5세 유아는 숫자 표상을 획득하는 과정에 있으며, 간 6세 유아도 언어와 수 쓰기를 여전히 어려워한다(홍혜경, 1999).

수 쓰기
숫자의 모양과 이름을 인식하여 수를 쓰는 과정

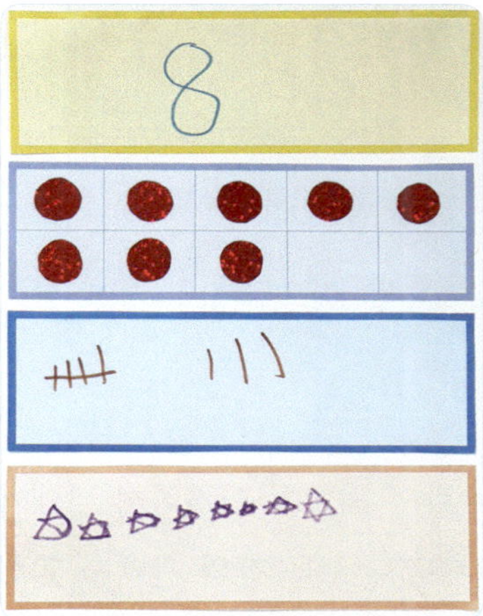

수 쓰기의 다양한 예

따라서 수 쓰기에 앞서 수에 대한 인식이 우선되어야 하며, 이를 위해 수 쓰기 계획에 따라 숫자를 써보도록 지원한다. 숫자쓰기는 숫자에 대한 정신적 이미지와 더불어 운동계획(motor plan)이 포함된다(Baroody, 2004). 운동계획이란 숫자 쓰기를 어디에서 시작하며, 어느 방향으로 어떻게 진행해야 하는지에 관한 것이다. 유아가 숫자를 쓰기 위해서는 숫자에 대한 이미지를 근육운동으로 전환해야 한다. 이를 위해서는 유아들에게 숫자를 연상시킨 후, 숫자를 말로 하면 이를 써보는 경험을 하게 하는 것이 필요하다.

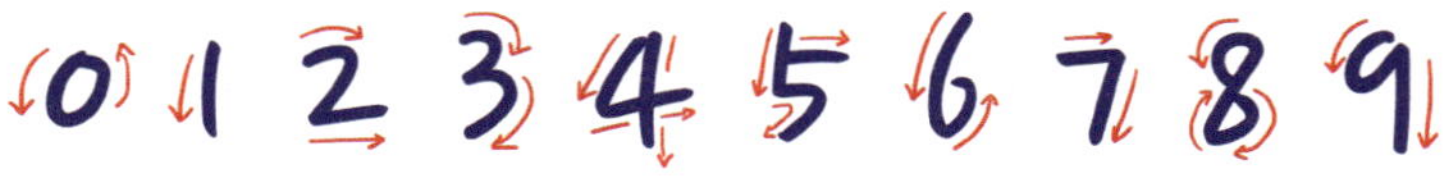

수 쓰기 방법

수량을 세어보고 수 단어와 숫자를 연결하는 경험을 다양하게 제공하는 것도 좋다. 예를 들어 방울토마토의 수를 세어보고, 방울토마토 5개를 지끈, 클레이점토, 연결큐브 등 다양한 방법으로 표현해 보도록 하는 것이다.

다양한 방법으로 숫자를 표현해 봐요

끈으로 숫자 만들기

블록으로 숫자 만들기

클레이로 숫자 만들기

3) 수의 관계

유아는 수 세기와 수량의 의미를 연결하며 낱개가 아닌 집합으로 사고하기 시작한다. 유아는 점차 수들 간의 관계를 인식하고 수를 다루는 능력에 있어서 발달을 보인다. 수의 관계에 대한 이해는 두 수의 크기 비교하기, 부분과 전체의 관계와 같은 내용을 포함한다.

(1) 두 수의 크기 비교하기

두 수의 크기 비교하기 전략
시각적 비교, 일대일 대응하기, 수 세기

유아는 수의 수량적 의미를 이해하게 되면서 어느 것이 더 많고 적은지, 같은지를 비교하는 것에 흥미를 보인다. 두 물체의 양이 시각적으로 두드러진 차이가 있는 경우(예 : 1과 10), 유아는 직관적으로 두 수의 크기를 비교할 수 있다. 차이가 크지 않는 두 물체의 양(예 : 6과 8)은 일대일 대응하기 혹은 수 세기를 활용하여 두 수의 크기를 비교한다.

두 수의 크기 비교하기의 발달과정을 살펴보면 **표 3-2** 와 같다. 눈으로 두 수의 크기를 비교하는 시각적 비교하기는 만 3세부터 가능하다. 만 3세가 되면 수의 크기 4범위 내에서 동일한 물체의 크기(예 : 방울토마토 2개와 3개)를 시각적으로 비교하는 것이 가능해진다. 만 4세가 되면 유사성이 없는 두 물체의 크기(예 : 방울토마토 3개와 구슬 2개)를 시각적으로 비교할 수 있으며, 시각적 비교하기 외에도 일대일 대응하기 전략을 사용한 비교하기가 가능하다. 만 4세부터 수 세기를 통한 비교하기가 가능하며, 만 4세에는 수의 크기 5범위 내에서, 만 5세가 되면 10범위 내에서 수 세기를 통한 비교하기가 가능하다.

표 3-2 **두 수의 크기 비교하기**

3세	4세	5세
◀ 시각적 비교 ▶ (3세~4세)		
수의 크기 1~4 동일한 물체의 크기를 시각적으로 비교 (예 : 연필 1개와 연필 2개)	수의 크기 1~4 유사성이 없는 물체의 크기를 시각적으로 비교 (예 : 조개껍데기 3개와 점 3개)	
◀ 일대일 대응하기 ▶ (3세~5세)		
수의 크기 1~6 일대일 대응하기를 통한 비교하기 (3세~5세)		
	◀ 수 세기 ▶ (4세~5세)	
	수의 크기 1~5 수 세기를 통한 비교하기 단, 두 수의 크기가 유사한 경우 (예 : 3과 4)에만 가능	수의 크기 1~10 수 세기를 통한 비교하기

출처 : *Early childhood Mathematics Education Research: Learning Trajectories for young Children*. pp. 95–96. by J. Sarama, & D. H. Clements, 2009. New York and London: Routledge.

① 시각적 비교하기

시각적 비교하기는 시각적으로 두 수의 크기 차이가 큰 경우에 주로 활용하는 방법이다. 처음에는 두 수의 크기 차이가 큰 경우를 중심으로 유아가 '더 많고/더 적은'의 관계를 탐색하게 하며, 점차 두 수의 크기 차이가 작은 두 수를 비교하고 그 관계를 이해하게 한다.

시각적 비교
시각적으로 두 수의 크기 비교하기

시각적 비교

② 일대일 대응하기와 수 세기

일대일 대응하기
물체를 하나씩 대응하여 두 수의 크기 비교하기

일대일 대응하기는 두 집합의 물체를 하나씩 대응하여 두 수의 크기를 비교하는 것이며, 수 세기는 두 집합의 물체를 세어 수량을 파악함으로써 두 수의 크기를 비교하는 것이다. 수 단어를 이해하는 유아에게는 일대일 대응이나 수 세기를 활용하여 두 수의 크기를 비교하도록 격려한다. 예를 들어 게임을 할 때, 두 팀의 인원이 같은지 확인하기 위해 두 줄로 서서 악수하며 두 팀의 인원을 비교해 볼 수 있다.

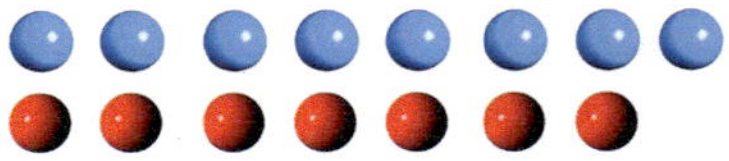

일대일 대응하기

수 세기

일대일 대응이나 수 세기로 비교하기를 할 때, 처음에는 모양, 크기가 유사한 두 집합의 크기를 비교하고, 점차 속성(예 : 모양, 크기, 색 등)이 다른 두 집합의 크기를 비교하도록 한다. 크기, 모양, 색이 다른 나뭇잎의 수를 비교하는 과정에서 두 수의 크기 비교하기에 있어 중요하지 않은 속성(예 : 크기, 색 등)에 영향을 받지 않도록 유의한다.

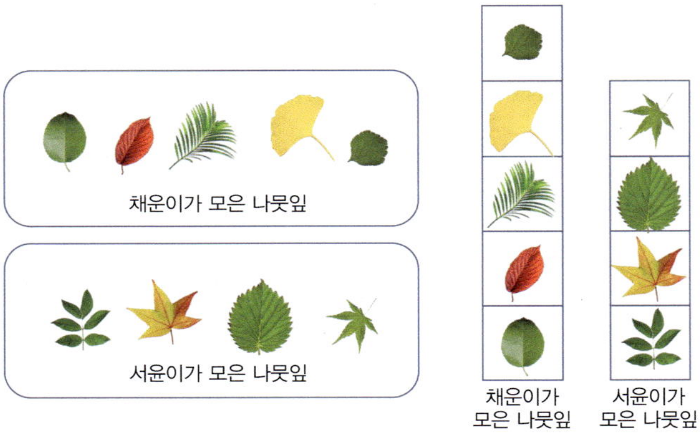

크기, 모양, 색이 다른 두 수의 크기 비교하기의 예

Tip 비교용어를 알아보아요.

수의 크기를 비교할 때에는 '크다', '작다'	물건의 수를 비교할 때에는 '많다', '적다'
예) 숫자 3은 5보다 작습니다.	예) 사탕 3개는 사탕 5개보다 적습니다.

(2) 부분과 전체의 관계

부분과 전체 개념은 전체는 여러 부분으로 나누어 질 수 있고, 이 부분들을 모으면 다시 전체가 됨을 이해하는 것이다.

부분과 전체의 관계
수는 부분으로 나누어지며(가르기), 여러 부분들은 모여 전체를 이룰 수 있음(모으기)

함께해봐요

숫자 5를 다양한 방법으로 나누어 보세요. 몇 가지 방법이 있나요?

예) 숫자 7=(3, 4), (1, 1, 1, 1, 3), (1, 1, 1, 1, 1, 2) 등

① 개념의 이해

수의 전체는 여러 부분으로 나누어지며, 여러 부분들은 모여 전체를 이룬다는 개념과 관련된다. 예를 들어 숫자 6이라는 전체 집합은 2+2+2, 2+1+1+1+1, 4+1+1 등의 다양한 부분집합으로 구성됨을 이해하는 것이다. 이는 수의 덧셈, 뺄셈, 나눗셈, 분수와 같은 개념 발달에 기초가 된다. 유아기에 부분과 전체 개념을 형성하기 위해서는 구체물을 부분과 전체로 나누어 보며 관계를 자연스럽게 이해하도록 하는 것이 중요하다.

수의 부분과 전체 관계를 이해하도록 돕기 위해서는 유아에게 수의 다양한 조합을 경험할 기회를 제공하는 것이 필요하다. 첫째, 여러 가지 색깔이나 모양의 물체로 전체 수를 색이나 모양별로 나누어 보거나 모두 모아서 전체의 수를 세어보게 한다. 그림과 같이 서로 다른 색의 연결큐브로 숫자 5를 만들어 볼 수 있다. 다음으로 5개의 연결큐브를 어떻게 만들

었는지 이야기해 보며(예 : "난 노란색 4개와 빨강색 1개 총 5개로 만들었어.") 수의 다양한 조합을 이해하도록 한다.

색으로 수의 다양한 조합을 보여주는 연결큐브

둘째, 일상생활 맥락에서 부분과 전체를 나누어 보도록 한다. 예를 들어 2명 이상의 친구와 색종이 수를 똑같이 나누거나, 모둠친구들과 같이 간식시간에 나온 방울토마토를 똑같이 나누어 먹는 등의 경험을 통해 부분과 전체에 대한 개념을 형성하도록 돕는다.

셋째, 다양한 부분으로 구성되어 있지만 집합의 전체 수가 동일한 예를 제시해 줌으로써 유아가 부분과 전체의 관계를 이해하도록 격려한다. 예를 들어 피자를 다양한 방법으로 나누어 보고, 하나의 피자 안에 몇 조각이 있는지 등을 이야기해 보며 부분과 전체의 관계를 이해할 수 있다.

② 5와 10의 관계

5와 10의 관계
5와 10을 기준으로 하여 수의 관계 이해하기

대부분의 유아는 '5'를 세는 원리에 익숙하며, 구체물을 셀 때 손가락을 사용한다. 5는 유아가 수를 헤아릴 때 흔히 사용하는 손가락 숫자로 5가 두 개 모이면 10이 되며, 10은 곧 십진법의 기본이 되는 중요한 수이다.

유아가 5와 10을 기준으로 수 사이의 관계를 이해하도록 돕기 위해서는 5칸 혹은 10칸으로 구성된 숫자판을 사용하여 다양한 수를 만들어 보는 것이 도움이 된다(Van de Walle, 1988). 예를 들어 앞의 숫자 '4'와 '8' 각각을 5 혹은 10 숫자판에 놓아보는 활동을 통해 숫자 4는 5보다 1 작으며, 숫자 8은 숫자 5보다 3이 큰 혹은 숫자 10보다 2가 작은 개념을 이해하게 된다.

5와 10의 관계		
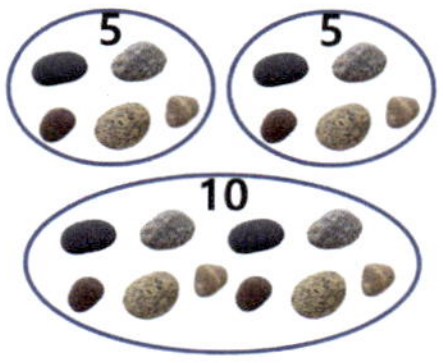		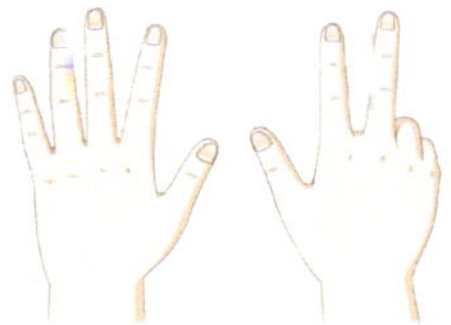
연아 : 이번에는 5개씩 빨리 세어봐야지. 5, 10.. 모두 10개네.	현선 : 수 막대 10개짜리와 바꾸려면 지금 가진 7개짜리 말고, 3개짜리 수막대가 필요해. 왜냐하면 7은 10보다 3작으니까.	• 5를 기준으로 세어보기 : 8은 5보다 3이 더 커. • 10을 기준으로 세어보기 : 8은 10보다 2가 더 작아.
▶ 5가 모이면 10이 됨을 이해하기	▶ 10을 기준으로 주어진 수를 표현해 보기	▶ 5와 10을 기준으로 숫자 표현해 보기

4) 수 연산

더하기와 빼기 개념의 기본적 이해는 초기 수 세기 경험으로부터 발달한다. 생후 5개월의 영아도 물체 1개에 1개를 더하면 2개가 되어야 함을 안다(Wynn, 2000). 24개월 된 영아는 두 개의 물체를 상자에 넣은 후 상자에서 한 개의 공을 빼면 한 개의 공이 상자에 남아 있을 것으로 예상하며, 두 개의 공을 상자에 넣고 다른 공을 상자에 넣으면 상자에 세 개의 공이 들어 있을 것으로 예상한다(Sarama & Clements, 2009). 또한 만 2~4세의 유아는 더하고 빼는 것에 대한 직관적인 이해를 발달시키고 만 4~5세경이 되면 비형식적인 더하기나 빼기 상황에서 모델 만들기 전략을 사용하여 계산하기 시작한다(Carpenter, Carey, & Kouba, 1990; Gelman & Gellistel, 1978). 만 4세 유아의 경우 수 범위가 5를 넘지 않는 범위 내에서 구체물이나 손가락을 사용한 더하기와 빼기가 가능하며, 만 5세가 되면 수 범위 10 이내에서 이어세기와 같은 수 세기 전략을 사용한 더하기와 빼기가 가능하다. 수 연산에 대한 유아의 발달적 특성을 살펴보면 표 3-3 과 같다.

표 3-3 더하기와 빼기의 발달

2~3세	4세	5세	6세
← 비언어적 더하기와 빼기 →			
물체 하나에 하나가 더해지면 2개가 된다는 것을 직관적으로 이해	수 범위 4 이내 수 세기 전략이나 손가락을 이용하지 않고 문제를 해결		
	← 언어적 더하기와 빼기 →		
	수 범위 5 이내 구체물 혹은 손가락을 이용한 더하기와 빼기	수 범위 10 이내 수 세기 전략에 기초한 더하기와 빼기	수 범위 18 이내 다양한 수 세기 전략을 사용하여 더하기와 빼기

출처 : *Engaging Young Children in Mathematics: Standards for Early Children in Mathematics Education*. pp. 31–32. by D. H. Clements, J. Sarama, & A. DiBiase, 2003. Lawrence Erlbaum Associates, Inc.

더하기와 빼기에 대한 개념은 논리적 사고를 요구하는 것으로 영유아기 때부터 발달에 적합한 다양한 활동과 경험에 참여하여 탐색 및 조작해 보고, 생각해봄으로써 형성될 수 있다. 유아들은 더하기와 빼기의 문제 상황에서 모델 만들기, 수 세기 전략, 구구를 사용하여 문제를 해결한다 (Carpenter & Moser, 1984).

(1) 더하기 전략

더하기 전략
모델 만들기, 수 세기 전략, 구구의 사용

유아들이 생활 속에서 접하는 더하기 문제는 더한 결과를 알아야 하는 경우가 대부분이다. 더하기 문제 상황에서 유아들이 사용하는 문제 해결 전략에는 모델 만들기, 수 세기 전략, 구구의 사용이 있다.

[결과를 모르는 더하기 문제 상황]

: 단추가 2개 있는데, 친구가 4개의 단추를 더 주었어. 내가 가진 단추는 모두 몇 개니?

$$\underbrace{2}_{\text{피가수 (더해질수)}} + \underbrace{4}_{\text{가수 (더하는 수)}} = \square$$

① 모델 만들기

• 구체물 또는 손가락을 이용한 모두세기

초기 단계에서 유아들이 주로 사용하는 전략은 직접적인 모델 만들기(direct modeling)이다. 유아들은 구체물 또는 손가락을 사용하여 문제 상황을 그대로 재현한 뒤, 구체물(또는 손가락)을 처음부터 고두 헤아리는 모두세기 전략을 사용한다. 예를 들어 더하기 문제 상황을 해결하기 위해 단추 2개를 놓고, 그 옆에 다시 4개를 놓은 후, 1부터 전부 헤아려서 6개라고 대답한다.

모델 만들기
구체물 또는 손가락을 사용하여 문제 상황을 그대로 재현한 뒤 문제를 해결하는 전략

구체물 이용한 모두세기	손가락을 이용한 모두세기
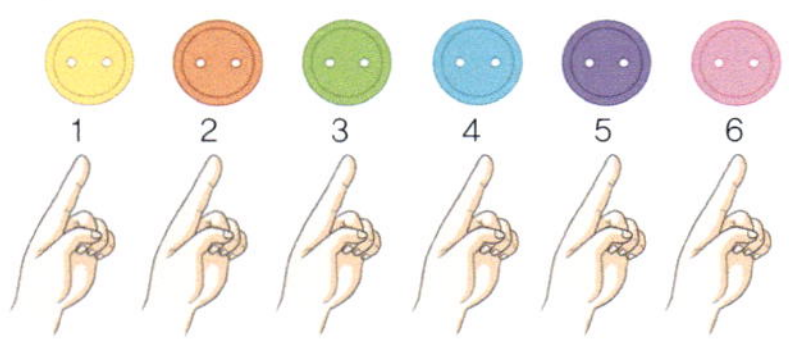	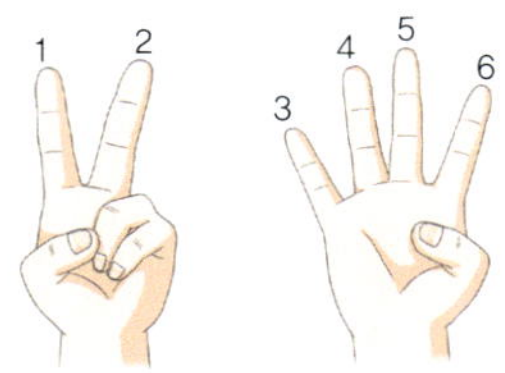
서준 : (문제 상황을 해결하기 위해 단추 2개, 4개를 차례로 옆으로 놓은 뒤) 1, 2, 3, 4, 5, 6이니까 6개요.	남준 : (손가락 2개, 손가락 4개를 펼친 후, 펼쳐진 손가락을 하나씩 헤아리며) 1, 2, 3, 4, 5, 6이니까 4개요.

모두세기
두 집합의 물체를 모두세는 전략

② 수 세기 전략

수 세기 전략(counting strategies)은 정신적인 수 세기 방법을 말하며, 이 때 유아들은 수 세기 과정을 기억하기 위해 고개를 끄덕이거나 손가락을 사용한다. 더하기 문제 상황에서 유아들이 사용하는 수 세기 전략에는 이어세기, 큰 수부터 이어세기 방법이 있다.

수 세기 전략
정신적인 수 세기 전략으로 이어세기, 큰 수부터 이어세기의 전략을 사용

• 이어세기

이어세기(counting on from first)란 더하는 수(가수) 중에서 처음 수부터 계속해서 이어세는 전략을 말한다. 예를 들어 '2+4=?'의 더하기 문제 상황에서 처음 주어진 수부터 시작해서 '2(잠시 쉰 뒤), 3, 4, 5, 6'같이 숫자를 센 뒤 "6개요."하고 대답한다.

이어세기
첫 번째 수 다음부터 계속해서 이어 세는 전략

• 큰 수부터 이어세기

큰 수부터 이어세기
두 수중 큰 수 다음부터 이어세는 전략

큰 수부터 이어세기(counting-on from lager)란 피가수(더해질 수)와 가수(더하는 수) 중에서 더 큰 수 다음부터 이어세기를 하는 전략을 말한다. 예를 들어 '2+4=?'의 더하기 문제 상황에서 더 큰 수인 4부터 시작해서 '4(잠시 쉰 뒤), 5, 6'과 같이 숫자를 센 뒤, "6개요."하고 대답한다.

처음 수부터 이어세기	큰 수부터 이어세기
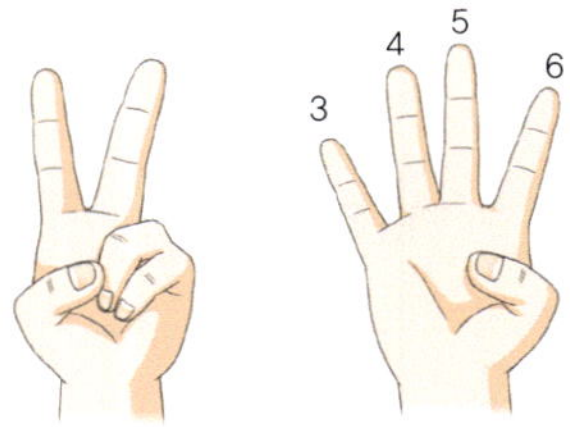	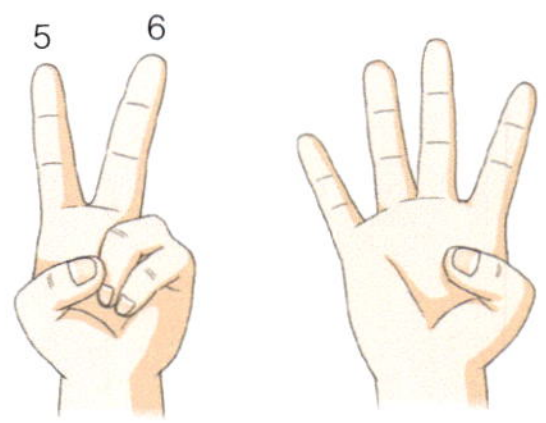
현아 : (처음 주어진 수부터 시작해서) 2(잠시 쉰 뒤) 3, 4, 5, 6이니까 6개요.	선미 : (2와 4중 큰 수를 비교한 뒤) 4(잠시 뒤), 5, 6이니까 6개요.

③ 구구의 사용

• 회상하기

구구의 사용
머릿속의 기억을 회상하여 더하기를 하는 방법

구구의 사용(number facts)은 계산을 하지 않고 머릿속의 기억으로부터 자동적으로 답을 인출하는 과정을 말한다. '2+4=?'의 더하기 문제 상황에서 유아들은 머릿속에서 계산을 한 뒤 "6이요."하고 답을 한다.

(2) 빼기 전략

빼기 전략
모델 만들기, 수 세기 전략, 구구의 사용

빼기는 더하기의 역산 과정으로 유아들은 빼기 문제 상황에서 모델 만들기, 수 세기 전략, 구구를 사용하여 빼기 문제를 해결한다. 더하기와 마찬가지로 유아들이 주로 접하는 빼기 문제 상황은 결과를 모르는 문제 유형이다.

[결과를 모르는 빼기 문제 상황]

: (단추를 제시하며) 단추가 8개 있었는데, 친구에게 단추 5거를 줬어. 지금 내가 가진 단추는 모두 몇 개니?

$$8-5=\square$$

피감수 (빼어지는 수) **감수 (빼는 수)**

① 모델 만들기

• 구체물 또는 손가락을 이용한 덜어내고 세기

더하기와 동일하게 초기 단계에 유아들이 주로 사용하는 전략은 모델 만들기이다. 유아들은 구체물 또는 손가락을 사용하여 빼어지는 수(피감수)를 그대로 재현한 뒤, 빼는 수(감수)를 옆으로 덜어 낸 뒤, 남아있는 수를 모두 세는 전략을 사용한다. 예를 들어 '8−5=?'의 빼기 문제 상황을 해결하기 위해 단추 8개 중 단추 5개를 오른쪽으로 덜어낸 후, 남아 있는 왼쪽 단추를 하나씩 헤아린 뒤, "3이요."하고 답한다.

덜어내고 세기
구체물 또는 손가락를 사용하여 뺌수를 덜어내고 나머지를 세는 전략

구체물 이용한 덜어내고 세기	손가락을 이용한 덜어내고 세기
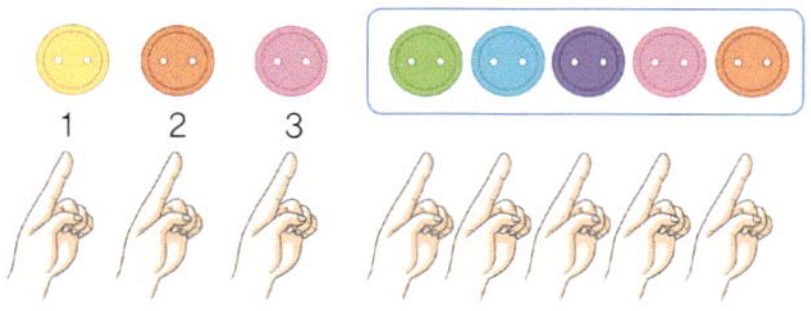	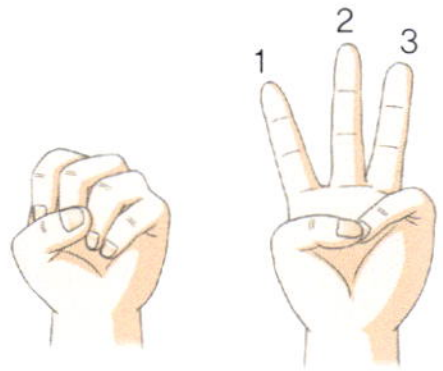
태형 : (단추 5개를 옆으로 덜어낸 뒤) 1, 2, 3이니까 3개요.	남준 : (펼쳐진 손가락 중 5개를 차례로 접은 뒤) 1, 2, 3이니까 3개요.

② 수 세기 전략

수 세기 전략은 정신적인 수 세기 방법을 말하며, 이 때 유아들은 수 세기 과정을 기억하기 위해 고개를 끄덕이거나 손가락을 사용한다. 빼기에 유아들이 사용하는 수 세기 전략에는 세어 오르기, 거꾸로 세기가 있다.

• 세어 오르기

세어 오르기
빼는 수에서 시작해서 빼어지는 수까지 세어 오르는 전략

세어 오르기 전략은 빼는 수(감수)에서 시작해서 문제를 해결하는 전략을 말한다. 예를 들어 '8−5=?'의 빼기 문제 상황을 해결하기 위해 유아는 빼는 수(감수)에서 시작해서 빼어지는 수(피감수)까지 세어 오르기 전략을 사용하여 "5(잠시 쉰 뒤) 6, 7, 8이니까 3개요."라고 답한다.

• 거꾸로 세기

거꾸로 세기
빼어지는 수에서 시작해서 빼는 수까지 거꾸로 세어 내려가는 전략

거꾸로 세기 전략은 빼어지는 수(피감수)에서부터 시작해서 빼는 수(감수)까지 거꾸로 세는 전략을 말한다. 예를 들어 '8−5=?'의 빼기 문제 상황을 해결하기 위해 빼어지는 수(피감수)에서 시작해서 거꾸로 세기 전략을 사용하여 "8, 7, 6, 5, 4, 3 이니까 3개요."라고 답한다.

세어 오르기	거꾸로 세기
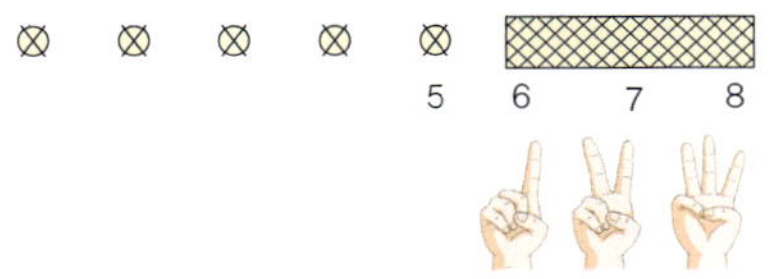	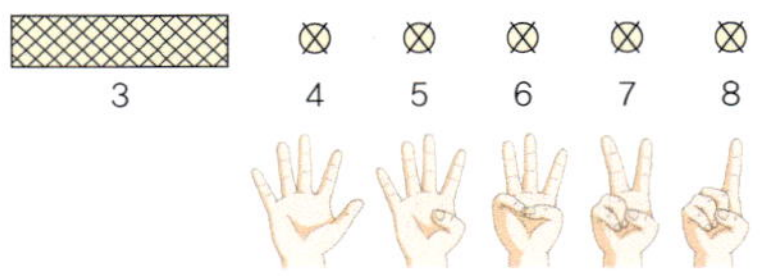
진이 : (빼는 수 5에서 시작해서) 6, 7, 8이니까 3개요.	진구 : (빼어지는 수 8에서 시작해서) 8, 7, 6, 5, 4, 3이니까 3개요.

③ 구구의 사용

• 회상하기

구구의 사용
머릿속의 기억을 회상하여 빼기를 하는 방법

구구의 사용은 계산을 하지 않고 머릿속 기억으로부터 자동적으로 답을 인출하는 과정을 말한다. 예를 들어 '8−5=?'의 빼기 문제 상황에서 유아들은 머릿속에서 계산을 한 뒤 "3이요."하고 답을 한다.

2 수와 연산의 지도 및 평가

1) 수와 연산의 지도방법

유아의 수와 연산에 대한 이해를 돕기 위한 지도방법은 다음과 같다.

(1) 다양한 일상생활 맥락에서의 수에 대한 경험

유아는 "우리 가족은 모두 몇 명일까?"와 같이 아주 어린 시기부터 자연스럽게 수를 경험한다. 유아교육기관에서도 마찬가지이다. 등원해서 귀가하기까지 수와 관련된 다양한 경험을 한다. 교사가 이러한 순간을 단순한 일상생활의 반복된 경험으로 간주하면 유아는 수와 관련된 유의미한 경험을 하기 어렵다. 따라서 교사는 하루일과에서 교육적 순간(teachable moment)을 포착하여 유아의 수에 대한 개념 발달을 심화 및 확장하도록 도와주어야 한다. 예를 들어 바깥놀이를 하러 나가며 계단을 오르내릴 경우에 계단의 수를 세어보거나 미끄럼틀을 탈 때 자신의 차례를 세어보는 등의 경험이다. 이를 통해 유아는 수 세기, 서수 등에 대한 개념을 형성할 기회를 가질 수 있다. 또한 유아가 수학적 상황을 경험하여 인지적 갈등을 보이는 순간을 놓치지 않고 스스로 문제를 해결해 나갈 기회를 제공하는 것이 필요하다.

(2) 문제해결 상황에서 더하기와 빼기 경험

유아는 일상생활 경험 중에 더하기와 빼기와 관련된 문제 상황을 경험하게 된다. 예를 들어 높게 블록을 쌓으려면 몇 개를 더 쌓으면 될지, 유아가 가진 블록 중에서 두 개를 친구에게 주면 몇 개가 남을지 등은 유아에게 의미 있는 상황이 된다. 따라서 이와 같은 상황을 활용하여 유아가 연산을 경험하도록 할 때 교사는 다음에 유의할 필요가 있다.

- 더하기와 빼기가 요구되는 문제 상황에서 유아가 주로 사용하는 해결 전략은 모델 만들기이다. 유아가 구체물로 문제 상황을 재현하고, 구체물을 모두 헤아려 해결하는 모델 만들기 전략을 사용할 수 있도록 자연물, 주사위, 도미노, 십진블록, 구슬과 같은 구체물을 준비해 준다.
- 두 집합의 크기를 비교하여 어느 쪽이 얼마나 더 많은지, 더 적은지를 알아보게 한다. 예를 들어, "동현이는 카드를 다섯 장 가지고 있고, 경현이는 카드를 세 장 가지고 있어. 누

가 카드를 몇 장 더 가지고 있을까?" 혹은 "파랑 모둠 친구들은 모두 다섯 명이야. 두 명이 남자 친구면 여자 친구는 몇 명일까?"와 같이 상호작용한다.

- 하나의 문제 상황에서도 다양한 방법을 사용(예 : 구체물 세기, 손가락 사용하기)하여 연산을 할 수 있으며, 방법은 다르지만 결과가 동일하다는 것을 자연스럽게 인식하도록 도울 필요가 있다. 더불어 연산 과정에 있어 정답에 초점을 맞추기보다는 답을 산출해 나가는 과정에 관심을 가지도록 한다.

(3) 수와 연산 내용 영역에 대한 다양한 경험 제공

이 시기 유아에게 필요한 수와 연산 개념은 매우 다양하다. 특히 유아 시기에는 수 세기를 하면서 기수 개념 즉, 수량 개념을 익히는 것이 필요하다. 수량 개념이 기초가 되어야 수의 관계, 수의 연산 등의 개념을 배울 수 있다. 이 중 교사가 어떠한 개념을 중요하게 여기는지에 따라 유아가 교육현장에서 제공받는 경험은 제한적일 수밖에 없다. 실제로 교사들은 '수 세기'에 편중된 수학적 경험을 제공하는 것으로 나타났다(고경나, 오은순, 2015). 이는 교사가 가르쳐야 할 범위에 대한 이해가 충분하지 않은 것에 기인한다. 따라서 교사는 유아 시기에 토대가 되는 수 세기에 대한 경험을 충분히 제공할 뿐 아니라, 이를 토대로 하여 수의 관계, 수 연산에 대한 다양한 경험을 제공하여 유아의 발달을 지원해야 할 것이다.

2) 놀이 상황에서의 수와 연산

수와 연산 활동의 실제는 유아의 자유놀이 안에 포함된 수와 연산 개념 읽어내기(수학 놀이 읽기), 교사가 의도하여 계획하지는 않았지만 놀이 중 수학학습의 기회를 포착하여 지원하기(우발적 수학 놀이 지원하기), 교사가 수학학습을 위해 의도적으로 계획한 놀이 제공하기(의도적 수학 놀이 제공하기)로 나누어 제시하고자 한다.

(1) 수학 놀이 읽기

유아가 수와 연산의 개념을 경험할 수 있는 놀이 상황은 매우 다양하다. 다음은 유아가 메모리 게임을 하며 인원수에 맞게 카드를 나누고, 게임을 마친 후에 획득한 카드를 세어 비교하는 예이다. 이 과정을 보면 유아가 '똑같이', '나누다', '모두 합쳐서', '더 많은', '더 적은'과 같이 수와 연산과 관련된 어휘를 사용하고, 다양한 방법으로 수 세기, 수의 크기 비교하기,

더하기 전략을 사용하는 모습을 볼 수 있다.

카드를 공평하게 나누려면

유아는 메모리 게임을 시작하기 전, 같은 양의 카드를 나누어 갖기 위해 다양한 방법을 사용한다(동등량 배분).

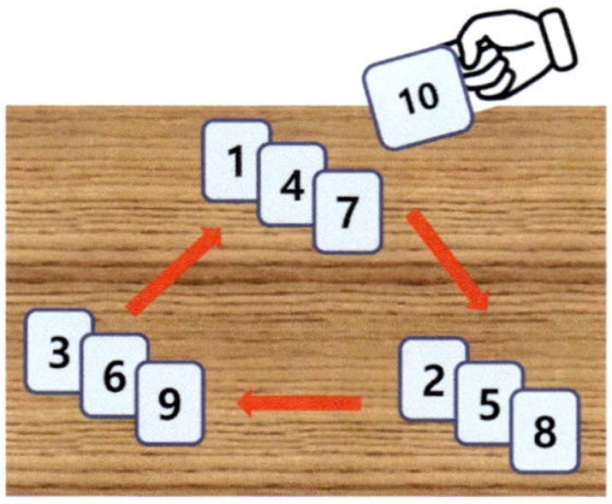

서연 : 나 한 장, 승규 한 장, 예은이 한 장, 또 나 한 장, 승규 한 장, 예은이 한 장....

▶ 순서를 돌아가며 한 장씩 카드 나누기

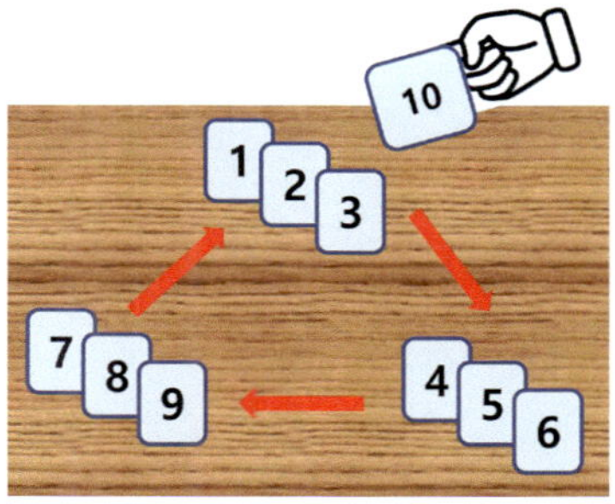

승규 : 너가 더 빨리 나누어 줄게.
나 하나, 둘, 세 장, 너도 하나, 둘, 세 장, 예은이도 하나, 둘, 세 장...

▶ 카드 나누는 시간을 줄이기 위해 순서를 돌아가며 여러 장씩 카드 나누기 → 어느 정도 카드가 소진되면 한 장씩 카드 나누기

누가 가장 많은 카드를 가져 갔을까?

유아는 메모리 게임이 끝난 후, 다양한 방법을 사용하여 각자 획득한 카드의 수를 비교한다.

예은 : 내가 제일 적네.
서연 : 1, 2, 3, 4, 5, 6. 난 6장.
승규 : 1, 2, 3, 4, 5, 6, 7, 8. 난 8장.
내가 이겼다!

▶ 시각적 차이가 두드러질 경우, '①' 전략 사용
▶ 카드를 모두 센 후, 두 수의 크기 비교하기

승규 : 나는 둘씩 묶어서 세어야지. 그게 더 빨라.
2, 4, 6, 8장. 난 8장.

▶ 수 세기 중 '②' 전략 사용

서연, 승규, 예은 : 1, 2, 3, 4.
예은 : 난 4장
서연 : 5, 6장. 난 6장. 내가 너보다 2장 더 많다.
승규 : 5, 6, 7, 8장. 난 8장. 내가 제일 많다.

▶ 더하기 중 '③' 전략을 사용하여 차이 알아보기

함께해봐요

'누가 가장 많은 카드를 가져갔을까?' 활동에서 유아들이 사용하는 수의 크기 비교하기 전략과 더하기 전략은 무엇인지 적어보세요.

① 전략(수의 크기 비교하기) :

② 전략(수 세기) :

③ 전략(더하기) :

(2) 우발적 수학 놀이 지원하기

유아는 자연스러운 놀이 상황 뿐 아니라 등원한 친구의 수 세어보기, 양치를 빨리하기 위해 줄이 짧은 곳에서 기다리기, 사람 수대로 간식 나누기 등 일상생활의 다양한 상황에서 수와 연산을 경험한다. 다음은 달력을 찾아 날짜를 읽어보며 유아가 경험하게 되는 수 읽기와 수 세기, 수의 관계에 대한 예이다. 교사는 이 과정에서 유아가 겪은 인지적 갈등 상황을 학습 기회로 포착하여 수학적 상호작용을 하였다. 교사의 지원에 힘입어 유아들은 수 읽기, 하나 더 큰/작은 수의 관계, 수 세기의 원리 중 일대일 대응의 원리와 기수의 원리를 경험하게 되었다.

달력에서 오늘 날짜를 찾아봐요

★ 오늘은 며칠일까요? 그러면 내일은?

병무와 준호는 '오늘은 며칠일까요?'의 숫자를 오늘 날짜로 바꾸었다. 이때 교사는 하루가 지날 때마다 날짜를 나타내는 숫자가 하나씩 커지는 규칙을 유아가 파악할 수 있도록 어제, 오늘, 내일 날짜를 물으며 '하나 더 큰 수', '하나 더 작은 수'에 대해 다루었다.

병무 : 아직 날짜가 안 바뀌어 있네. 우리가 바꿔주자.
준호 : 어제가 8월 21일이었으니까? 오늘은 8월 22일!
교사 : 맞아, 오늘은 8월 22일이지. 그러면 내일은 며칠일까?
병무 : 당연히 8월 23일이죠.
교사 : 2보다 하나 더 큰 수가 3이니까, 내일은 8월 23일이 되겠네.

수 읽기, 수의 관계

★ 내 생일까지 며칠 남았지?

8월이 생일인 준호는 생일까지 며칠 남았는지 궁금해 하였다. 교사는 유아와 함께 오늘 날짜부터 생일날까지 몇 밤을 자야 하는지 달력의 날짜를 가리키며 수를 세어보는 전략을 사용하였다. 이 과정에서 유아는 수 세기를 할 때에는 일대일 대응의 원리와 마지막 센 수가 전체의 총량이 되는 기수의 원리를 경험하였다.

준호 : 선생님, 이제 제 생일이 얼마 안 남았어요!
병무 : 며칠 남았는데?
준호 : 음... 그건 잘 모르겠는데... 내 생일은(달력에서 8월 30일을 손으로 가리키며) 이 날 8월 30일이야.
교사 : 그러면 준호 생일이 며칠이나 남았나 우리 같이 세어볼까? 오늘이 8월 22일이니 한 밤(8월 22일 가리키며).
교사, 준호, 병무 : (날짜를 손가락으로 가리키며) 두 밤, 세 밤, 네 밤, 다섯 밤, 여섯 밤, 일곱 밤, 여덟 밤(8월 29일을 가리키며)
교사 : 여덟 밤 자고 나면?
준호 : 제 생일이에요! 야호, 여덟 밤 밖에 안 남았다!

수세기의 원리 : 일대일 대응, 기수

(3) 의도적 수학 놀이 제공하기

교사는 유아의 수와 연산 개념의 발달을 도모할 수 있는 수학 놀이를 계획하여 제공할 수 있다. 개별 또는 소집단 형태의 수학 놀이와 대집단 형태의 수학 놀이로 나누어 살펴보고자 한다.

개별 또는 소집단 형태의 수학 놀이

하나 더 많은, 같은, 하나 더 적은

| 대상연령 | 만 5세

| 핵심개념 | 수의 관계(두 수의 크기 비교)

| 활동자료 | 동물모형, 울타리, 주사위 2개('하나 더 많은, 같은, 하나 더 적은' 주사위 1개, 숫자 주사위 1개)

| 활동방법 |
1) 자신의 울타리에 원하는 수만큼 동물모형 넣기
2) 차례가 되면 두 개의 주사위 던지기
3) 주사위에 나온 지시대로 울타리에 있는 동물 넣거나 빼기

| 핵심개념 관련 상호작용으로 놀이 지원하기 |

"(주사위에 '하나 더 적은'이 나오자) 7마리에서 1마리를 빼면 몇 마리가 남을까? 7보다 하나 더 적은 수는?"

Tip
- 발달수준을 고려하여 처음에는 5범위 내에서 활동을 진행하며 추후에는 수의 범위를 늘려 나가기
- 글자를 읽기 어려워하는 유아의 경우 '하나 더 많은, 같은, 하나 더 적은' 주사위의 사용 방법에 대해 미리 알려주기

개별 또는 소집단 형태의 수학 놀이

피자를 만들어요

| 대상연령 | 만 4~5세

| 핵심개념 | 수의 부분과 전체

| 활동자료 | 피자판, 토핑재료, 주사위(1~3)

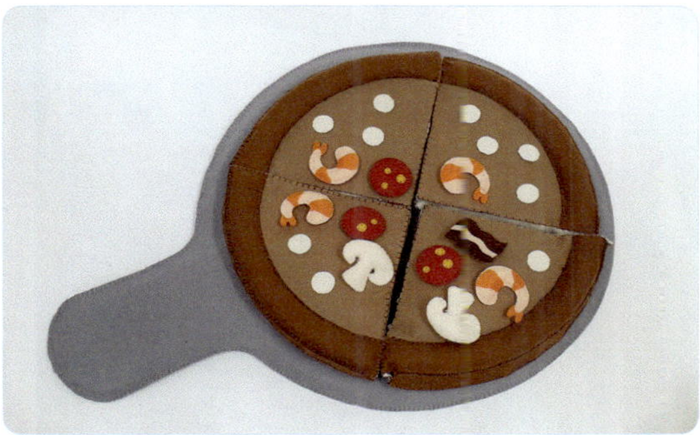

| 활동방법 | 1) 피자조각을 나누어 가지기

2) 주사위를 던져 나온 수만큼 피자조각에 토핑 붙이기

3) 한 조각당 토핑 5개(예 : 새우 2마리, 양파 2개, 버섯 1개)를 붙여 피자 완성하기

4) 완성된 피자를 가지고 역할놀이하기

| 핵심개념 관련 상호작용으로 놀이 지원하기 |

"토핑이 5개가 되려면 몇 개를 더 붙여야 할까?"

Tip – 피자조각에 까슬이 5개 붙이기(예 : 토핑이 4개 붙어 있을 경우, 토핑 1개가 더 있으면 숫자 5가 됨)

– 피자조각당 토핑의 수를 셀 때에 5씩 묶어 세기(예 : 피자가 3조각이면 토핑은 5, 10, 15 모두 15개)

* 두원공과대학교 보육복지과 박민선, 신다윤, 이서인 학생이 제작한 교구입니다.

개별 또는 소집단 형태의 수학 놀이

숫자 컵을 쌓아보아요

| 대상연령 | 만 4~5세

| 핵심개념 | 수 표상, 수량

| 활동자료 | 숫자가 쓰여 있는 컵(1~9), 그림이 그려져 있는 컵(1~9개의 물건), 고무줄

| 활동방법 |
1) 1~9까지 숫자 컵 차례대로 놓기
2) 2명이 힘을 합쳐 그림(예 : 블록 4개)이 그려진 종이컵에 고무줄 끼우기
3) 그림의 수와 같은 숫자 컵(예 : 숫자 4) 위에 그림 컵 올려놓기
4) 가지고 있는 컵이 모두 없어질 때까지 반복하기

| 핵심개념 관련 상호작용으로 놀이 지원하기 |

"사과 2개가 그려진 컵은 어떤 숫자 위에 올려놓아야 할까?"

Tip 활동자료 만드는 방법 참고 동영상 : https://youtu.be/o0tuB5_Rvjs

대집단 형태의 수학 놀이

동시 '바퀴는 몇 개일까?'

| 대상연령 | 만 4~5세

| 핵심개념 | 수 세기, 수 읽기와 쓰기

| 활동자료 | 동시판, 카드(2~4까지의 우리말 수 단어, 한자 수 단어, 숫자, 빗금 표시, 바퀴 그림)

| 활동방법 |
1) 사전활동(과학 '바퀴가 달린 다양한 물건 탐색하기') 회상하며 흥미 유발하기
2) 동시 '바퀴는 몇 개일까?' 감상하기
3) 동시의 내용에 포함된 수학적 요소(수 세기, 수 읽기와 쓰기) 발견하기
4) 동시 감상한 느낌에 대해 이야기 나누기

| 핵심개념 관련 상호작용으로 놀이 지원하기 |

- 수 세기 : "오토바이/자전거/자동차/기차는 바퀴가 몇 개일까?"
- 수 읽기 : "동시에는 어떤 숫자가 나올까?"
- 수 쓰기 : "넷을 다른 말로 또 어떻게 표현할 수 있을까?"
  "숫자로는 어떻게 표현할 수 있을까?"
  "또 다른 방법으로는 어떻게 표현할 수 있을까?"
  (예 : 손가락, 우리말 수 단어, 한자 수 단어, 숫자, 빗금 표시, 바퀴 그림 등)

바퀴는 몇 개일까?

아버지가 타시는 자전거는 바퀴가 둘
동생이 타는 자전거는 바퀴가 넷
쌩쌩쌩 잘도 달리는 자동차는 바퀴가 넷
내가 굴리는 굴렁쇠는 바퀴가 하나

Tip 사전활동으로 우리말 수 단어와 한자 수 단어를 연결할 수 있는 '10의 노래' 감상 제공하기

3) 관찰을 통한 평가

유아의 수와 연산 개념에 대한 평가는 일과 속의 자연스러운 상황이나 놀이 중에 발견할 수 있다. 자연스러운 상황에서 관찰한 개별 유아의 수학적 이해는 다음 놀이와 활동의 시작점이 된다. 다음은 일화기록을 사용하여 유아의 수와 연산에 대한 관찰하여 평가한 예이다.

관찰대상 : 장준우　　**생년월일 :** 20＊＊년 9월 1일　　**성별 :** 남
관 찰 일 : 20＊＊년 　월 　일　　**관찰시간 :** 자유선택활동시간(09:30–10:00)
관찰행동 : 가을나무 꾸미기 게임을 하며 두 수의 크기를 비교하는 행동

관찰내용	
	준우와 서준이는 가을나무 꾸미기 게임을 하고 있다. 게임이 끝난 후, 서준이가 준우에게 "딱 봐도 내가 이겼어."하고 이야기하자, 준우가 "아니야, 내가 보기엔 비슷해. 한번 세어봐."하고 이야기 한다. 서준이는 "잘 봐, 단풍잎은 하나, 둘, 셋, 넷... 열두 개인데, 나뭇잎은 하나, 둘, 셋, 넷... 열 개야. 내가 2개 더 많잖아." 라고 한다. 준우가 "네가 잘못 센 거 같아. 내가 다시 해볼게."하고 말하며 나뭇잎과 단풍잎을 일렬로 놓고 하나씩 대응시킨다. 하나씩 대응을 시켜본 후 준우는 "그러네. 단풍잎이 하나, 둘, 두 개 남았네. 우리 한 번만 더 하자."하고 이야기한다.
관찰내용 분석	**요약** • 서준이는 1부터 12까지의 수를 헤아리며, 수 세기를 통해 두 수의 크기를 비교한다. • 준우는 1부터 10까지의 수를 헤아리며, 일대일 대응을 통해 두 수의 크기를 비교한다.
	분석 • 준우는 일대일 대응을 통해 두 집합의 크기를 비교할 수 있다. • 준우는 수 세기를 통한 두 집합의 크기 비교에 어려움이 있다.
	교육계획 • 일대일 대응을 통한 집합의 크기 비교하기가 충분히 이루어진 후, 수 세기에 의한 두 수의 크기 비교하기 활동을 제공한다. • 게임의 인원수 확인하기 등과 같이 일상생활의 다양한 장면에서 두 수의 크기를 비교할 수 있는 활동을 반복적으로 제공한다.

■ 볼링 게임 어플리케이션 이용해서 '수의 부분과 전체 관계'에 대한 놀이를 해 봅시다.

〈게임방법〉

1. Android는 Playstore, IOS는 App store에서 '볼링 게임'을 검색해서 어플리케이션을 다운받는다.
2. 게임 순서를 정한다.
3. 볼링 게임을 한다.
4. 볼링공을 던져 쓰러뜨린 볼링핀의 개수(①)와 쓰러지지 않은 볼링핀의 개수(②)를 표에 적는다.
5. 번갈아 게임을 한다.

	1	2	3	4	5	6	7	8	9	10
① 처음 쓰러뜨린 볼링핀의 개수										
② 쓰러지지 않은 볼링핀의 개수										

[참고] 수와 연산 이해에 도움이 되는 교재교구와 도서

● 수와 연산 이해 관련 교재교구 목록

교재교구	핵심개념	활용방법
 퀴즈네어 막대	부분과 전체 수 세기 묶어 세기	• 10을 만들기 위해 퀴즈네어 막대 여러 개를 조합해 봄으로써 수의 부분과 전체 관계를 이해할 수 있다. • 퀴즈네어 막대를 10씩 묶어서 빠르고 쉽게 큰 수를 세어보는 경험을 한다.
 숫자판	부분과 전체 수 연산	• 10칸으로 나누어진 숫자판에 빨간색 혹은 파란색의 동그란 칩을 올려 수는 다양한 부분과 전체로 구성됨을 경험한다. • 칩을 사용하여 10 이내의 수 연산을 경험한다.
 라벤스브루거 퍼니 버니	수 세기	• 카드에 나온 수만큼 토끼를 옮긴다. • 출발하는 곳에서 목적지인 당근 산까지 몇 칸을 더 가야 도착하는지 세어본다. • 목적지로 가는 길에 구덩이가 생긴 경우, 가던 말을 그대로 사용하는 것이 유리한지, 새로운 말을 사용하는 것이 유리한지 판단한다.
 러닝리소스 수 세기 통조림	수 세기 기수의 원리 수 읽기 분류	• 같은 종류(토마토, 오이, 레몬, 콩 등)끼리 모은 후, 수를 세어본다. • 통조림의 종류와 적혀있는 숫자만큼 내용물을 넣는다. • 통조림에 적혀있는 숫자만큼 수를 세며 내용물을 통조림에 넣은 후, 마지막 센 수가 내용물의 총합과 같음을 알 수 있다.

● 수와 연산의 이해 관련 도서 목록

서명(연도), 저자, 출판사	핵심개념	줄거리 및 주요 상호작용
 100층짜리 집(2009), 이와이 도시오 글 · 그림, 김숙 역, 북뱅크	큰 수, 서수	• 하늘까지 닿는 이상하고 재미있는 100층짜리 집 꼭대기에 초대받으면서 벌어지는 모험 이야기 • 성쥐는 몇 층부터 몇 층까지 살고 있었니?
 아기오리 열두 마리는 너무 많아(2007), 채인선 글, 유승아 그림, 길벗어린이	묶어 세기	• 엄마오리가 열두 마리 아기오리를 낳았는데, 아기오리가 너무 많아 아기오리를 줄 세우며 벌어지는 이야기 • 엄마오리는 12마리 아기오리와 같이 소풍을 가거나 둘놀이를 가기 위해 아기오리 12마리를 어떻게 했니?
 모자 사세요!(1999), 에스퍼 슬로보드키나 글 · 그림, 시공주니어	일대일 대응의 원리 수 연산	• 나무 밑에서 잠이 든 모자장수가 원숭이에게 모자를 빼기고, 화를 내는 모자 장수의 행동을 따라하던 원숭이가 모자를 집어던지며 모자 장수가 잃어버렸던 모자를 되찾는 이야기 • 모자장수는 몇 개의 모자를 쓰고 있었니? • 제일 밑쪽에 있었던 모자는 어떤 색 모자였니? • 원숭이는 모두 몇 마리였니?
 숫자가 사라졌어요(2009), 로렌 리디 글 · 그림, 웅진주니어	수의 중요성	• 동물 마을에 별안간 숫자가 모두 사라져 마을에 불편한 일이 생긴 일에 대한 이야기 • 숫자가 사라져서 어떤 일이 생겼니? • 숫자가 사라진 이유는 무엇 때문이니?

서명(연도), 저자, 출판사	핵심개념	줄거리 및 주요 상호작용
 10까지 셀 줄 아는 아기염소(2007), 알프 프로이센 글, 하야시 아키코 그림, 고향옥 역, 한림출판사	수 세기	• 10까지 셀 줄 아는 아기염소와 수 세는 것이 무엇인지 모르는 다른 동물의 이야기를 통해 수 세기의 필요성을 알려주는 이야기 • 아기염소는 몇 까지 셀 수 있었니? • 배에 올라탄 동물의 수를 한번 세어볼까?
 함께 세어 보아요(1999), 안노 미쓰마사 글 · 그림, 마루벌	수 세기 일대일 대응의 원리	• 글자 없는 그림책으로 0으로부터 시작하여 1월부터 12월까지 다달이 변해가는 마을의 풍경(예 : 1월엔 집이 한 채, 나무가 한 그루)과 숫자를 연결하는 이야기 • 3월엔 집이 몇 채가 있었니? 튤립은 몇 송이니? 나무는 몇 그루가 있었니?

chapter 4

공간과 도형

1. 공간과 도형 개념의 발달

2. 공간과 도형의 지도 및 평가

학습내용

- 공간적 사고
- 위치와 방향
- 공간시각화 및 이미지
- 입체도형과 평면도형
- 합성과 분할

다음을 생각해 봅시다.

♣ 혜진이와 진주는 불가사리, 해초 등을 이용해 바다생물이 살 수 있도록 꾸민 뒤, 조개가 숨을 수 있는 조개 집을 만들고 있습니다. 두 유아의 자유놀이 상황 속에 포함된 공간 또는 도형과 관련된 수학 개념에는 무엇이 있는지 생각해 봅시다.

혜진 : 너는 어떤 조개 집을 만들 거야?

진주 : 나는 노란 진주조개 집을 만들 거야.
(빨간색 정육면체 블록 위에 노란색 삼각기둥 블록을 올린 뒤) 노란 진주조개 집이야!

혜진 : 나도 진주조개 집을 만들 거야.
(초록색 정육면체 블록 위, 노란색 삼각기둥 블록을 올린 뒤) 나는 이렇게 만들었어!

진주 : 그러면 우리 조개가 숨을 수 있게 집을 가져다 놓자! 어디에다 둘까?

혜진 : 내가 가져다 놓을게! (바다배경 바로 앞에 조개집 두 개를 놓는다.)

진주 : 이렇게 놓으면 조개가 숨을 수가 없잖아!
(조개가 숨어 있는 모습을 흉내 내며) 봐봐! 조개가 이렇게 숨어 있어야 되는데..

혜진 : (만든 우레탄 블록을 옮기며) 조개가 숨으려면 이만큼 떨어져야지 이렇게!

진주 : 맞아! 이만큼 이렇게 떨어져야 해~ 이제 조개가 숨을 수 있겠다!

이 장에서는...

유아가 놀이하는 장면에 공간과 도형에 대한 어떠한 개념이 들어 있나요? 조개 집을 만들기 위해 정육면체 블록을 아래에 놓고, 그 위에 삼각기둥 블록을 놓는 모습을 통해 유아가 도형의 특성을 인식하고 있음을 확인할 수 있습니다. 또한 조개가 숨을 수 있게 우레탄 블록을 옮기는 모습에서 유아가 위치, 거리, 공간 크기에 대해 나름대로 이해하고 있음을 알 수 있습니다.

이처럼 유아는 공간 속에서 살고 있기 때문에 공간에서 일어나는 여러 문제를 해결해야 합니다. 네덜란드 수학자 프로이덴탈(Freudenthal)은 "기하학은 공간을 설명하고 있으므로 공간적 사고를 돕는 기하학의 경험은 중요하다."고 말했습니다. 공간을 이해하는 능력은 일상의 경험과 연습을 통해 발달합니다. 따라서 유아가 사물의 위치, 방향 및 거리, 물체의 상대적인 모양이나 크기의 차이 등 공간 안의 여러 관계를 인식하도록 도와주어야 합니다. 이 장에서는 유아기의 공간적 사고와 도형 개념 발달을 돕기 위한 내용과 방법을 살펴보고자 합니다.

1 공간과 도형 개념의 발달

공간은 우리가 살아가는 곳이다. 우리는 길을 찾기 위해 지도를 읽거나 특정 방향으로 이동하고, 물건을 사려면 형태를 변별해야 한다. 따라서 세상 안에서 다양한 경험을 시작한 유아가 공간에 놓인 여러 형태를 인식하며, 자신과 공간과의 관계를 파악하고, 이를 기초로 여러 문제들을 해결하는 경험은 중요하다. 자신이 살고 움직이는 공간에 친숙해지고 자신의 방식으로 탐색 · 탐구함으로써 유아는 자신의 삶의 세계를 이해하는 데 한 걸음 더 나아갈 수 있기 때문이다(NCTM, 2000). 그리고 생애 초기에 이루어지는 공간에 대한 경험은 유아의 신체 경험 및 이동과 밀접하게 관련되므로 유아기 발달에 중요한 영향을 미친다. 뿐만 아니라 기하 및 공간 추리는 수학 및 기타 학문을 학습하기 위한 기초가 된다.

1) 공간적 사고

학기 초 유치원 교실에서 영역을 구성하며 교구장과 책상을 배치할 때, 하나의 장소에서 다른 장소로 이동하기 위해 두 장소 사이의 최단경로를 찾을 때, 우리는 머릿속에 공간에 대한 이미지를 먼저 그려본다. 공간적 사고는 이와 같이 공간 안에서 물체의 모양, 크기, 방향, 위치, 경로에 대한 정보를 인식하고, 이미지를 표상하고 조작하며, 공간에서의 상대적인 위치를 이해하는 정신적인 활동이다. 따라서 공간의 특성을 이해하면 이와 관련된 문제를 구체화하고, 해결책을 발견할 수 있다(National Research Council, 2006). 이와 같은 의미에서 공간적 사고는 두 가지 주요 능력을 포함한다. 하나는 위치와 방향이며, 다른 하나는 공간시각화이다.

공간적 사고
공간 안에서 물체의 모양, 크기, 방향, 위치, 경로에 대한 정보를 인식하고, 이미지를 표상 및 조작하며, 공간에서 상대적인 위치를 이해하는 정신적 활동

Tip 위상기하란?

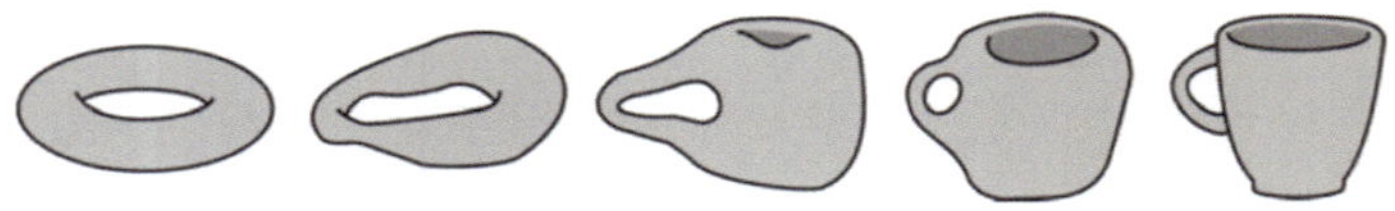

밀가루 반죽으로 만든 도넛의 모양을 계속 바꾸어 컵 모양이 되면 모양도, 크기도 달라지지만 위치는 그대로 남아 있게 된다. 이와 같이 "주어진 대상을 자르거나 붙이지 않고 변화시켜서 다른 대상으로 바꾸어도 변하지 않는 성질들"과 관련된 것이 위상기하이다.

[지식채널 e_오일러의 왼쪽 눈] 참조
[지식채널 e_'오일러의 왼쪽 눈'과 '수학자 1부 푸앵카레의 추측'을 함께 보세요.]

(1) 위치와 방향

위치와 방향
근접, 분리, 순서, 개폐의 4가지 요소로 구성

위치와 방향에 대한 이해는 생애 초기부터 서서히 발달한다(Clements, 2004). 만 2~3세 시기에는 자신의 위치를 중심으로 앞, 뒤, 옆, 위, 아래를 인식하고 표현한다. 만 3세 이후에는 특정 지형지물을 기준으로 물체의 위치와 방향을 인식하고, 책상과 교구장 사이의 경로를 따라 걷는 것과 같이 위치와 방향에 대해 형성한 이미지를 행동으로 나타낼 수 있다. 따라서 위치와 방향을 고려하며 물체를 배열하고, 간단한 형태를 만드는 활동을 할 수 있게 된다(Clements et al., 2003; Huttenlocher & Newcombe, 1984). 만 4세 이후에는 물체들 간의 관계를 이해하고, 점차 타인의 관점에서도 공간을 이해하기 시작한다. 교실이나 놀이터 등 유아에게 친숙한 공간을 탐색하고, 탐색한 공간을 신체, 입체물이나 그림, 혹은 간단한 지도로 표상할 수 있게 되므로, 다양한 방식으로 공간을 표상할 기회를 제공하면 공간적 사고를 발달시키는 데 도움이 된다. 유아는 이러한 경험을 통해 방향, 거리, 원근감, 위치 및 좌표에 대해 이해하게 되기 때문이다. 다음은 위치와 방향에 대한 유아의 발달적 특성이다(표 4-1 참조).

표 4-1 위치와 방향 개념의 발달

2~3세	4세	5세	6세	7세
위, 아래, 넘어, 옆, 다음, 사이와 같은 용어 이해하고 사용				
	◀ 공간에 대한 이해의 표상			▶
	놀잇감으로 교실 지도 제작 (상대적 위치 고려)		친숙한 공간에 대한 지도 제작	

출처 : *Engaging Young Children in Mathematics: Standards for Early Children in Mathematics Education*, p. 47, by D. H. Clements, J. Sarama, & A. DiBiase, 2003, Lawrence Erlbaum Associates, Inc.

위치와 방향을 이해하기 위해서는 근접, 분리, 순서 및 개폐와 같은 위상학적 공간 개념을 이해해야 한다(Smith, 2012). 이들 4가지 요소는 유아기 공간적 경험의 토대가 된다(pp. 127–128 '우발적 수학 놀이 지원하기' 참조).

① 근접

위치, 방향 및 거리와 관련하여 가깝고 먼 것을 인식하고 구별하는 것이다. 위, 아래, 이쪽, 저쪽, 멀리, 가까이와 같은 용어와 관련된 근접 개념은 자기 관점에서 인식하는 공간에 대한 이해에서 출발하여 타인 관점에서의 공간을 인식하는 것으로 발달해간다. 따라서 열과 중에 내가 어디에 있는지, 다른 사람은 어디에 있는지, 나에게서 가장 가까이(멀리) 있는 물체가 무엇인지 등을 설명하도록 하는 것은 유아의 근접 개념에 대한 이해에 도움이 된다.

근접
가깝고 먼 것을 인식 · 구별하는 것

지후 : 노란색 나비모양 미끄럼틀은 나한테서 가장 가까이에 있어요.
▶ 자기 관점에서 공간 인식

유진 : 지후는 흔들말에서 멀리 떨어져 있어요.
▶ 타인 관점에서 공간 인식

② 분리

개별 또는 부분이 모여 전체가 이루어진다는 개념으로 사물 사이의 관계성을 의미한다. 예를 들어 자동차 전체는 자동차 본체와 바퀴로 구성되

분리
개별 또는 부분이 모여 전체가 이루어진다는 것

어 있고, 블록 조각이 모여 유아가 만든 집 전체가 됨을 이해하는 것이다. 그런데 분리는 하나의 사물과 다른 사물을 구분할 수 있어야 하므로 경계에 대한 인식과 관련이 있다(Smith, 2012). 즉 도로를 경계로 한 쪽에는 집, 다른 쪽에는 상점으로 구분됨을 인식하는 것이다. 따라서 길게 그은 선을 기준으로 이쪽, 다른 쪽으로 움직여보는 등을 통해 분리를 경험할 기회를 주는 것이 필요하다.

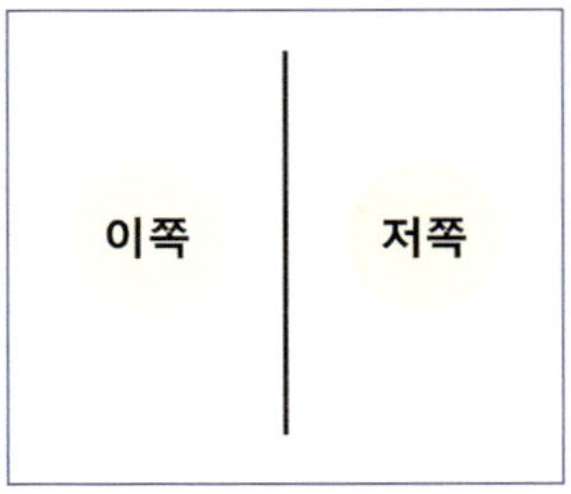

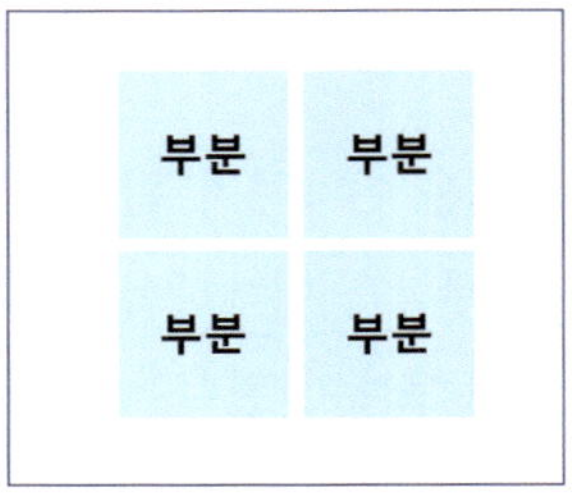

③ 순서

순서
사물이 놓인 순서 혹은 사건이 일어나는 순서

사물이 놓인 순서 혹은 사건이 일어나는 순서이다. 공간적 관계에서 순서는 '파란색 블록이 있고, 파란색 블록 옆에 노란 가위, 제일 뒤에 초록색 공'이 차례대로 있는 것, 줄 서 있는 유아들 중 '제일 앞부터 뒤', '뒤에서 시작하여 제일 앞' 등과 같이 '앞과 뒤', '무엇과 무엇의 사이', '다음'을 이해하는 것과 관련된다.

- 제일 앞에는 블록이 있어요.
- 제일 뒤에는 공이 있어요.
- 블록과 공 사이에는 가위가 있어요.

준수 : 선생님, 제가 제일 앞에 섰어요.
은아 : 준수 다음에는 태현이, 태현이 다음에 제가 섰어요.
유찬 : 저는 은아랑 연아 사이에 서있어요.
효영 : 제가 제일 뒤에 서있어요.

④ 개폐

개폐는 '열려있다', '닫혀있다'의 개념으로 안과 밖에 대한 인식과 함께 발달한다. 개폐는 세 가지 차원인 '안', '둘레(둘러싸임)', '밖'과 관련이 있다. 아래 그림을 보면, '안'은 하얀색으로 보이는 고양이의 몸체 부분, '밖'은 검은 색으로 보이는 배경부분이다. 그러나 둘레의 경계는 그림에서 고양이의 안과 밖 사이에 위치하므로 유아가 이해하기에 쉽지 않다. 유아에게 동물이나 집 등 형태가 분명하여 끼워 넣는 퍼즐이나 색칠하기 자료 등을 제시하면 이해에 도움이 된다.

개폐
'열려있다', '닫혀있다'와 관련된 개념

고양이 그림(색칠하기)

출처 : *Early Childhood Mathematics*, p. 60. by S. S. Smith, 2012. Allyn & Bacon

다음 예시는 유아가 위치와 방향에 대한 기본 개념을 이해하고, 관련 용어를 사용하는 것이다.

동물원 동물들이 산책을 가요	

승규 : 여기 안에 있는 동물들이 울타리 밖으로 산책을 나가야 해요.	교사 : (울타리에 문이 없는 것을 보고) 동물들이 어디로 나가면 좋을까? 승규 : (울타리 한쪽을 걷어) 이제 열렸어요. 동물들이 나갈 수 있어요.
▶ 안과 밖에 대한 인식	▶ '열려있다', '닫혀있다'에 대한 개념

공간에 대한 유아의 인식은 근접, 분리, 순서 및 개폐 개념에 대한 이해와 더불어 오랜 시간에 걸쳐 발달한다. 유아는 자신을 중심으로 위치와 방향, 거리를 인식하고 설명하는 것에서 시작하여 점차 공간 내의 물체 사이의 위치와 방향, 거리, 경로와 같은 관계를 이해할 수 있다. 유아의 위치와 방향에 대한 이해는 자기중심 표상에서 시작하여 지표물 중심 표상, 그리고 타인중심 표상으로 발달하게 된다(홍혜경, 이정욱, 정정희, 2006; Siegler, 1998).

① 자기중심 표상

자기중심 표상
자신을 중심으로 위치와 방향 이해

자신을 중심으로 위치와 방향을 이해한다. '내 앞에', '내 뒤에' 등과 같이 자신의 몸을 중심으로 위, 아래, 앞, 뒤의 공간적 관계를 이해한다. 따라서 유아가 자신의 감각을 사용하여 공간을 경험할 기회를 충분히 제공하고, 이 과정에서 '앞에', '뒤에', 그리고 '위', '아래'와 같은 용어를 사용할 수 있도록 격려한다.

② 지표물 중심 표상

지표물 중심 표상
주변에서 지표가 되는 사물을 활용하여 위치 이해

주변에서 지표가 되는 사물을 활용하여 위치를 이해하는 것이다. 9개월 영아는 엄마를 중심으로 표상하고, 만 1세경이 되면 주변 가까이에 있는 놀잇감이나 물체를 중심으로 표상한다. 점차 만 2~3세경에는 자신에게서 조금 멀리 있는 물체를 지표로 한 표상이 가능해지며, 만 5세경에는 여러 지표를 사용하여 표상할 수 있게 된다(이정욱, 유연화, 2012; Clements et al., 2003; Sarama & Clements, 2009). 따라서 유아에게 일정한 경로를 따라 걷거나 책상과 이젤을 지표로 삼아 그 사이에 의자를 놓아보게 하는 등의 경험을 제공하는 것이 좋다(Smith, 2012). '옆', '사이'와 같은 근접과 관련된 용어를 사용해보는 것도 도움이 된다.

③ 타인중심 표상

타인중심 표상
추상적이고 객관적인 표상 틀이 의미하는 공간 관계 이해

지도와 같이 추상적이고 객관적인 표상 틀이 의미하는 공간 관계를 이해할 수 있다(홍혜경, 2010; Clements & Sarama, 2009). 지도가 실제 경험하는 공간을 담고 있음을 유아가 인식하면 친숙한 장소에 대한 자신의 경험을 블

록이나 간단한 그림으로 표현하는 것이 가능하다. 유아들은 블록을 사용하여 교실을 입체로 표현해보며 어떤 것이 서로 가까이(멀리)에 있는지 이야기할 수 있으며, 만 5~6세경에는 유치원 바깥놀이터에 보물을 숨긴 후 지도에 표상하고, 지도를 보고 보물을 찾을 수도 있게 된다. 보물을 숨기는 위치를 바꿀 때 지도 위의 표시가 어떻게 달라지는지 생각해볼 기회를 제공하면 유아는 실제 물체의 위치와 표상 사이의 관계를 경험할 수 있다.

유치원 주변 지도를 만들어, 보물찾기 놀이를 해요

준우 : 유치원에서 나가 주차장을 지나면 큰 나무가 있지. 그 다음에는....	소영 : 우와, 위에서 찍으니까 지도 같아요! 유치원에서 제일 멀리 있는 건 대강의동이네요.	지유 : 잔디밭 앞에 있는 기둥과 기둥 사이에 보물이 있다는 거지? 찾았다!
▶ 친숙한 장소(유치원과 그 주변) 사진으로 표상	▶ 사진을 붙인 블록을 이용하여 지도 만들기	▶ 지도상에 표시된 위치와 실제 물체의 위치 비교하기

(2) 공간시각화

공간시각화
2차원/3차원 물체의 상상적 움직임을 이해하고 조작할 수 있는 능력

함께해봐요

가위로 아래와 같이 종이를 자르면, 어떤 모양이 나타날지 예측하고 그려 봅시다. 다음에는 실제로 잘라서 나온 모양과 머릿속으로 상상한 모양이 일치하는지 비교해 봅시다. 어떤가요? 또 다른 방법으로도 모양을 상상해 볼까요?

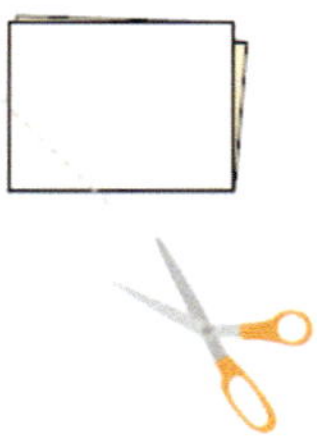

공간시각화를 위한 경험
촉감-운동감각 경험, 형태 인지, 정신적 조작

공간시각화는 머릿속으로 2차원 및 3차원 물체의 상상적 움직임을 이해하고 조작할 수 있는 능력으로 공간에 대한 추론과 관련된다. 피아제는 유아기에는 정신적 조작을 통해 물체의 움직임을 이미지화하는 것이 어렵다고 하였다. 그러나 최근 연구에서는 유아가 5~10초 동안 본 간단한 형태를 블록으로 표상하거나 비슷한 형태를 찾는 정도의 정신적 조작이 가능함을 밝히고 있다(Clements & Sarama, 2009; Sarama & Clements, 2009). 즉 초기 수준이지만 유아도 2차원과 3차원 형태에 대한 정신적 이미지를 만들고 조작하는 것이 가능하며, 점차 "원은 어떤 모양인지 머릿속으로 그려보자. 원을 반으로 자르면 어떤 모양이 될까?"와 같은 언어적 질문을 이해하고 머릿속으로 원의 이미지, 반으로 자른 원의 이미지를 그릴 수 있게 된다. 따라서 공간시각화를 위한 기초 경험을 통해 위치의 변화에 따른 결과를 인식할 수 있도록 돕는 것이 중요하다. 교사는 블록이나 여러 물체를 여러 방향에서 보고 비교 · 조작해 볼 기회를 제공하거나 간단한 패턴블록이나 탱그램을 맞출 때 도형을 어떻게 움직였는지, 움직임에 따라 도형의 모양이 어떻게 달라졌는지를 이야기하도록 할 수 있다. 또한 도형이나 사물을 움직이기 전에 어떠한 형태가 만들어질지 미리 생각해 보도록 한다. 다음은 공간시각화에 대한 유아의 발달적 특성이다(표 4-2 참조).

표 4-2 공간시각화의 발달

2~3세	4세	5세	6세	7세
	← 기하도형에 대한 정신적 이미지 창조 →			
	짧은 시간동안 보고 따라 그리기/ 유사 도형 1~2가지 모으기		기억하여 도형 표상	기억하여 복잡한 도형 그리기/ 유사 도형집단 표상
		← 언어 지시를 이해하고 도형 창조 →		
		← 수 · 측정 아이디어와 기하 연결 →		
			기하학적 모양 · 구조 인식/ 주변 환경에서 자신의 위치 구체화	
			지도가 움직임의 경로를 표상함을 이해	지도가 방향, 거리, 위치를 표시함을 이해

출처 : *Engaging Young Children in Mathematics: Standards for Early Children in Mathematics Education*, p. 49, by D. H. Clements, J. Sarama, & A. DiBiase, 2003, Lawrence Erlbaum Associates, Inc.

공간시각화를 위해서는 촉감-운동감각 경험, 형태 인지와 기억, 정신적 조작 과정이 필요하다.

① 촉감-운동감각 경험

유아는 몸을 움직이거나 도형을 만지고 조작하는 운동감각을 통해 공간 관계를 이해하기 시작한다. 탱그램이나 패턴블록과 같은 모양 조각의 형태를 감각으로 느끼고, 형태를 구성하는 경험은 공간시각화에 중요하다. 처음에는 도형 조각으로 여러 형태를 구성해 보고, 다음에는 퍼즐과 같이 윤곽선이 있는 틀 안에 도형 조각으로 형태를 맞추기 위한 방법을 찾아볼 수 있다. 이때 교사가 몇 개 도형만 채우고 나머지를 비워두면 유아가 형태를 맞추는 데 도움이 된다. 이와 같이 촉감-운동감각적인 활동을 하면 물체에 대한 구체적인 조작과 정신적인 조작이 동시에 이루어진다.

촉감-운동감각 경험
신체를 움직이거나 도형을 만지고 조작하는 운동감각을 통해 공간 관계를 이해하는 경험

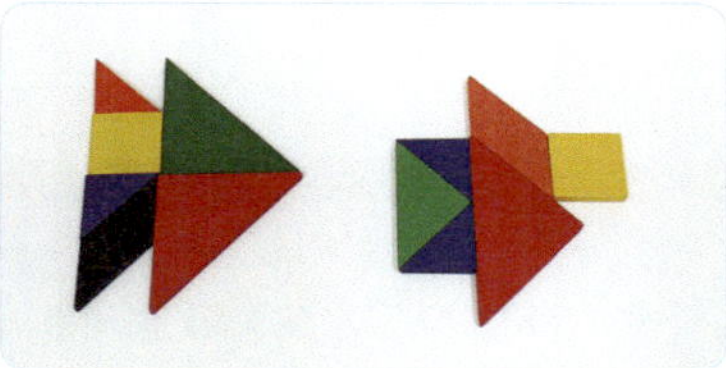

② 형태 인지와 기억

공간시각화는 물체의 상상적 움직임을 이해하고 조작하는 능력과 관련되므로 형태를 인식하고 기억하는 능력이 필요하다. 패턴블록과 같은 기본 형태를 보고 기억하여 그려보거나 표상하는 것은 의미 있는 경험이 된다. 이 과정에서 패턴블록의 배치를 다시 확인하거나 유아끼리 함께 구성하는 것도 도움이 된다. 중요한 것은 모양을 기억하여 상상하는 것, 그리고 유아가 자신들이 본 것에 대해 서로 이야기하는 것이다.

형태 인지와 기억
물체의 형태를 인식하고 기억하여 그리거나 표상하는 경험

③ 정신적 조작

정신적 조작은 머릿속으로 물체의 움직임을 그려보는 것과 관련되므로 "(원기둥을 보고) 이 원기둥의 가운데를 자르면 어떤 모양이 될까?"와 같은 질문을 통해 유아는 도형을 정신적으로 변형하는 것을 배울 수 있다. 놀

정신적 조작
물체의 움직임을 머릿속으로 상상해 보는 것

이 상황 에피소드나 간단한 동화와 같이 이야기가 있으면 유아가 이미지를 상상하는 데 도움이 된다.

2) 도형

도형
기하학에서 어떤 모형을 위치와 모양 · 크기로만 생각할 때, 점 · 선 · 면 · 입체 또는 이들 집합으로 이루어진 것

도형이란 점-선-면-입체, 또는 이들의 집합으로 이루어진 것으로, 자연과 인간이 만든 세계를 나타내고 묘사하며 이해하는 출발점이 될 수 있다(NCTM, 2000). 우리 주변의 모든 물체가 도형을 기초로 한 형태로 이루어져 있기 때문이다. 과자 상자를 열 때, 공으로 놀이할 때와 같은 일상 경험에서 유아는 기하도형에 대한 직관적이고 암묵적인 지식을 구축한다(Clements & Sarama, 2009; NCTM, 2000). 도형에 대한 유아의 경험은 3차원 입체, 2차원 평면, 도형의 합성과 분할을 포함하여 이루어진다.

도형의 정의가 무엇일까요? 인터넷의 지식백과 사전에서 각 도형의 정의를 찾아 이야기해 봅시다. 아래에서 제시한 도형 외에도 여러 도형의 정의를 찾아 정리해 보세요.

이름		정의
도형	도형	
	닫힌 도형	
	열린 도형	
원		
삼각형		
사각형	사각형	
	직사각형	
	정사각형	

Clements와 Battista(1992)는 Van Hiele의 이론을 기초로 도형에 대한 인식수준을 제시하였다. 영유아기 초기에는 도형의 형태를 명확하게 구분하는 것이 쉽지 않지만, 점차 시각적 단서에 초점을 갖추어 도형을 기술하고('문처럼 보인다.') 구분하는 것이 가능해진다. 이 수준의 유아는 주변 세계에 있는 물체(문, 책, 책상의 위)에서 직사각형의 형태를 발견할 수 있다. 유아는 점차 도형의 속성('뾰족한 점이 4개 있으니 사각형이야.')을 분석하고 기술하는 단계로 발전하므로 도형의 특성에 따라 분류하고 모을 수 있다. 그러나 도형 간의 관계성은 아직 이해하지 못한다. 따라서 이 시기에는 공, 상자 등의 입체도형과 네모, 세모, 동그라미와 같은 평면도형의 특성을 경험할 충분한 기회를 제공하는 것이 필요하다.

Level 1
- 시각적 단서 중심

→

Level 2
- 도형 속성 분석 · 기술

(1) 입체도형

우리가 살아가는 세계에는 3차원 입체가 가득하다. 유아는 블록으로 쌓기놀이를 하거나 주변의 여러 물체를 보며 입체도형의 기본 형태에 대한 인식을 형성한다. 만 5~6세경이 되면 점차 눈에 보이는 특징에 따라 각 입체도형을 구분하고 비교하고, 간단한 특징을 설명할 수 있게 된다. 입체도형에서 시작한 형태 인식은 입체도형의 부분인 평면도형에 대한 인식과 연결되어 만 5세경에는 "평평한 면이 4개야."와 같이 입체도형의 기본 속성을 인식하고 표현하는 형태로 발달한다. 유아기에 가장 먼저 소개할 수 있는 입체도형은 유아가 일상에서 많이 경험하는 구, 원기둥, 직육면체(정육면체 포함)이다. 유아의 기하학적 사고는 기본적인 입체도형의 특성을 인식하고 비교하며 그 성질을 이야기하는 경험을 통해 발달하게 된다. 다음은 입체도형에 대한 유아의 발달적 특성이다(표 4-3 참조).

입체도형
공간에서 일정한 크기를 차지하는 도형으로 길이, 폭, 두께가 있는 도형

표 4-3 입체도형에 대한 인식의 발달

2~3세	4세	5세	6세	7세
← 명명, 기술, 비교, 종류별 분류 →				
입체도형을 활용한 놀이 (블록으로 쌓기놀이)		입체도형 구성, 명명, 기술	입체도형의 명명, 기술, 비교, 분류	
		← 입체도형의 부분 인식 →		
		입체도형의 면 구분/세기	도형의 면, 각 구분/세기	구성요소, 속성을 기초로 도형 구분 ('사각뿔에서 옆면 4개는 삼각형')
		← 입체도형 각 면의 평면도형 구분/기술 →		
		일상적 경험을 기초로 입체도형의 각 면 구분	입체도형 각 면에서의 평면도형 구분, 기술	

출처 : *Engaging Young Children in Mathematics: Standards for Early Children in Mathematics Education.* p. 45. by D. H. Clements, J. Sarama, & A. DiBiase, 2003. Lawrence Erlbaum Associates, Inc.

입체도형에 대한 이해
물리적 특성 인식과 비교
입체도형의 분류
입체도형과 평면도형의 관계 인식

입체도형에 대한 인식의 발달과정에는 일상에서 이루어지는 입체도형의 물리적 특성에 대한 인식과 비교, 분류, 입체도형과 평면도형의 관계 인식이 필요하다.

① 입체도형의 물리적 특성 인식과 비교

물리적 특성 인식과 비교
쌓을 수 있는 것, 굴러가는 것 등을 직관적으로 경험하며 도형의 물리적 특성을 인식

유아의 입체도형에 대한 이해는 입체도형의 물리적 특성을 인식하고 비교하는 데서 시작된다. 공, 원뿔 모양의 모자, 상자와 같은 여러 입체도형을 찾아보고 충분히 탐색하는 과정이 중요하다. 쌓을 수 있는 것, 굴러가는 것 등을 직관적으로 경험하며 도형의 성질을 인식하게 되기 때문이다. 이 과정에서 유아가 인식한 것을 이야기해 보는 것도 도움이 된다. 예를 들어 "그것은 둥글다. 그것은 바닥이 평평하다." 등으로 표현하는 것이다.

쌓을 수 있는 물체

굴릴 수 있는 물체

기본 입체도형의 공통점과 차이점을 비교해볼 기회도 필요하다. 이때 위, 아래, 옆 등 여러 방향과 위치에서 입체도형을 탐색한 후, 입체도형 사이의 공통점과 차이점을 비교하여 설명해볼 수 있도록 한다.

② 입체도형의 분류

입체도형의 분류
자신만의 근거를 가지고 분류하고, 근거를 설명하도록 격려

입체도형의 이해를 돕기 위해서는 기본 입체도형을 경험한 후 유아가 생각하는 준거에 따라 도형을 분류해 보는 경험이 중요하다(Reys, Lindquist, Lambdin, & Smith, 2009). 예를 들어, 어떤 유아는 뾰족한 점(꼭짓점)이 없기 때문에 B와 C를 묶고, A는 속하지 않는다고 할 수 있다. 다른 유아는 A와 C는 높이가 같기 때문에 B가 속하지 않는 것으로 분류할 수도 있다. 이는 유아가 시각적인 인식에서 벗어나 도형의 속성을 이해하는 과정에서 필요한 경험이다. 따라서 각 유아가 자신만의 근거를 가지고 분류하고, 자신의 근거를 설명하도록 격려한다.

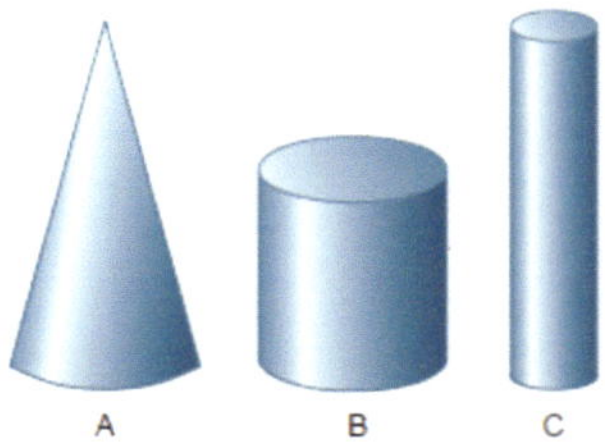

출처 : *Helping children learn mathematics*, p. 335. by R. Reys, M. M. Lindquist, D. V. Lambdin, & N. L. Smith, 2009, Hoboken, NJ: Wiley.

③ 입체도형과 평면도형의 관계 인식

입체도형과 평면도형의 관계 인식
입체도형이 여러 면의 평면도형으로 이루어졌음을 이해하기

입체도형이 여러 면의 평면도형으로 이루어져 있음을 이해하는 것은 기하학적 사고 발달에서 중요한 부분이다. 입체도형의 속성뿐 아니라 평면도형을 이해하는 데 기초가 되기 때문이다. 따라서 블록에 물감을 묻혀 찍거나 여러 방향에서 입체도형을 따라 그려보는 것 등의 경험이 필요하다. 점차 6개의 면(예 : 상자, 서적), 2개의 면(예 : 캔) 및 0개의 면(예 : 공)과 같이 입체도형 면의 수를 세어보고 같은 면의 개수를 가진 물체들을 모아보도록 한다. 이러한 과정을 기초로 각 면의 모양과 같은 모양을 주변에서 찾아보도록 하면 입체도형의 특성을 인식하고 입체도형과 평면도형의 관계를 이

해하는 데 도움이 된다. 아래 그림과 같은 자료를 활용하는 것도 좋다.

- 입체도형을 감각적으로 탐색하며 비슷한 점과 다른 점을 비교한다.
- 평면도형 카드에 입체도형의 각 면을 대어 맞춰 본다.
- 종이에 입체도형 각 면 외곽선을 따라 그려본다.

유아교육기관에서는 평면도형에 앞서 유아가 일상에서 쉽게 경험하는 입체도형을 먼저 제시하는 것이 바람직하다(NCTM, 2000). 그리고 유아가 기본 입체도형을 탐색하고, 인식하고, 분류하고, 표상할 기회를 제공한다(Clements & Sarama, 2009; Reys, Lindquist, Lambdin, & Smith, 2009; Smith, 2012). 활동을 하는 과정에서 유아가 입체도형의 이름을 인식하는 것보다는 손으로 만지고, 도형을 굴려보는 등 도형의 특성을 감각적으로 경험하는 데 초점을 두고 지도한다.

정삼각형, 정사각형, 정오각형을 이용하여 여러가지 모양의 주사위를 만들어 봅시다. 정다면체(정사면체, 정육면체, 정팔면체, 정십이면체, 정이십면체)로 된주사위를 만들며 각 입체도형을 구성하는 평면도형을 찾아봅시다.

(2) 평면도형

평면도형
두께가 없고 길이나 폭만 가진 도형

유아는 원, 삼각형, 직사각형, 정사각형 등 평면도형에 대한 많은 지식을 가지고 있다. 만 3~4세 유아는 일상에서 보는 기본 평면도형을 인식하고 구분하여 '동그라미', '세모', '네모'와 같이 이름을 붙이고, 기본 도형의 형태를 유사하게 그릴 수 있다. 만 5세경이 되면 도형의 크기나 방향 변화에도 같은 도형임을 알고, 각 기본 도형의 가장 대표적인 형태(시각적 원형) 외에도 다양한 형태를 인식할 수 있다(Clements & Battista, 1992; Clements, 2003). 예를 들어 정삼각형 외에도 직각삼각형, 예각삼각형, 둔각삼각형 등도 삼각형임을 아는 것이다. 대부분 눈으로 보이는 형태를 단서로 인식하는 수준이지만, 만 4세 이후에는 도형에 대해 탐색하고 자신이 알게 된 것을 시각화하거나 기술하고 표상하며 평면도형에 대한 이해를 확장해간다. 그런데 교사들은 평면도형에 대한 교육적 접근에 있어 주로 도형의 이름을 묻고 확인하는 형태로 상호작용하는 경우가 많아 유아가 이미 알고 있는 것을 반복하도록 지도하는 경향이 있다(이정욱, 2004). 따라서 유아의 평면도형에 대한 인식수준을 이해하고 이를 기초로 도형에 대한 인식을 향상시킬 수 있는 새로운 경험을 제공할 필요가 있다. 다음은 평면도형에 대한 유아의 발달적 특성이다(표 4-4 참조).

표 4-4 **평면도형에 대한 인식의 발달**

<table>
<tr><th>2~3세</th><th>4세</th><th>5세</th><th>6세</th><th>7세</th></tr>
<tr><td colspan="5">◀ 평면도형을 인식하고 이름 붙이기 ▶</td></tr>
<tr><td>같은 도형
모으기</td><td>도형 인식/
이름 붙이기
(원, 삼각형,
정사각형)</td><td colspan="3">원, 삼각형, 정사각형 등의 이름 인식
방향과 크기 변화에 관계없이 도형의 형태 변별하기</td></tr>
<tr><td></td><td></td><td colspan="3">반원, 사다리꼴 등 기본 도형 외의 다양한 도형의
이름과 형태 인식하기</td></tr>
<tr><td></td><td colspan="4">◀ 시각화하기, 기술하기, 그리기, 표상하기 ▶</td></tr>
<tr><td></td><td>도형과 유사하게
만들고 기술</td><td>도형과 유사하게
그리거나
만들고 기술</td><td colspan="2">정확하게 만들고, 그리고,
묘사하고, 시각화</td></tr>
<tr><td></td><td colspan="4">◀ 범주에 따른 평면도형 분류 ▶</td></tr>
<tr><td></td><td>비형식적으로
도형의
이름 사용</td><td colspan="2">도형의 이름에 따라
분류 · 모으기</td><td>도형 속성에
기초한 세부
도형 분류</td></tr>
</table>

출처 : *Engaging Young Children in Mathematics: Standards for Early Children in Mathematics Education*, pp. 44–45. by D. H. Clements, J. Sarama, & A. DiBiase, 2003. Lawrence Erlbaum Associates, Inc.

평면도형에 대한 이해
평면도형 인식
평면도형 분류
평면도형 표상

이와 같은 순서로 발달하는 유아의 평면도형에 대한 이해를 확장시키기 위해서는 평면도형의 인식, 분류, 표상과정에 유의해야 한다.

① 평면도형의 인식

평면도형 인식
평면도형의 형태 인식하기

평면도형에 대한 이해는 각 평면도형의 형태 인식으로부터 시작한다. 이를 위해 평면도형 각 종류별로 다양한 예를 경험할 기회가 필요하다. 예를 들어 아래 〈a~f〉와 같이 여러 가지 도형을 제시하고, '어떤 것이 삼각형이라고 생각하는지', '왜 삼각형이라고 생각하는지' 등을 생각해보게 한다(Clements & Sarama, 2009; Reys, Lindquist, Lambdin, & Smith, 2009). 유아는 삼각형의 여러 형태를 경험하며 '삼각형에 속하는 것'과 '삼각형의 아닌 것'을 직관적으로 구분하고, 자신이 삼각형이라고 생각하는 이유를 설명할 수 있다. 이와 같은 과정은 유아가 도형의 특성을 이해하고 추상화하는 데 도움이 된다.

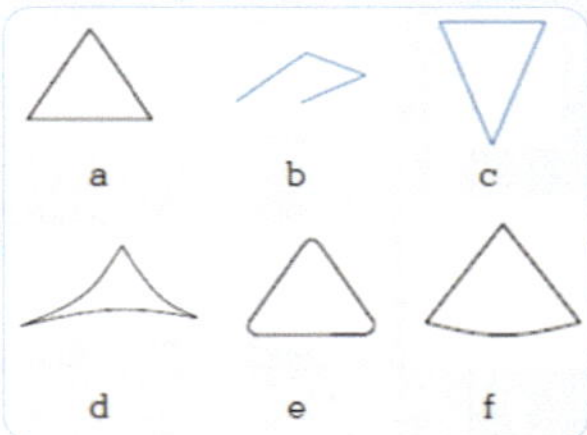

준형 : a는 세모 모양이니까 삼각형이에요. c는 거꾸로 되어 있어서 삼각형이 아니에요.
서지 : a는 세 개의 선이 있어서 삼각형이에요. b는 한 쪽 끝이 열려 있어서 삼각형이 아니에요.
진하 : e는 삼각형은 삼각형인데, 끝이 둥근 모양의 삼각형이에요. 이것도 선이 세 개예요.

② 평면도형의 분류

평면도형 분류
시각적 원형을 중심으로 평면도형을 분류하기

평면도형에 대한 기본 인식을 기초로 유아는 각 도형을 분류할 수 있게 된다. 그런데 원, 정사각형, 삼각형 및 직사각형에 대한 유아의 경험은 기본적인 형태(시각적 원형)를 중심으로 이루어진다. 이에 따라 정사각형은 직사각형이 아니라는 인식을 나타내는 경우도 있다(Hannibal & Clements, 2000). 따라서 유아에게 모양과 크기, 놓인 방향 등이 다양한 원, 삼각형, 사각형의 예시를 소개하고 도형을 서로 비교해 보며 공통점과 차이점을 찾아보도록 하는 것은 중요하다(이정욱, 2004). 이러한 기회를 통해 방향과 위치가 달라지거나 비전형적인 형태로 제시되어도 각 도형을 인식하고 분류하는 것이 가능해진다. 도형에 대한 경험이 풍부해지면 점차 반원,

육각형 등 다양한 모양을 탐색할 기회도 필요하다.

③ 평면도형의 표상

평면도형의 인식과 표상은 함께 이루어질 수 있다. 초기에는 대략 비슷한 형태로 표상하다가 점차 정확하고 구체적인 표상이 가능해진다. 유아가 인식한 평면도형을 여러 방식으로 시각화하는 것은 의미 있는 경험이 된다. 예를 들어 신체로 도형의 모양을 표현하거나 종이에 그려보는 것, 빨대나 모루 등으로 만드는 것 등 다양한 매체와 방법으로 도형을 표상하는 경험은 도형의 속성을 이해하는 데 중요하다.

평면도형 표상
인식한 평면도형을 신체 및 다양한 사물을 이용하여 시각화하기

막대로 도형을 만들어 보았어요.

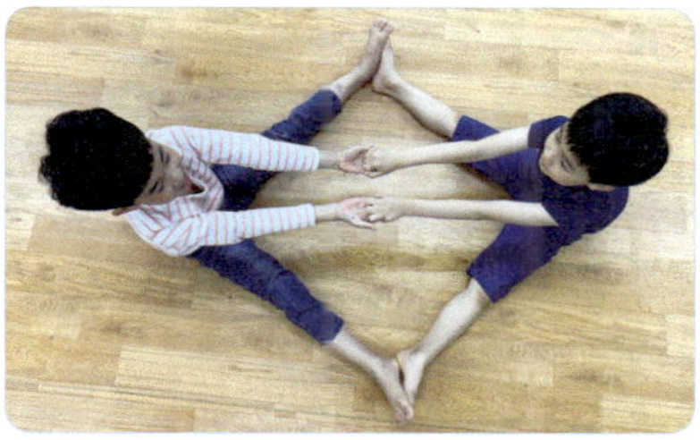

친구와 함께 몸으로 도형을 만들어 보았어요.

(3) 도형의 합성과 분할

도형의 합성과 분할은 둘 이상의 도형을 서로 합하거나 나누는 것이다. 만 2~3세경에는 평면도형을 독립적으로 배열하며 놀이하다가 만 4세경이 되면 도형을 결합하여 새로운 형태(자동차, 동물 등)를 그리고 만드는 것이 가능해진다(Cross et al., 2009). 유아는 색종이를 접거나 자르며 분할을 경험하는데, 만 4세경에는 분리할 수 있는 단서를 활용하다가 만 5세 이후가 되면 점차 특정 형태를 염두에 두고 분할하는 것이 가능해진다. 한편 입체도형의 합성과 분할은 쌓기놀이나 미술놀이를 하는 가운데 비형식적인 놀이형태로 이루어지는 경우가 많다. 도형을 합하고 나누며 유아는 도형의 합동, 대칭, 변형과 같은 이동기하를 자연스럽게 경험하게 된다. 유아기의 도형의 합성과 분할은 일반적으로 단계적으로 일어난다. 다음은 합성과 분할에 대한 유아의 발달적 특성이다(표 4-5 참조).

도형의 합성과 분할
둘 이상 도형을 서로 합하거나 나누는 것

표 4-5 합성과 분할의 발달

2~3세	4세	5세	6세	7세
◄ 평면도형을 모아 새로운 도형 합성 ►				
각 도형 독립적 배열	시행착오를 겪으며 도형 사이를 틈 없이 연결		도형을 합성하여 새로운 도형 구성	작은 도형을 결합하여 큰 도형 대체
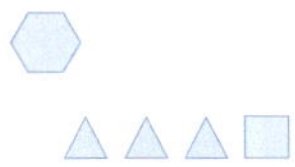	도형 합성하여 그리기			
	◄ 평면도형을 분할하여 새로운 도형 합성 ►			
	분리 가능한 단서에 기초하여 간단한 도형 분할		제시하는 이미지로 분할	자신이 만든 이미지로 분할
	◄ 3차원의 합성과 분할 ►			
	여러 물체들과 입체도형을 비형식적인 방법으로 합성/분할			

출처 : *Engaging Young Children in Mathematics: Standards for Early Children in Mathematics Education*. pp. 46–47. by D. H. Clements, J. Sarama, & A. DiBiase, 2003. Lawrence Erlbaum Associates, Inc.

① 입체도형의 합성과 분할

입체도형의 합성과 분할
여러 물체들과 입체도형을 비형식적 방법으로 합성하고 분할하여 형태 구성

초기에는 블록을 옮기고 놓아 수평 구조를 만들고, 벽과 같은 수직 구조를 구성하며, 점차 여러 방향으로 도형을 합성하고 안과 밖을 구분하여 형태를 구성한다(Cross et al., 2009; Sarama & Clements, 2009). 설계도 등을 활용하여 어떠한 형태로 합성할지에 대한 사전 계획을 세우면 합성 후의 형태를 예측할 수 있어 공간관계 이해에 도움이 된다.

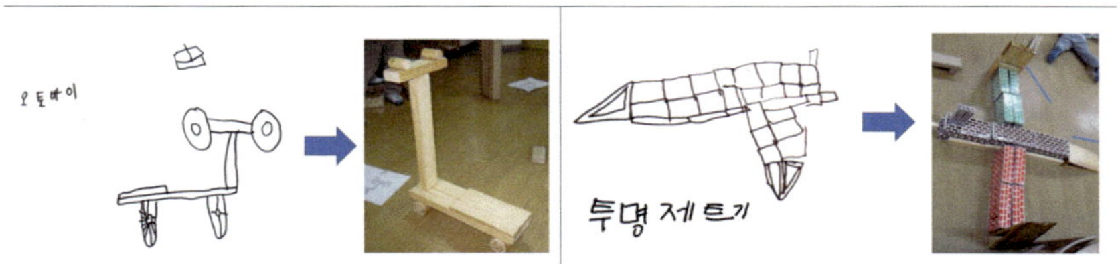

오토바이를 만들었어요 | 투명제트기를 만들었어요

출처: 변자영 (2009). 사전 설계를 통한 쌓기 놀이가 유아의 기하도형 이해에 미치는 영향. p. 108.

② 평면도형의 합성과 분할

평면도형의 합성과 분할
평면도형 간 뒤집기, 이동을 반복하하여 완성된 형태구성

초기에는 평면도형 간 또는 평면도형 각 부분의 특징과 형태에 대한 기하학적 관계를 이해하지 못해 시행착오를 경험하지단, 유아는 뒤집기나 이동을 반복하는 가운데 하나의 완성된 형태를 구성할 수 있다. 이는 필요한 도형을 선택하거나 버리는 전략을 사용하는 것과 관련이 있다 (Clement et al., 2003). 이와 같은 경험이 많아지면 유아는 도형을 합성할 때 측면의 길이뿐 아니라 각을 고려할 수 있게 된다. 교사는 색종이나 탱그램, 모양퍼즐 등을 제공하여 유아가 평면도형의 조각을 나누고, 합쳐 형태를 완성하는 경험을 할 수 있도록 도울 필요가 있다.

색종이 조각 모아 비행기 만들기		
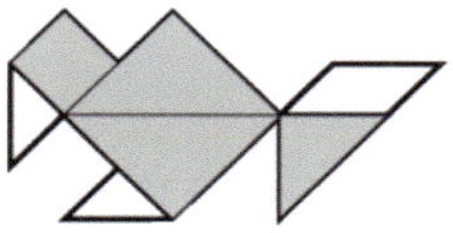	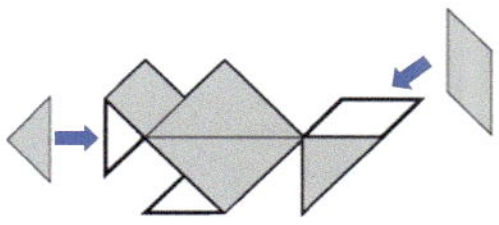	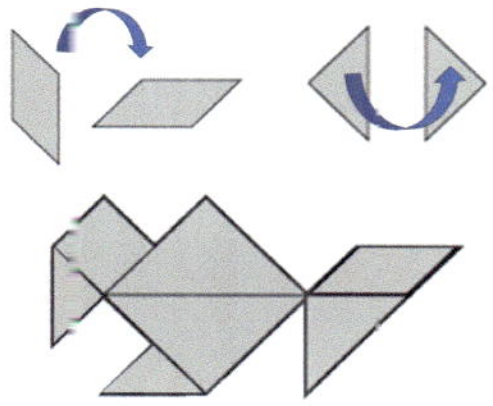
하늘을 잘 날아갈 수 있도록 날개랑 꼬리를 잘 붙여야 해요.	이 조각으로 하면 될 것 같아요. 음... 그런데 잘 안 맞네. 어떻게 해야 들어갈 수 있을까?	이렇게 돌려고, 이렇게 뒤집으면... 이제 잘 맞아요.
▶ 날개와 꼬리를 만들 때 적합한 모양조각 탐색	▶ 선택한 모양조각 합성 실패 후, 공간시각화	▶ 공간시각화한 대로 모양조각 돌리고, 뒤집기

2 공간과 도형의 지도 및 평가

1) 공간과 도형의 지도방법

유아의 공간과 도형에 대한 이해를 돕기 위한 지도방법은 다음과 같다.

(1) 다양한 크기의 공간에 대한 경험

유아의 공간에 대한 이해는 자신의 주변 환경과 사물에 대한 직관적인 느낌인 공간 감각의 발달과 관련된다. 따라서 공간에서 물체의 방향, 원근, 상대적인 모양과 크기, 그리고 형태의 변화 등을 일상에서 충분히 경험할 기회가 필요하며, 특히 여러 공간에 대한 경험이 중요하다(Smith, 2012).

- 넓은 공간을 경험하도록 한다. 놀이터, 주변 공원, 체육관 등 게임을 하거나, 공을 던지거나, 밧줄을 흔들거나, 트램폴린을 뛰어넘을 만큼 충분한 공간에서의 경험이 필요하다.
- 중간 크기의 공간에 대한 경험을 제공한다. 유아가 구조물 내부로 들어갈 수 있는 놀이집이나 유아의 신체 크기보다 큰 구성물을 만들 수 있는 공간(예 : 놀이영역/바닥 등)을 제공하면, 중간 크기의 공간을 직관적으로 인식하는 데 도움이 된다.
- 작은 공간에 대해 경험하도록 한다. 여기에는 레고(Lego), 듀플로(Duplo) 등 크고 작은 블록들과 유아가 손으로 잡기에 적합한 크기의 여러 놀잇감으로 공간을 구성하는 경험이 해당된다.

(2) 입체 및 평면도형에 대한 경험

도형에 대한 인식은 3차원 물체에서 시작하여 2차원 평면에 대한 이해로 발달해간다. 입체 및 평면도형에 대한 이해 증진을 위해 비슷한 도형 찾고 모으기에서 시작하여 도형에 이름을 붙이기, 도형의 바깥 선을 따라 대고 그리거나 지오보드에 도형 구성하기, 색종이 접기 등 유아가 도형에 대한 여러 유형의 경험을 할 수 있도록 안내한다.

비슷한 도형 찾기 | 비슷한 도형끼리 모으기 | 드형에 이름 붙이기 | 도형 그리거나 구성하기

이때 유아가 주변 세계에 있는 물체와 연결하여 형터를 인식할 수 있도록 돕는 것이 중요하다. 예를 들어 유아에게 주변에서 볼 수 있는 물체 중에서 원을 찾아 모으고, 그림으로 그려 원에 대한 '작은 책'을 만들어보게 할 수 있다. 도형을 표상할 때에는 매체를 사용하여 그리거나 만드는 경험과 함께 신체를 사용해서도 표상하도륵 한다. 유의할 점은 유아가 도형에 대한 기본적인 인식을 형성한 후에 점차 도형에 대한 어휘를 사용하도록 하는 것이다. 연령이 증가해도 도형의 이름은 알지만 도형의 속성을 이해하는 데에는 어려움을 가지기 때문이다(Kloosterman, Warfield, Wearne, Koc, Martin, & Strutchens, 2004).

(3) 컴퓨터 프로그램의 활용

화면 안에서 변환이 자유로운 컴퓨터 프로그램을 활용하면 위치와 방향, 도형에 대한 조작과 변화를 확인할 수 있어 공간관계를 이해하는 데 유익하다(Clements & McMillen, 1996; Clements & Sarama, 2009). 컴퓨터 기반의 패턴블록 프로그램은 우리가 일반적으로 사용하는 패턴블록보다 쉽고 다양하게 블록을 합성하고 분해할 수 있다. 합성한 형태를 저장하고 나중에 불러와서 사용할 수 있는 것도 이점이다.

또한 연령이 어린 유아가 수행하기 어려운 부분, 예를 들어 입체 및 평면도형을 그릴 때 자동으로 대칭을 구성하는 것도 가능하다. 컴퓨터는 유아가 자신의 행동을 인식하고 수학적으로 이해하도록 도울 수 있다. 가장 의미 있는 부분은 유아가 자신이 실행한 동작과 결과를 연결하여 인식하도록 돕는 것이다. 컴퓨터의 활용은 유아가 공간과 도형에 대한 수학적 의미를 구축하는 데 효과적인 방법이 될 수 있으므로 상황에 적합하게 활용할 수 있다.

Tip 컴퓨터 게임이나 프로그램의 활용 : 온라인 지오보드

컴퓨터에서도 휴대폰으로도 사용할 수 있는 지오보드입니다. 지오보드를 실행해 사용해 보고, 유아의 공간능력 증진을 위해 어떻게 활용할 수 있을지 생각해 보세요.

https://www.mathlearningcenter.org/resources/apps/geoboard

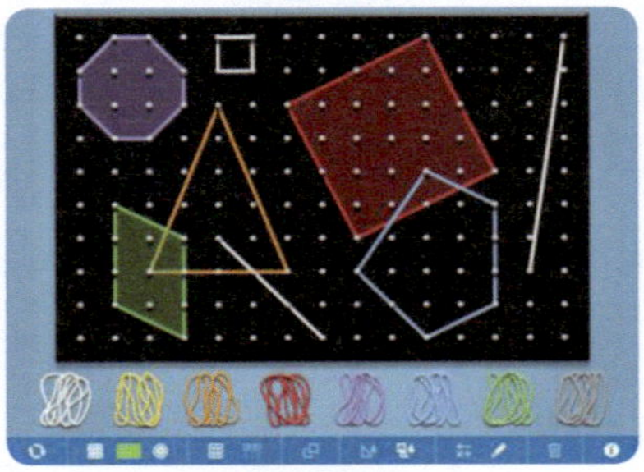

2) 놀이 상황에서의 공간과 도형

공간과 도형 활동의 실제는 유아의 자유놀이 안에 포함된 공간과 도형 개념 읽어내기(수학 놀이 읽기), 교사가 의도하여 계획하지는 않았지만 놀이 중 수학학습의 기회를 포착하여 지원하기(우발적 수학 놀이 지원하기), 교사가 수학학습을 위해 의도적으로 계획한 놀이 제공하기(의도적 수학 놀이 제공하기)로 나누어 제시하고자 한다.

(1) 수학 놀이 읽기

유아가 공간과 도형의 개념을 경험할 수 있는 놀이 상황은 다양하다. 다음은 다양한 모양의 로콘블록으로 팽이를 만들어 놀이하는 상황이다. 이 과정을 보면 유아는 삼각형, 사각형, 오각형 등 다양한 종류의 평면도형을 사용하여 입체도형인 팽이를 구성하고, 각 팽이들의 공통점을 찾아보며 팽이가 돌아가기 위해서는 뾰족한 부분이 있어야 함을 추론하는 모습을 볼 수 있다.

로콘블록으로 팽이를 만들어요

지민이와 윤기, 정국이는 로콘블록으로 각기 다른 모양의 팽이를 만든다. 누구의 팽이가 제일 오래 돌아가는지 시합을 하고, 팽이가 더 오래 잘 돌아가게 하기 위해 새로운 모양의 팽이를 만든다.

지민 : 뭐 만들어?
윤기 : 팽이.
지민 : 어떻게 만들었어?
윤기 : 쉬워. 그냥 삼각형 블록끼리 붙이면 돼. 그러면 팽이 완성!

▶ 평면도형과 입체도형의 관계 인식

지민 : 짜잔, 나는 좀 다르게 만들었어. 나는 삼각형(블록) 5개계 오각형(블록) 1개로 만들었어.
정국 : 내 팽이는 무려 삼각형 10개로 만들었다!
윤기 : 똑같이 삼각형으로 만들었는데도 팽이 모양이 다 다르네.

▶ 다양한 형태의 도형(삼각형, 사각형, 오각형 등) 인식

윤기 : 그럼 우리 팽이 돌리기 시합하자. 내 팽이가 이길 걸!
지민 : 무슨 소리? 내 팽이는 납작해서 완전 오래 돌아.
정국 : 내 팽이는 납작한데다 양면 팽이야. 양쪽 다 뾰족한 부분이 있거든.

▶ 입체도형의 물리적 특성 탐색

(2) 우발적 수학 놀이 지원하기

유아는 놀이를 하는 매 순간, 공간과 도형을 경험한다. 다음은 바깥놀이터에서 '무궁화 꽃이 피었습니다' 놀이를 하며 유아가 경험한 위치와 방향(근접, 분리, 순서)에 대한 예이다. 교사는 놀이를 하며 각 개념을 지도할 수 있는 학습의 기회를 포착하여 관련된 수학적 상호작용을 하여 놀이를 지원하였다.

무궁화 꽃이 피었습니다!

★ 야, 너무 가까워! 얼른 출발선 안으로 들어가야 해!

술래가 마지막으로 "무궁화 꽃이 피었습니다!"를 외치는 순간, 한 아이가 얼른 술래와 친구들이 잡은 손을 떼어냈다. 술래가 아닌 친구들은 술래를 피해 출발선으로 뛰어갔다. 출발선에 도착하기 전에 술래에게 잡힌 가연이는 다음 차례의 술래가 되었다.

술래에게 친구들이 다가가는 상황, 술래에게 잡히지 않기 위해 출발선으로 뛰어가는 상황은 유아들이 자연스럽게 '근접'과 '분리'를 경험할 수 있는 상황이다. 교사는 이 순간을 포착하여 '가까이', '멀리'와 같은 근접과 관련된 수학적 어휘와 출발선을 기준으로 '안'과 '밖'과 같은 분리와 관련된 수학적 어휘를 사용하여 관련 개념을 유아들에게 지도하였다.

(하라가 술래와 가연이가 잡은 손을 끊자 아이들이 일제히 출발선 쪽으로 뛰어간다.)
하라 : 끊었다. 빨리 도망가자!
교사 : 가연아, 빨리 빨리! 얼른 출발선 안으로 들어와!
가연 : 으악!
민재 : 가연아, 빨리! 의현이한테 잡히겠어. 너무 가까워. 그러다 잡히겠어.
의현 : 잡았다! 임가연 니가 다음 술래야.
교사 : 가연이가 출발선에서 가장 멀리, 술래랑 가장 가까이에 있어서 그래. 진짜 열심히 뛰었는데...

위치와 방향 : 근접과 분리

★ 술래한테 잡힌 친구가 많아질수록 구해줄 친구 수가 줄어들어.

'무궁화 꽃이 피었습니다!' 놀이를 하며 유아는 술래에게 잡힌 친구의 수와 잡히지 않은 친구의 수를 세어 비교하였다. 이때 유아는 자연스럽게 '수와 연산'에 대해서도 경험하였다. 교사는 술래가 친구들을 잡을 때, 술래에게 잡힌 유아의 수와 놀이를 할 수 있는 친구의 수를 세어보게 하였다. 이를 통해 수의 크기를 비교하고, 술래의 손을 잡는 친구의 수가 늘어날수록 놀이를 할 수 있는 친구의 수가 줄어드는 관계를 인식하도록 도왔다.

은호 : 잡혔다.
교사 : 은호까지 하면 술래한테 잡힌 친구들은 모두 몇 명이니?
하라 : 하나 둘 셋 넷, 네 명이요. 아직은 괜찮아요.
교사 : 그래, 아직 구해줄 수 있는 친구들이 더 많네.
의현 : 무궁화 꽃이 피었습니다. 태빈이 나와.
하라 : 태빈이까지 하면 이제 다섯 명이네.
교사 : 잡힌 친구는 한 명 늘어서 5명, 우리를 구해줄 친구는 한 명 줄어서 5명이 되었네.

수와 연산

(3) 의도적 수학 놀이 제공하기

교사는 유아의 공간과 도형 개념의 발달을 도모할 수 있는 수학 놀이를 계획하여 제공할 수 있다. 개별 또는 소집단 형태의 수학 놀이와 대집단 형태의 수학 놀이로 나누어 살펴보고자 한다.

개별 또는 소집단 형태의 수학 놀이

어떤 탈 것일까요?

| 대상연령 | 만 4~5세

| 핵심개념 | 평면도형의 인식

| 활동자료 | 여러 가지 평면도형(사각형, 삼각형, 원)이 그려진 탈 것 카드 여러 장, 카드 놓는 판

| 활동방법 |

1) 탈 것의 종류(예 : 배, 버스, 비행기)를 선택한 후, 관련 카드 가져가기
2) 카드 놓는 판에 카드를 펼쳐 놓기
3) 수수께끼 내는 유아에게 평면도형 모양에 대해 질문하기
4) 유아는 카드에 그 모양이 있으면 카드를 그대로 두고, 모양이 없는 카드는 모두 뒤집기
5) 수수께끼의 답 맞추기

| 핵심개념 관련 상호작용으로 놀이 지원하기 |

"(예 : ▲▲◣◢▼) 왜 삼각형이라고/왜 삼각형이 아니라고 생각하니?"

TIP – 'Guess Who?' 보드게임을 변형한 활동으로 질문을 통해 탈 것의 이름을 맞혀보는 게임
– 게임 전, 탈 것 카드에 있는 평면도형의 이름과 특징 살펴보기

* 충북대학교 아동복지학과 손에스더, 조수진 학생이 제작한 교구입니다.

개별 또는 소집단 형태의 수학 놀이

마트를 꾸며 보세요

| 대상연령 | 만 4~5세

| 핵심개념 | 위치와 방향

| 활동자료 | 마트 그림카드, 마트 디오라마와 소품

| 활동방법 | 1) 마트 그림카드를 한 장 골라 친구에게 설명하기

2) 설명을 들은 친구는 디오라마에 마트 소품을 배치하기

3) 마트 그림카드와 완성한 마트 디오라마 비교하기

| 핵심개념 관련 상호작용으로 놀이 지원하기 |

"수박은 진열대 위 칸에 놓아야 하니? 아니면 아래 칸에 놓아야 하니? 무엇과 무엇 사이에 놓아야 하니?"

Tip
- 그림카드를 설명할 때에 위치어와 방향어(예 : 위/아래, 앞/뒤, 가까이/멀리, 사이 등)를 사용하여 설명하도록 격려하기
- 다양한 상황을 표현할 수 있도록 소품 및 가구 추가하기

개별 또는 소집단 형태의 수학 놀이

쌍둥이를 만들어 보세요

| 대상연령 | 만 4~5세

| 핵심개념 | 평면도형의 인식, 공간시각화

| 활동자료 | 여러 종류의 도형 자석 자료, 배경판, 도형으로 만든 동물그림

| 활동방법 | 1) 도형으로 만든 동물그림 중 하고 싶은 그림 선택하기

2) 필요한 도형 자석 자료 가져가기

3) 도형 자석 자료로 선택한 그림과 똑같이 만들기

| 핵심개념 관련 상호작용으로 놀이 지원하기 |

- 평면도형의 인식 : "사자의 갈기를 만들기 위해서는 어떤 도형들이 필요할까?"
- 공간시각화 : "쥐의 귀 모양(역삼각형)처럼 만들려면 삼각형을 어떻게 놓으면 되니? 삼각형을 뒤집으면 어떻게 될까?"

Tip 사전활동으로 '알록달록 동물원' 책을 보며 여러 종류의 도형에 대해 탐색하기

대집단 형태의 수학 놀이

실외 게임 '정글 숲을 지나서 가자'

| 대상연령 | 만 4~5세

| 핵심개념 | 위치와 방향, 도형(평면도형의 인식, 평면도형의 합성과 분할)

| 활동자료 | 줄(방울이 달린 줄, 고무줄 등), 도형 그림, 도형 그림을 붙이는 '어떤 동물일까요?' 판, 신호악기

| 활동방법 |
1) 사전활동(실외놀이 '바깥놀이터에 정글 숲을 만들어요.')에서 만든 정글 숲을 탐색하며 흥미 유발하기
2) 활동자료와 활동방법 소개하기
   ① 정글 숲 바깥에 선다.
   ② 신호악기 소리가 나면 정글 숲 안으로 들어간다.
   ③ 정글 숲의 줄을 피해 도형 그림을 찾는다.
   ④ 찾은 도형 그림을 '어떤 동물일까요?' 판에 붙인다.
   ⑤ 신호악기가 다시 울릴 때까지 반복한다.
   ⑥ '어떤 동물일까요?' 판을 보고 동물을 알아맞힌다.
3) 수학적 개념(위치와 방향)을 고려하며 '정글 숲을 지나서 가자' 게임하기
4) 게임하며 찾은 도형 그림을 맞추며 수학적 개념(평면도형의 인식, 평면도형의 합성과 분할) 발견하기
5) 게임해 본 소감에 대해 이야기 나누기, 사후활동 소개하기

| 핵심개념 관련 상호작용으로 놀이 지원하기 |

- 위치와 방향 : "정글 숲의 줄을 잘 피하려면 몸을 어떻게 움직여야 할까?"
  "단풍나무 아래에 도형을 잡으려면 허리를 숙여 낮은 자세로 기어 가야겠다."
- 평면도형 : "어떤 도형을 찾았니?"
  "이 도형들을 합치면 어떤 동물일 것 같니? 왜 그렇게 생각했니?"

TIP
- '도형 모아 동물 만들기' 게임 사후활동 제공하기
- 줄에 몸이 닿지 않도록 이동 동작(예 : 기기, 걷기, 뛰어넘기 등)과 비이동 동작(예 : 구부리기, 뻗기, 피하기 등)을 하며 신체의 움직임을 조절할 수 있도록 지도하기

3) 관찰을 통한 평가

유아의 공간과 도형 개념에 대한 평가는 일과 속의 자연스러운 상황이나 놀이 중에 발견할 수 있다. 자연스러운 상황에서 관찰한 개별 유아의 수학적 이해는 다음 놀이와 활동의 시작점이 된다. 다음은 일화기록을 사용하여 유아의 공간과 도형에 대한 이해를 관찰하여 평가한 예이다.

<table>
<tr><td colspan="2">관찰대상 : 이지영   생년월일 : 20＊＊년 5월 11일   성별 : 여
관 찰 일 : 20＊＊년   월   일   관찰시간 : 자유선택활동시간(9:30~10:00)
관찰행동 : 패턴블록으로 놀이하며 모양을 구성하는 행동</td></tr>
<tr><td>관찰내용
</td><td>지영은 패턴블록으로 집을 만드는 준형이 옆에 앉아 활동하는 것을 보고 있다. 집을 만들던 준형이가 지영에게 "네가 가지고 있는 기다란 사각형 블록 몇 개만 줄래?"라고 말한다. 지영은 준형에게 "여기 있어."라고 말하며 정사각형 모양의 패턴블록을 2개 준다. 준형이 지영에게 "아니, 이거 말고 이렇게 생긴 거."라고 하며 직사각형 모양의 블록을 보여준다. 손에 직사각형 모양의 블록을 쥐고 있던 지영은 준형에게 "그런 사각형 없어. 그거 아까 너한테 다 줬어"라고 말한다. 지영은 "나는 큰 블록이 좋아."라고 말하며 쌓기놀이로 이동한다.</td></tr>
<tr><td rowspan="3">관찰내용
분석</td><td>요약
• 준형이가 지영에게 직사각형 모양의 블록을 달라고 한다.
• 지영은 직사각형 블록이 아닌 정사각형 모양의 블록을 준다.</td></tr>
<tr><td>분석
• 지영은 직사각형과 정사각형을 구분하는 데 어려움을 겪고 있다.
• 지영은 쌓기놀이하는 데 더 관심이 있다.</td></tr>
<tr><td>교육계획
• 모양블록으로 놀이를 하며 입체도형의 각 면을 구성하는 직사각형과 정사각형을 충분히 탐색할 수 있도록 여러 종류의 모양블록을 제공한다.
• 지영에게 사각형의 여러 유형을 탐구할 기회를 제공한다.
• 지영에게 블록을 활용하여 활동을 할 때 두 개 도형 사이의 공통점과 차이점에 대해 비교할 수 있도록 한다.</td></tr>
</table>

다지기

■ 다음의 표 안에 오늘 학습한 내용 중 기억에 남는 것을 적어 봅시다. 짝이 되는 친구와 서로 하나씩 단어를 불러 동일한 단어를 지우고, 해당 단어의 개념이나 예를 서로 설명해 보세요. 빙고게임처럼 가로, 세로, 대각선을 만드는 게임으로 활용할 수도 있습니다.

개폐	도형 합성전략	공간시각화	
	안과 밖		

[참고] 공간과 도형의 이해에 도움이 되는 교재교구와 도서

● 공간과 도형의 이해 관련 교재교구 목록

교재교구	핵심개념	활용방법
 러시아워	위치와 방향	• 문제카드를 하나 고르고, 문제카드에 따라 트럭과 자동차를 배치한다. • 빨간색 자동차 블록이 주차장에서 빠져나가려면 어떻게 할 수 있을지 생각해 본다. • 주변의 자동차 블록을 이동하여 빨간색 자동차 블록이 이동할 수 있도록 한다(모든 차는 앞뒤로만 움직일 수 있다). • 익숙해지면 두 명이 게임으로 진행한다.
 맥포머스	입체도형 평면도형 입체도형과 평면도형의 관계	• 자석블록 조각을 탐색하고 비슷한 모양끼리 모은다. • 자석블록 조각으로 자유롭게 입체도형을 구성한다.
 지오볼		• 같은 모양끼리 이어 선을 만들고, 선을 연결하여 평면도형을 만들며, 변과 꼭짓점을 직관적으로 경험한다. • 면과 면을 연결하여 입체도형을 만들고, 도형의 특징을 비교해 본다. • 도형들을 연결하여 다양한 형태를 구성한다.
 패턴블록	평면도형의 특성 평면도형의 합성과 분할	• 기본 도형 패턴블록으로 모양을 구성한다. • 점차 패턴블록의 모양과 종류를 늘려 다양하게 구성할 수 있도록 안내한다. • 유아가 익숙해지면 아래와 같이 게임 형식으로 모양을 구성해 도형을 옮기고, 돌리는 다양한 방법을 경험해 보도록 한다. 

● 공간과 도형의 이해 관련 도서 목록

서명(연도), 저자, 출판사	핵심개념	줄거리 및 주요 상호작용
 로지의 산책(2007), 팻 허친스 글 · 그림, 오정환 역, 더큰컴퍼니	위치와 방향	• 여우와 암탉 로지의 산책을 통해 시간의 흐름과 공간 이동을 인식하도록 돕는 이야기 • 로지는 어느 쪽으로 움직였니? 로지가 가는 길을 손으로 표시해 볼까?
 앵무새 열 마리(2000), 퀜틴 블레이크 그림 · 글, 장혜련 옮김, 시공주니어	위치와 방향	• 아침마다 같은 말로 인사하는 뒤퐁 교수를 놀려주기로 하고 모두 숨어버린 앵무새 열 마리를 찾아가는 이야기 • 이 그림에서 앵무새는 어디에 숨어 있니? 빨간 앵무새는 무엇과 무엇의 사이에 있니?
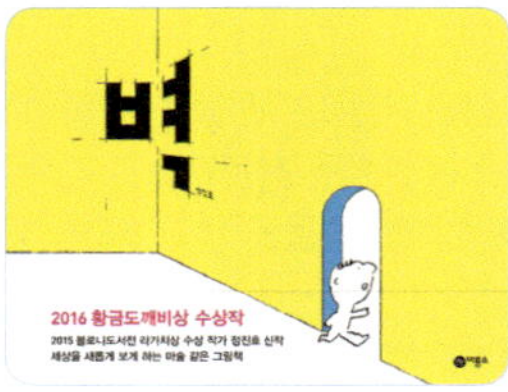 벽(2016), 정진호 글 · 그림, 비룡소	위치와 방향 (다양한 시점)	• 직선과 곡선, 노랑과 파랑만으로 이루어진 『벽』 안으로 들어가면, 벽의 위치와 거리가 달라지면서 앞과 뒤, 위와 아래, 안과 밖, 오른쪽과 왼쪽 등 여러 공간을 느끼게 되는 이야기 • 위에서 보니 어떻게 보이니? 반대편에서 보니 어떠니?
 알록달록 동물원(2001), 로이스 엘러트 글 · 그림, 문정윤 옮김, 시공주니어	도형/합성과 분할	• 아홉 마리 동물이 살고 있는 동물원에서 여러 도형을 오리고 겹쳐서 만든 동물과 만나는 이야기 • 호랑이 얼굴에는 어떤 모양이 있니? 호랑이 얼굴과 쥐의 얼굴에 있는 모양을 비교해 보자.

서명(연도), 저자, 출판사	핵심개념	줄거리 및 주요 상호작용
 자꾸자꾸 모양이 달라지네(2006), 팻 허친즈 그림, 보물창고	도형/합성과 분할	• 글자 없는 그림책으로 블록 놀이를 소재로 나무 인형과 여러 색의 블록들이 함께 하는 모험 이야기 • 어떤 모양 블록으로 자동차를 만들었니? 이 블록으로 무엇을 만들어보고 싶니?

chapter 5

측정

1. 측정 개념과 기능의 발달

2. 측정의 지도 및 평가

학습내용

- 측정하려는 속성
- 비교하기
- 순서 짓기
- 측정 경험하기
- 단위

다음을 생각해 봅시다.

♣ 여러분이 하루 중 경험하는 일들입니다. 네모 컷 안의 만화를 보고 우리 일상에서 정확한 측정이 왜 필요한지 생각해 봅시다.

1. 매일 밤마다 Youtube의 먹방 영상을 보며 대리만족을 느끼는 다이어터 슬기!

2. 방 안 가득 '꼬르륵~' 소리가 울려 퍼지지만 내일 입으려 코디한 스키니진을 바라보며 먹방 욕구를 꾹꾹 누르던 슬기

3. 먹방 영상 속 유투버의 현란한 맛 표현에 참지 못하고 자리를 박차고 일어난 슬기

4. 추억의 떡볶이를 먹고 싶어 엄마에게 전화를 했는데... 슬기는 과연 추억의 떡볶이 맛을 그대로 재현해낼 수 있을까요?

과연 다이어터 슬기는 맛있는 떡볶이를 만들어 먹을 수 있을까요? 문제는 없었을까요?

여러분이 생각한 문제를 적어 보세요.

이 장에서는…

앞의 만화 내용은 측정에서 표준 단위가 필요한 이유를 생각해볼 수 있는 이야기입니다. 측정은 여러 가지 속성의 양을 비교하고, 단위를 이용하여 재거나 어림해 봄으로써 양을 수치화하는 것을 말합니다. 유아는 측정활동을 통해 수 이해, 셈하기와 같이 수와 양을 경험하고, 수학적으로 문제를 해결하고, 의사소통하며, 추론하는 수학적 기능을 발달시킬 수 있습니다. 이 장에서는 이후 표준 단위를 사용하는 토대가 되는 여러 경험, 즉 물체의 속성을 비교하고 순서 짓는 것에서 시작하여 임의 단위를 사용하여 측정하는 과정까지 살펴보고자 합니다.

1 측정 개념과 기능의 발달

측정은 여러 속성의 양을 비교하고, 단위를 이용하여 재거나 어림해 봄으로써 양을 수치화하는 것을 말한다. 예를 들어 "(모러로 만든 케이크를 가리키며) 그 케이크 만드는데 모래가 얼마만큼 필요해?", "이만큼?", "이 컵으로 몇 컵 정도?"와 같이 길이, 무게, 들이, 넓이, 시간 등의 연속적인 양에 수를 부여하는 과정이다.

측정
여러 속성의 양을 비교하고, 단위를 이용하여 재거나 어림해 봄으로써 양을 수치화하는 것

Charlesworth와 Lind(2010)에 따르면 유아의 측정능력은 놀이와 모방 단계, 비교 단계, 임의 단위 사용 단계, 표준 단위의 필요성 인식 단계, 표준 단위 사용 단계, 총 5단계를 거쳐 발달한다. 대체르 만 3, 4세는 놀이와 모방 단계와 비교 단계에 속하고, 만 5세는 비교 단계에서 임의 단위 사용 단계로 발전하는 시기이다.

표 5-1 측정능력의 발달

0~2세	3세 4세	5세	6세	7세~
놀이와 모방 단계	비교 단계	임의 단위 사용 단계	표준 단위의 필요성 인식 단계	표준 단위 사용 단계
• 출생 후부터 감각운동기-전조작기까지의 영유아 • 타인 모방하며 측정 가능한 속성 발견	• 전조작기 유아 • 측정 가능한 속성에 따라 비교	• 전조작기 말에서 구체적 조작기 초의 유아 • 임의 단위 사용하여 측정	• 구체적 조작기 초기의 유아 • 임의 단위 사용의 불편함으로 인해 표준 단위 필요성 인식	• 구체적 조작기 유아 • 표준 단위 사용하여 측정

출처 : *Math & Science for Young Children* (6th ed.). pp. 257-258. by R. Charlesworth, & K. K. Lind, 2010. Belmont, CA: Wadsworth Cengage learning.

측정능력 발달
놀이와 모방, 비교, 임의 단위 사용, 표준 단위의 필요성 인식, 표준 단위 사용 단계로 발달

측정활동은 영유아의 발달특성을 기초로 시간, 길이 들이, 무게, 넓이 등 측정 가능한 속성을 탐색하는 데에서 시작한다. 측정 개념에 대한 유아의 이해는 비교하기, 순서 짓기, 임의 단위를 사용한 측정하기, 표준 단위 사용하기의 순으로 이루어진다.

1) 비교하기

비교하기
측정 가능한 속성에 따라 두 물체 또는 집단을 관계 짓는 것

비교하기는 측정 가능한 속성(예 : 길이, 크기, 무게, 들이 등)에 따라 두 물체 또는 집단을 관계 짓는 것으로 순서 짓기와 측정하기의 기초가 된다. 비교하기는 어떤 속성에 따라 두 개의 물체를 관계 짓는 것이므로 비교할 속성에 대해 인식하는 것이 선행되어야 한다(한유미, 2016). 그리고 비교하기에 대한 유아의 경험과 이해수준에 따라 직관적 비교, 직접 비교, 간접 비교를 사용하도록 안내할 수 있다.

(1) 직관적 비교

비교하기의 형태
직관적 비교, 직접 비교, 간접 비교로 구분

직관적 비교는 엄마 코끼리와 아기 코끼리, 백과사전과 동화책과 같이 시각적 차이가 두드러진 대상을 비교할 때 사용한다. 아직 보존 개념이 형성되지 않은 전조작기 유아는 주로 지각에 의존하여 비교한다.

(2) 직접 비교

직접 비교는 시각적 차이가 두드러지지 않을 경우, 두 물체를 나란히 놓거나 한 물체를 다른 물체 위에 겹쳐 놓고 그 차이를 비교할 때 사용한다. 예를 들어, 키가 비슷한 유아가 서로 등을 맞대고 누구의 키가 더 큰지 비교하거나, 책 크기가 비슷한 경우에 책 위에 다른 책을 겹쳐놓고 크기를 비교하는 경우이다.

(3) 간접 비교

간접 비교는 물건이 너무 크거나 벽에 붙어 있는 등 직접 비교가 가능하지 않을 때 제 3의 물체를 사용하여 양쪽을 비교하는 방법이다. 예를 들어, 화장실벽 거울과 역할놀이 화장대 거울의 크기를 비교할 때, 두 개의 거울에 같은 크기의 포스트잇을 붙인 후 각각 몇 개의 포스트잇을 붙였는지 세어 거울의 크기를 비교할 수 있다.

피아제와 동료들(1960; 이정욱, 유연화, 2012에서 재인용)은 만 5세 이전의 전조작기 유아는 아직 보존 개념이 형성되지 않아 길이를 비교할 때에 동일한 기준점에서 시작하여 비교하는 것을 제대로 이해하지 못한다고 하였다. 유아는 물체를 비교할 때 아래 경우와 같이 끝점에만 주의를 기울여 비교하여 종종 오류를 범하기도 한다. 따라서 어느 것이 더 긴지 비교하기 위해서는 기준점이 되는 시작점이 같아야 함을 안내할 필요가 있다.

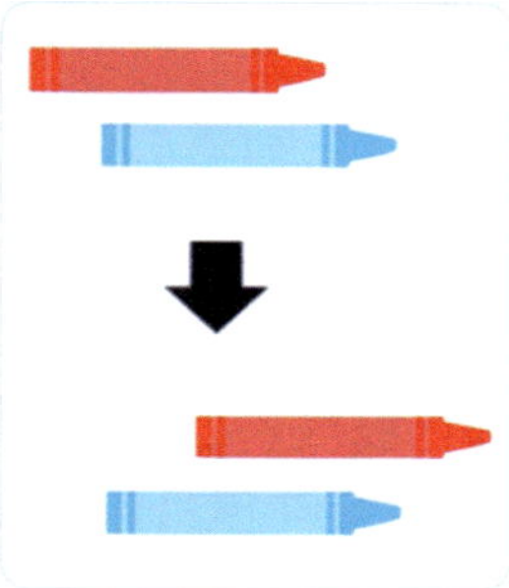

태극기를 그리고 있는 규리와 연주는 누구의 색연필이 더 긴지 비교하고 있다.

규리 : 내 색연필이 더 길어!

연주 : 아니야, 내 색연필이 더 길어!
이것 봐, 내 색연필(파란색)이 더 길잖아.
▶ 시작점을 고려하지 않고 끝점에만 집중

규리 : (빨간색 색연필을 파란색 색연필보다 더 앞으로 놓으며) 아니야, 내 색연필(빨간색)이 더 길지?
▶ 시작점을 고려하지 않고 끝점에만 집중

1. 측정 가능한 속성과 비교하는 말을 연결해 보세요.

길이 •	• 크다 – 작다
온도 •	• 길다 – 짧다
거리 •	• 높다 – 낮다
수량 •	• 무겁다 – 가볍다
속도 •	• 빠르다 – 느리다
크기 •	• 뜨겁다 – 차갑다
넓이 •	• 두껍다 – 얇다
두께 •	• 넓다 – 좁다
높이 •	• 가깝다 – 멀다
무게 •	• 많다 – 적다

2. '비교하는 용어'를 사용하여 옆자리에 앉은 친구와 나를 비교해 보세요.
- 측정 가능한 속성 :
- 비교하는 말 :
- 친구와 나의 차이점 :

비교하기는 측정하기와 순서 짓기의 기초가 되기 때문에 유아교육기관에서는 측정 가능한 다양한 속성을 비교하고, 적합한 비교 용어를 사용하도록 도와주어야 한다. 그리고 일상생활과 놀이를 통해 직관적 비교, 직접 비교, 간접 비교를 할 수 있는 상황을 제공하는 것이 필요하다.

2) 순서 짓기

순서 짓기
3개 이상의 물체를 어떠한 특징적인 속성의 차이에 따라 순서대로 배열하는 것

순서 짓기(서열)는 3개 이상의 물체를 기준이 되는 속성의 차이에 따라 순서대로 늘어놓는 것이다. 순서 짓기를 위해서는 반복하여 비교해야 하므로 비교하기 능력이 선행되어야 한다(이정욱, 유연화, 2012). 예를 들어, 동화 '아주 아주 작은 손님'에 나오는 아빠 곰, 엄마 곰, 아기 곰의 그릇을 크기대로 순서 지으려면 아빠 곰의 그릇과 엄마 곰의 그릇, 아빠 곰의 그릇과 아기 곰의 그릇, 엄마 곰의 그릇과 아기 곰의 그릇의 크기를 비교해야 한다.

순서 짓기 능력은 만 2세 이전 감각운동기에 발달하기 시작하여, 모양은 같고 크기가 다른 놀잇감(예 : 컵 쌓기, 겹상자, 레인보우 블록 등)의 큰 것 안에 작은 것을 차례로 넣거나 큰 것 위에 작은 것을 쌓아올릴 수 있다(Charlesworth & Lind, 2010). 그러나 그 차이가 근소하여 유사하게 보일 때에는 제대로 순서 짓기 어렵다. 물체의 속성에 따라 순서 짓는 능력은 만 3, 4, 5세를 지나며 점차 발달하여 만 5세경에는 높이, 크기 등에 따라 순서 지을 수 있다. 그러나 순서대로 배열된 물체들 사이에 추가로 물체를 끼워 넣는 것은 만 5~6세경이 되어도 어렵다(이정욱, 유연화, 2012). 왜냐하면 a〉b이고 b〉c이면 a〉c라는 논리적 추론, 즉 이행성을 이해해야 하기 때문이다.

이행성
양의 보존을 전제로 같은 종류의 양을 비교할 때, a〉b이고 b〉c이면 a〉c라는 논리적 추론

순서 짓기(서열)는 단순서열, 복합서열, 이중서열로 나눌 수 있다.

단순서열	복합서열	이중서열

크기에 따른 서열	원기둥의 밑면 둘레와 높이에 따른 서열	잔과 컵받침의 크기에 따른 서열

순서 짓기의 종류
단순서열, 복합서열 이중서열로 구분

(1) 단순서열

단순서열은 세 개 이상의 물체를 길이, 크기, 무게 등 한 가지 속성에 따라 순서 짓는 것이다. 단순서열은 2개의 물체를 비교하여 순서를 정한 후, 그 다음 물체와 앞서 순서 지은 물체를 비교하여 다시 순서 짓는 과정이 필요하다. 유아는 순서 짓는 물체의 수에 영향을 많이 받으므로 처음에는 3~4개에서 시작하여 점차 비교하는 물체를 늘려간다.

단순서열
세 개 이상의 물체를 한 가지 속성에 따라 순서 짓는 것

(2) 복합서열

복합서열은 세 개 이상의 물체를 두 가지 속성을 동시에 고려하여 순서 짓는 것이다. 피아제는 유아가 한 가지 속성을 고려하는 인지적 특성을 가지고 있다고 하였다(황의명, 조형숙, 서동미, 2017). 따라서 두 가지 이상의 속성을 동시에 고려해야 하는 복합서열은 단순서열보다 더 어렵다.

복합서열
세 개 이상의 물체를 두 가지 속성을 동시에 고려하여 순서 짓는 것

(3) 이중서열

이중서열은 두 집단의 사물을 한 가지 속성에 따라 일대일로 짝을 지어 순서 짓는 것이다. 동화 '아주 아주 작은 손님'에서 아빠 곰, 엄마 곰, 아기 곰의 크기에 따라 그릇의 크기를 짝지어 순서 지은 것과 같은 경우이다. 일반적으로는 곰의 크기에 따라 그릇의 크기를 배열하지만, 아빠 곰은 다이어트 중이라 가장 작은 그릇, 엄마는 중간 크기 그릇, 아기 곰은

이중서열
두 집단의 사물을 한 가지 속성에 따라 일대일로 짝을 지어 순서 짓는 것

배가 많이 고파서 가장 큰 그릇으로 짝 지을 수도 있다. 이중서열의 이해를 위해서는 유아가 순서 짓는 규칙을 스스로 생각하고, 다른 사람이 순서 지은 것을 관찰하고 어떠한 준거에 의해 순서를 지었는지 말로 설명하거나 자기만의 방법으로 순서 짓기를 하는 경험(Smith, 2012)이 필요하다.

정리하면, 순서 짓기는 일정한 규칙에 따라 이루어지므로 순서에 방향이 있다. 따라서 순서 짓는 중간에 방향이나 위치를 변경해서는 안 된다. 이러한 순서 짓기의 규칙은 일상생활이나 놀이를 통해 자연스럽게 습득할 수 있다. 그리고 순서 짓기 활동은 제시된 준거에 따라 순서 짓기, 스스로 준거 정하여 순서 짓기, 다른 사람이 순서 지은 것을 관찰하고 어떠한 준거에 의해 순서 지었는지 설명하기, 순서 짓기 되어 있는 상태에서 중간에 빠진 것들을 제자리에 찾아 끼워넣기 등 활동 난이도를 조절하여 제시할 수 있다.

1. '강의실에서 가장 긴 물건은?' 게임
   1) 자신이 가지고 있는 물건 중에서 가장 긴 물건을 꺼내 보세요.
   2) 같은 조 친구들끼리 꺼낸 물건의 길이를 비교하여 순서 지어 보세요.
   3) 조별로 자기 조에서 가장 긴 물건 1~2가지를 가지고 앞으로 나오세요.
   4) 조별로 가지고 나온 물건을 소개하면서 순서 지어 보세요.
      (사이사이에 끼워 넣기)

2. '무엇을 기준으로 순서를 정했을까요?' 게임
   1) 조 친구들과 하나의 속성을 정해 가지고 있는 물건을 순서 지어 보세요.
      (예 : 머리카락의 길이, 옷의 길이, 립스틱의 진하기, 핸드폰 배터리의 남은 용량 등)
   2) 다른 조 친구들에게 순서 지은 결과를 보여 주세요. 어떠한 속성에 따라 순서 지었는지 서로 맞춰 보세요.

3) 측정하기

유아는 장난감 덤프트럭에 모래가 몇 컵이나 실리는지 알아보기도 하고, 우리 반에서 가장 빠른 화재 대피경로를 알아보기 위해 발걸음으로 각 대피경로를 재어보는 등 일상과 놀이 상황에서 자연스럽게 측정을 한다. 유아는 측정을 하는 과정에서 셈하기, 수와 양, 기하 등 여러 수학적 개념을 경험한다. 또한 수학적으로 문제 해결하고, 의사소통하며, 추론하는 수학적 과정을 실제 생활에서 활용할 수 있다. 특히 유아기의 측정 경험은 이후에 표준 단위의 필요성을 인식하고, 사용하는 토대가 되므로 유아수학교육에서 중요한 부분이다(Clements, 2004; NCTM, 2000; Shaw & Blake, 1998).

- 측정하려는 속성
  : 들이(덤프트럭의 모래 싣는 공간)
- 측정 도구
  : 컵(임의 단위)
- 측정 기능
  : 동일한 양의 모래를 컵에 담기 위해 컵 위의 경계면을 기준으로 모래 깎아 넣기

측정에는 측정하려는 물체의 속성을 파악하여 적절한 단위를 선택할 수 있는 능력과 길이, 넓이, 들이 등 측정 가능한 속성을 기초로 측정을 하는 과정에서 기본적인 기능이 필요하다(황의명 외, 2017).

(1) 적합한 단위를 결정하고 사용하기

측정 단위의 종류
임의 단위
표준 단위

측정할 때 가장 중요한 것은 단위에 대한 이해이다(이정욱, 유연화, 2012). 두 개 이상 사물들 간의 차이를 알아보기 위해서는 측정 가능한 속성에 적합한 단위를 사용하여 측정을 해야 한다. 예를 들어, 친구와 등을 맞대고 서서 키를 재면 누가 크고 작은지 알 수 있다. 더 나아가 동일한 크기의 블록을 나와 친구의 키만큼 쌓으면 누구의 키가 블록 몇 개만큼 더 큰지 알 수 있다. 즉, 측정 가능한 속성은 길이(키), 측정하는 데 사용한 단위는 블록(임의 단위)인 것이다. 물론 더 간단하고 정확하게 키를 측정하는 방법은 자동 신장계(표준 단위)를 이용하는 것이다.

① 임의 단위

임의 단위
신체나 친숙한 물건을 측정에 사용하는 단위

임의 단위는 유아가 쉽게 사용할 수 있는 것으로 신체를 이용하는 경우와 주변에서 쉽게 접할 수 있는 친숙한 물건이나 자료를 사용하는 경우로 나눌 수 있다. 유아는 다양한 임의 단위를 사용하며 큰 단위와 작은 단위의 관계를 이해하고, 측정 가능한 속성인 길이, 넓이, 들이, 무게에 대한 감각을 익힐 수 있다.

길이(임의 단위 : 발자국)	넓이(임의 단위 : 색종이)

무게(임의 단위 : 블록)	들이(임의 단위 : 재활용 컵)

임의 단위를 사용해야 하는 이유
유아에게 친숙한 단위, 측정하려는 속성을 직관적으로 이해하도록 도움, 표준 단위의 필요성을 인식하게 도움

한유미(2016)는 유아기에 임의 단위를 사용해야 하는 이유를 다음과 같이 설명하였다. 첫째, 유아는 자나 저울 등의 표준 단위보다 연필이나 블록 등의 임의 단위를 더 쉽게 접한다. 둘째, 연필이나 지우개 등의 임의 단위는 유아가 측정하려는 속성을 직관적으로 이해하도록 돕는다. 셋째, 임의 단위를 사용하는 중에 표준 단위가 필요한 이유를 인식하게 되어 측정에 대한 이해를 확장시킨다. 예를 들어, 신체 단위인 '뼘'으로 책상의 길이를 측정할 때 측정한 사람의 손 길이에 따라 측정 결과가 다를 수 있

다. 이 과정에서 유아는 신체 단위를 사용한 측정이 부정확할 수 있음을 느끼고 여러 사람이 동의하는 표준 단위를 사용해야 할 필요성을 인식하게 된다.

유아에게 친숙한 사물인 퀴즈네어 막대(1~10cm), 유니트 블록(기본 단위블록), 우유(200ml), 생수병(1ℓ) 등의 임의 단위는 표준 단위와 연계하는 데 유용하다. 다음은 블록으로 친구들이 직접 들어가서 놀이할 수 있는 큰 집을 만드는 과정에서 10cm짜리 블록을 임의 단위로 사용하는 예시이다.

친구들이 들어가 놀이할 수 있는 집을 만들어요

가장 키가 큰 친구를 찾아보자.	친구 키만큼 유니트 블록을 쌓아보자.	유니트 블록이 한 개에 10cm니까. '10, 20..... 120cm'가 조금 안 된다.
▶ 직접 비교하기	▶ 임의 단위를 사용하여 측정하기	▶ 표준 단위로 연결하기

② 표준 단위

표준 단위는 모든 사람이 공통으로 사용하는 단위로 cm, m, ℓ, g 등이 있다. 유아는 자동신장계로 키와 몸무게를 재고, 요리 활동을 할 때 계량컵과 스푼을 사용하는 등 다양한 표준 단위를 경험하그로, 이에 대한 이해가 가능하다(Boulton-Lewis, Wilss, & Mutch, 1996; Clements, 1999; Clements & Stephan, 2004). 따라서 임의 단위 외에 자나 계량컵같이 이미 유아에게 친숙한 표준 단위를 함께 사용하여 측정하는 것은 측정 개념과 기능의 발달에 도움이 된다(이정욱, 유연화, 2012). 그러나 유아 단계에서는 표준 단위를 정확하게 사용하는 기술을 요구하거나 측정한 수치를 읽는 것을 강조하지 않아야 한다.

표준 단위
모든 사람들이 공통적인 의미로 측정에 사용하는 단위

(2) 측정 가능한 속성에 따른 측정하기

측정 가능한 속성
길이와 높이, 넓이, 부피와 양, 무게, 시간, 온도 등

측정에 앞서 물체의 여러 속성 중 무엇을 측정할 것인지를 파악하는 것이 필요하다.

① 길이

길이 측정
두 지점 간의 거리를 측정하는 것

길이는 두 지점 간의 거리를 측정하는 것으로 길이뿐 아니라 높이, 둘레, 폭, 거리, 깊이 모두를 측정할 수 있다. 유아는 물체를 나란히 맞대어 직접 비교하며 '~보다 길다/짧다(길이)', '높다/낮다(높이)', '크다/작다(둘레)', '넓다/좁다(폭)', '멀다/가깝다(거리)', '깊다/얕다(깊이)'와 같이 비교하는 말을 사용한다.

유아가 친숙하고 가장 많이 경험하는 것은 길이 측정이다. 직접 비교를 통해서는 얼마만큼 더 긴지, 그 차이는 알 수 없기 때문에 유아기에는 임의 단위를 사용하여 길이를 측정하며, 그 과정에서 느끼는 불편함을 계기

다음의 영상자료를 감상하고, 왜 표준 단위가 필요한지에 대해 생각해 보세요.

- https://youtu.be/IpgYbCb8ixM
- 지식채널e-knowledge of the channel e_미터의 탄생/EBS culture

- https://youtu.be/U-kPFumRAxg
- 세상을 측정하는 단위, 과연 어떻게 만들어졌을까?/YTN사이언스

- https://youtu.be/exYgUufotro
- [이지사이언스] 세상의 기준, 단위/YTN사이언스

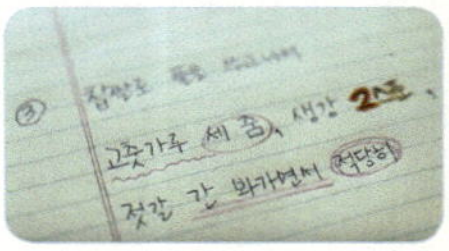

- https://youtu.be/qHsJBlvtzeo
- 손맛의 비밀/한국표준과학연구원 KRISS

로 표준 단위의 필요성을 인식하게 된다. 다음은 만 5세반 유아가 축구골대를 부수지 않고 문을 통과해 복도로 옮길 수 있는지 알아보기 위해 길이 측정을 하는 사례이다.

과연 축구골대는 문을 통과할 수 있을까요?

신체 단위로 측정하기

"손뼘으로 재어보자."

"너랑 나랑 손 크기가 다르잖아."

▶ 신체 단위의 크기가 다르면 정확하게 측정을 할 수 없다는 점 인식

사물 이용하여 측정하기

"연필로 재보는 건 어때?"
"안돼, 연필 길이가 다 다르잖아!"

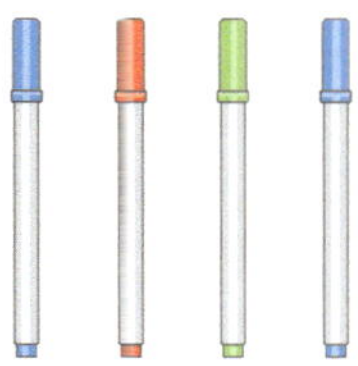

"길이가 같은 사인펜으로 재자."

▶ 동일한 크기의 단위를 사용해야 한다는 측정기능 획득

"여기 끝부터 잴게."

"이렇게 자야 정확하지."

▶ 시작점 맞추기, 단위와 단위 사이를 붙여야 한다는 측정기능 획득

표준 단위 필요성 인식하기

"축구골대는 사인펜 6개,
교실문은 사인펜 7개."
"무사히 빠져나갈 수 있겠어."

"긴 자가 있었으면 훨씬 더
편했을 것 같아."

▶ 임의 단위 측정의 불편함으로 인해 표준 단위의 필요성 인식

위의 사례와 같이 길이를 측정할 때에는 길이 측정에 적합한 단위를 선정하고, 측정기능이 왜 필요한지 생각해볼 수 있는 기회를 제공해야 한다. 그리고 문제해결하기, 추론하기, 의사소통하기 등 다양한 수학적 과정을 경험할 수 있도록 안내한다.

② 넓이

넓이 측정
일정한 평면에 있는 공간의 크기를 측정하는 것

넓이는 가로와 세로 또는 길이와 높이의 두 요인을 고려해야 하므로 유아에게 어려운 과업이다(홍혜경, 2009). 그러나 유아는 대집단으로 모이는 장소의 크기를 고려하여 놓아야 할 의자의 개수를 정하거나 블록으로 만든 침대에 맞는 크기의 이불을 만드는 등 일상생활에서 이미 넓이 측정과 관련된 경험을 하고 있다.

예를 들어, 두 책의 넓이를 비교할 경우, 나란히 맞대어 비교하거나 위아래로 포개어 비교하는 등 직접 비교를 할 수 있다(이정욱, 오애순, 2002). 그러나 컴퓨터 모니터나 거울, 벽의 타일 등과 같이 직접 비교를 할 수 없는 경우, 색종이, 블록, 책과 같은 임의 단위를 사용하여 넓이를 측정할 수 있다. 임의 단위를 사용하여 넓이를 측정할 때에도 길이 측정과 마찬가지로 단위로 사용하는 물체가 겹쳐지거나 틈이 생기지 않도록 해야 한다. 임의 단위로 넓이를 측정하는 또 다른 방법은 바둑판 모양의 종이 위에 측정하고 싶은 물체를 올려놓고 본을 뜬 후, 내부의 칸을 세어보는 것이다(고윤희, 2017).

직접 비교하기	임의 단위로 측정하기
 나란히 맞대어 비교하기	 임의 단위 사용하여 측정하기
 포개어 비교하기	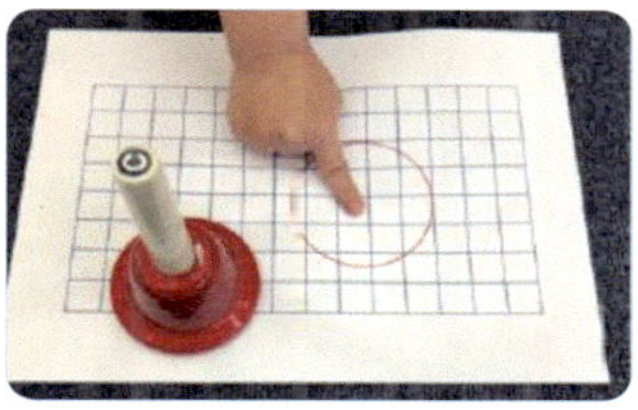 물건의 본을 뜬 후, 칸 수 세어 측정하기

③ 들이

들이는 용기 내부의 공간에 담을 수 있는 양을 말하며 들이 측정은 3차원 공간(가로, 세로, 높이)의 양을 수치화하는 것이다. 들이는 유아에게 어려운 개념이지만, 음식을 담는 그릇이나 물건을 담는 통의 크기를 비교하고 더 많이 담을 수 있는 것을 찾거나, 또는 계량컵과 계량스푼을 사용하여 요리를 하는 등 일상에서 들이와 관련된 다양한 경험을 한다.

들이 측정
용기 내부의 공간에 담을 수 있는 양을 측정하는 것

전조작기 유아는 보존 개념이 형성되지 않아 용기 모양이 달라도 들이가 같을 수 있음을 이해하기 어렵다(고윤희, 2017). 그러므로 아래의 예시와 같이 처음에는 '~보다 더 많고/적고'와 같이 비교하는 수준에서 시작하여 차츰 유아에게 친숙한 임의 단위를 사용하여 측정하는 경험을 하도록 지원한다. 또한 컵이나 모래 양동이, 삽과 같은 임의 단위를 사용할 때에 동일한 크기의 양동이 안에 크기가 다른 컵으로 모래를 담게 하면 유아의 보존 개념 형성에 도움이 된다.

모래산 가져가기		

이것 봐, 내 모래가 네 모래보다 훨씬 더 많아!	한번, 두 번, 세 번... 난 다섯 번, 네 번.... 거봐, 내 모래가 더 많지!	작은 컵으로는 10컵, 큰 컵으로는 7번이면 양동이가 꽉 차네.
▶ 시각적 차이가 두드러질 경우, 직관적 비교 가능	▶ 임의 단위(신체)로 측정	▶ 보존 개념 형성에 도움

④ 무게

무게 측정
물체가 얼마나 무거운지를 측정하는 것

무게는 물체가 얼마나 무거운지를 나타내는 속성으로 체중계로 체중을 재거나 양손에 짐을 들 때, 아기를 안을 때 등의 상황에서 경험한다. 유아는 물체의 무게를 알아보기 위해 직접 들어보거나 양손에 올려놓고 비교하는 것에서 시작한다. 그러나 측정할 물체의 수가 많거나 무게 차이가 적을 때에는 무게를 재는 측정도구를 사용한다.

유아가 쉽게 사용할 수 있는 측정도구에는 양팔저울이 있다. 양팔저울은 시각적으로 무게를 판단하게 하는 좋은 도구로서 양팔저울이 내려간 쪽이 더 무겁고, 올라간 쪽이 더 가볍다. 즉, 유아는 양팔저울에서 내려간 쪽을 보며 직관적으로 두 물체의 무게를 비교할 수 있다. 더 나아가 공은 구슬 10개만큼, 연필은 구슬 2개만큼과 같이 임의 단위를 사용하여 물체의 무게를 측정할 수 있다.

유아는 물체의 무게가 밀도와 관련이 있다는 사실을 이해하지 못해 무게와 크기를 동일시하는 경향이 있다. 따라서 크기는 크지만 가벼운 풍선과 작지만 무거운 쇠구슬을 비교하거나 크기는 비슷하나 무게가 다른 탁구공과 골프공을 양팔저울을 사용하여 비교해 보는 활동을 제공하면 무게와 크기의 관계를 생각하는 기회가 될 수 있다(홍혜경, 2009).

⑤ 시간

시간 측정
일상생활 속에서 물체, 사건, 자신의 변화와 관련지어 시간의 흐름을 느끼는 것

시간은 유아가 매일 경험하는 익숙한 개념이지만 구체물을 통해 확인할 수 없어 정확하게 이해하기 어렵다(홍혜경, 2009). 시간 개념은 시계를 보고 몇 시인지 말하는 것을 넘어 일상생활 속에서 물체, 사건, 자신의 변화와 관련지어 시간의 흐름을 감각적으로 느끼고, '5분 동안', '30초 동안'과 같은 시간의 간격을 이해하며, 시간의 흐름에 따라 변화하는 사건의 순서를 이해하는 것이다.

유아에게 시간에 대한 경험을 제공할 때에는 시계 바늘을 보며 시각을 읽는 것보다 "긴 바늘이 12자에 갈 때까지 정리하자."와 같이 유아가 시간을 확인하기 위해 시계를 보고, 읽을 기회를 제공하는 것이 좋다. 그리고 일상에서 시간의 흐름을 인식하도록 '출석카드에 날짜 도장 찍기', '요리 순서표 만들기', '하루 일과를 소개하는 놀이 계획하기', '주말 지낸 이야기 나누기'와 같은 활동을 할 수 있다. 한편 시간의 흐름은 정서 상태, 주관적인 생각 등 개인의 인식에 따라 다르게 인식될 수 있다. 이때에는 시간의 경과를 유아가 시각적으로 확인할 수 있도록 모래시계나 요리용 시계 등을 활용한다. 또한 시간의 간격을 이해할 수 있도록 '네가 바깥놀이하는 시간만큼', '세 밤 자는 동안'과 같은 어휘를 사용하거나 '5초 동안 할 수 있는 일', '토스트가 구워지는 데 걸리는 시간 알아보기(교육인적자원부, 2007)', '노래 한 곡을 부르는 데 걸리는 시간 측정하기' 등의 활동을 계획할 수 있다.

2 측정의 지도 및 평가

1) 측정의 지도방법

유아의 측정 개념 및 기능의 발달을 돕기 위한 지도방법은 다음과 같다.

(1) 다양한 유형의 측정 경험 제공

유아는 측정을 필요로 하는 상황에서 스스로 문제를 해결함으로써 측정능력을 발달시킨다(Pirjo, Jarkko, Johannes, & Van, 2005). 이는 유아가 수학이 실제 생활에 유용하게 활용될 수 있다는 점을 인식하는 좋은 기회가 된다. 따라서 다양한 유형의 측정 경험을 제공한다.

- 교사는 유아가 측정을 경험할 수 있는 계획된 활동과 함께 일상에서 측정이 필요한 상황을 포착하여 측정할 기회를 충분히 제공한다.
- 유아기에는 길이 측정이 주가 되지만 길이뿐 아니라 넓이, 들이, 무게, 시간 등의 여러 측정 기회를 경험할 수 있도록 지원한다.

(2) 비교하는 어휘나 측정과 관련된 어휘 사용 기회 제공

측정하려는 속성에 따라 비교하는 어휘가 각각 다르다. 따라서 유아들이 일상생활에서 비교하는 어휘나 측정과 관련된 어휘를 필요할 때에 적절하게 사용할 수 있도록 모델링을 보여주거나 유아에게 충분한 기회를 제공한다. 비교할 때에는 길이(길다/짧다), 크기(크다/작다), 거리(멀다/가깝다), 두께(두껍다/얇다), 높이(높다/낮다), 무게(무겁다/가볍다), 양 또는 수(많다/적다), 온도(뜨겁다/차갑다), 속도(빠르다/느리다) 등의 어휘를 사용할 기회를 제공한다. 또한 측정 과정에서 대략, 가까이, 거의(어림하기), 제일 긴, 제일 짧은, 순서대로(순서 짓기)와 같이 어휘를 사용하거나 "ㅇㅇ의 길이를 재려면 어떤 물건으로 재어보면 좋을까?"와 같은 임의 단위 측정과 관련된 발문을 할 수 있다.

- 무엇을 기준으로 비교하는지에 따라 비교 어휘가 달라질 수 있다. 예를 들면 '토끼는 거북보다 빠르다. 거북은 토끼보다 느리다.' 또는 '축구공은 탁구공보다 무겁다. 탁구공은 축구공보다 가볍다.' 등이다. 이와 같이 반대 관점에서 비교하는 어휘를 적절하게 사용할

기회를 제공한다.

- 관련 개념을 정확하게 이해하지 못하는 경우에 잘못된 표현을 사용할 수 있다. 예를 들어 아파트를 보고 '아파트가 높다.'라고 말하는 대신 '아파트가 길다.' 또는 '아파트가 크다.'와 같이 표현하는 것이다. 따라서 상황에 적절한 용어를 알려주고(예 : 높이와 길이를 비교하는 활동), 일상생활에서 이를 사용할 기회를 제공한다

(3) 측정과 관련된 인지적 갈등을 유발하는 상황 제공

유아는 임의 단위를 사용하면서 겪을 수 있는 갈등 상황을 경험하면서 왜 표준 단위가 필요한지에 대해 느낄 수 있게 된다. 예를 들어, 154쪽 '과연 축구골대는 문을 통과할 수 있을까요?'와 같이 손뼘 또는 길이가 서로 다른 연필을 임의 단위로 측정한 결과, 측정 결과가 서로 다르게 나오는 인지적 갈등을 겪으며 동일한 단위를 사용해야 함과 표준 단위가 왜 필요한지 인식할 수 있다.

그리고 교사는 유아들이 측정과 관련된 인지적 갈등 상황에서 어려움에 처했을 때에 바로 도움을 주기보다는 유아가 스스로 해결방법을 생각해낼 수 있도록 격려하고, 관련된 질문을 통해 생각할 수 있는 기회를 제공해야 한다.

때로는 "정확하게 측정하려면 이렇게 사이사이를 띄지 않아야 해.", "연필이랑 노래판 길이를 재려면 똑같이 놓고 재야지."와 같이 유아에게 이야기하며 교사가 측정하는 모델링을 보여준다. 교사가 자신의 문제해결 과정과 방법을 언어나 행동으로 표현하는 것은 유아가 측정과 관련된 문제 상황을 이해하고 해결할 수 있도록 돕는 좋은 방법이 될 수 있다.

2) 놀이 상황에서의 측정

측정 활동의 실제는 유아의 자유놀이 안에 포함된 측정 개념과 기능을 읽어내기(수학 놀이 읽기), 교사가 의도하여 계획하지는 않았지만 놀이 중 수학학습의 기회가 발생하면 이를 포착하여 지원하기(우발적 수학 놀이 지원하기), 교사가 수학학습을 위해 의도적으로 계획한 놀이 제공하기(의도적 수학 놀이 제공하기)로 나누어 살펴보고자 한다.

(1) 수학 놀이 읽기

유아가 측정을 경험할 놀이 상황은 매우 다양하다. 다음은 듀플로 블록을 사용하여 튼튼하고 편안한 의자를 만들기 위해 적절한 블록을 선택하는 예이다. 이 과정에서 유아들은 '높다', '낮다', '좁다', '넓다', '두껍다', '얇다'와 같은 측정과 관련된 어휘를 사용하고, 높이를 비교하기 위해 직접 대어보거나 넓이를 비교하기 위해 겹쳐보는 등의 비교하기 전략을 사용하는 모습을 볼 수 있다.

듀플로 블록으로 의자를 만들어요

진서와 준형이는 듀플로 블록으로 의자를 만든다. 의자 다리를 4개 만든 후, 그 위에 판을 올려 앉는 부분을 만든다.

진서 : 의자 다리는 높이가 똑같아야 돼. 그래야 의자에 앉아도 넘어지지 않지. 준형 : 어디 재보자. 진서 : (의자 다리를 대어보며) 여기 블록 한 개만 더 끼우면 되겠다.	준형 : 으악, 너무 좁아! 이 의자에는 아기도 못 앉겠어. 진서 : 하하하... 엉덩이 반도 못 앉겠네. 준형 : 내가 더 넓은 판을 찾아볼게.	진서 : 어른들도 앉을 수 있게 앉는 곳을 더 튼튼하게 만들자. 준형 : 좋아! 여러 개 합치자. 진서 : 이제 완전 튼튼해졌는걸!
▶ 측정 가능한 속성 중 '①'을 고려하여 블록 쌓기	▶ 측정 가능한 속성 중 '②'를 고려하여 블록 쌓기	▶ 측정 가능한 속성 중 '③'을 고려하여 블록 쌓기

함께해봐요

위의 '듀플로 블록으로 집을 만들어요.' 예시에서 블록을 쌓을 때에 유아들이 고려한 측정 가능한 속성이 무엇인지 적어 보세요.

① :

② :

③ :

(2) 우발적 수학 놀이 지원하기

유아는 놀이, 그리고 일상의 다양한 상황에서 측정을 경험한다. 다음은 점심식사 후, 화장실에서 양치를 하며 유아가 경험하는 시간 측정의 예이다. 교사는 측정과정에서 유아가 겪은 인지적 갈등 상황을 학습의 기회로 포착하여 수학적 상호작용을 하였다. 이러한 교사의 지원에 힘입어 유아는 인지적 갈등 상황을 해결하였고, 임의 단위 측정의 불편한 점을 깨닫고, 표준 단위의 필요성을 인식할 수 있게 되었다.

양치질하는 동안에 노래가 나오는 신기한 칫솔

★ 이 칫솔에서 얼마동안 노래가 나올까?

승규는 양치를 하는 동안 노래가 나오는 새로운 칫솔을 유치원에 가져왔고, 여러 친구들이 승규의 칫솔에 관심을 보였다. 승규와 친구들은 칫솔에서 나오는 노래가 얼마동안 나오는지 궁금해 하며 노래가 나오는 동안 수를 세어 보았다. 그러나 사람마다 수를 세는 속도가 달랐고, 같은 사람이라도 어제 세었을 때(63)와 오늘 세었을 때에 다른 결과(65)가 나오자 유아들은 의아해하였다. 교사는 유아의 인지적 갈등 상황을 포착하여 모래시계를 제공하였다.

한결 : 뭐지? 어제는 63이었잖아.
의현 : 이상하네... 매일 다르게 나오는 거야?
승규 : 아니야, 노래 똑같아.
한결 : 선생님, 칫솔이 이상해요. 어제는 63 셀 때까지 노래가 나왔는데 오늘은 65 셀 때까지 나와요.
교사 : 정말? 왜 그럴까?
의현 : 우리는 어제랑 똑같은 속도로 세려고 했는데, 그렇지 않았나 봐요.
교사 : 그래. 물건처럼 눈에 보이는 것을 세는 게 아니라서 시간을 재는 것은 사람마다 그리고 잴 때마다 조금씩 달라질 수 있단다.
승규 : 그러면 시계로 재면 되겠네요?
한결 : 그런데 난 시계 못 보는데...
교사 : 우리 반에 시간이 얼만큼 지났는지 알아볼 수 있는, 시계 같은 것이 있을까?
의현 : 모래시계 있어요. 내가 모래시계 가져올게!

사람마다 수를 세는 속도가 다름 인식

양치질하는 동안에 노래가 나오는 신기한 칫솔!

★ 모래시계로 재니까 훨씬 정확하고 편한데!

유아는 모래시계로 칫솔에서 노래가 나오는 시간을 측정했다. 그 결과 칫솔에서 나오는 노래는 모래시계가 한 번 떨어지는 동안 나왔다. 교사는 여러 번 측정하도록 제안하여 사람이 세는 것보다 모래시계로 재는 것이 정확하고, 무엇인가를 측정할 때에는 일정한 단위가 필요하다는 것을 유아가 인식하도록 하였다.

승규 : 자, 시작한다. 노래 나오면 모래시계 바로 뒤집어.
한결 : 알았어.
의현 : 끝! 모래시계가 한 번 떨어지는 동안 노래가 나오네.
교사 : 우리 한 번 더 해볼까?
승규 : 좋아요, 다시 시작!
의현 : 끝! 이번에도 모래시계가 한 번 떨어지는 동안 노래가 나오네.
교사 : 그러게. 우리가 숫자를 셀 때에는 매번 다르게 나왔는데 모래시계로 재니까 매번 똑같이 나오는구나.
한결 : 정확해요 아주 정확해요!
승규 : 모래시계도 시계처럼 아주 정확하네요.
한결 : 시계는 더 정확해.

표준 단위의 필요성 인식

(3) 의도적 수학 놀이 제공하기

교사는 유아의 측정 개념과 기능의 발달을 도모할 수 있는 수학 놀이를 계획하여 제공할 수 있다. 개별 또는 소집단 형태의 수학 놀이와 대집단 형태의 수학 놀이로 나누어 제시하고자 한다.

개별 또는 소집단 형태의 수학 놀이

비교하는 말을 짝 지어 보아요

| 대상연령 | 만 4~5세

| 핵심개념 | 비교 어휘, 측정 가능한 속성

| 활동자료 | 게임판, 게임카드, 주사위

| 활동방법 |

1) 카드 나누어 갖기
2) 출발선(★)에 말을 놓고, 게임할 순서 정하기
3) 주사위를 던져 나온 수만큼 앞으로 말 옮기기
4) 말이 도착한 칸에 있는 비교하는 말(예 : 무겁다)과 같은 카드를 찾아 '카드 버리는 곳'에 버리기
5) 카드가 없어질 때까지 반복하기

| 핵심개념 관련 상호작용으로 놀이 지원하기 |

"네가 가지고 있는 카드 중에 말이 도착한 칸에 있는 ㅂ 교하는 말과 같은 카드가 있니?"

Tip – 길이, 무게, 들이, 시간, 온도 등을 측정할 때 사용하는 비교 용어로 어휘카드 만들기
– 어휘카드에 그림과 글자로 같이 제시하기

개별 또는 소집단 형태의 수학 놀이

블록으로 침대를 만들어요

| 대상연령 | 만 4~5세

| 핵심개념 | 비교하기, 길이 측정

| 활동자료 | 공간 블록, 긴 막대, 네임펜, 이름 명렬표

| 활동방법 |

1) 침대의 길이를 정하는 방법에 대해 이야기 나누기
2) 유아들이 정한 방법대로 친구들의 키를 조사하여 기록하기(예 : 키 직접 비교하기, 긴 막대나 끈을 이용하여 친구들의 키 기록하기 등)
3) 기록을 보고 가장 키가 큰 친구의 키를 고려하여 블록으로 침대 만들기

| 핵심개념 관련 상호작용으로 놀이 지원하기 |

- "우리 반 친구들이 모두 누울 수 있는 침대를 만들기 위해서는 어떻게 해야 할까?"
- "키를 재려면 어디에서부터 어디까지 재어야 할까?"
- "키를 재려면 어떤 도구를 사용하면 좋을까?"

Tip 유아들이 고안한 방법대로 측정해본 후, 그 방법의 장점과 단점에 대해 평가하기

개별 또는 소집단 형태의 수학 놀이

나의 한아름 나무를 찾아라

| 대상연령 | 만 3~5세

| 핵심개념 | 임의 단위 측정

| 활동방법 | 1) 유치원 주변의 나무 살펴보기

2) 내 한 아름만큼의 둘레를 가진 나무 찾기

| 핵심개념 관련 상호작용으로 놀이 지원하기 |

"나의 손과 손이 닿을 만큼을 '아름'이라고 부른단다. 사람마다 팔길이가 다른 만큼 아름의 길이도 달라."

Tip 높은 연령의 경우, 한아름에 해당하는 팔 둘레를 측정하여 '나의 한아름 나무 목걸이'를 만들어 나무에 목걸이 걸어주고 가꾸기

대집단 형태의 수학 놀이

새 노래 '더 긴 것, 더 짧은 것'

| 대상연령 | 만 4~5세

| 핵심개념 | 순서 짓기, 측정 가능한 속성

| 활동자료 | 새 노래판, 피아노 또는 CD플레이어와 노래 CD, 우리반에 있는 여러 가지 도구들

더 긴 것, 더 짧은 것

* 원곡 '더 빠른 것, 더 느린 것'(김성균)

| 활동방법 |

1) 사전활동(동화 '친구를 구한 목도리') 회상하며 흥미 유발하기
2) 새 노래 '더 긴 것, 더 짧은 것' 부르기
3) 음악적 개념에 포함된 수학적 요소(순서 짓기) 발견하기
4) 노랫말에 포함된 수학적 요소(순서 짓기) 발견하기
5) 노래 불러본 느낌에 대해 이야기 나누기

| 핵심개념 관련 상호작용으로 놀이 지원하기 |

- 음악적 개념 : "소리가 계단처럼 내려가는/ 올라가는 부분은 어디일까?"
- 노랫말 : "이 노래는 어떤 순서대로 도구들이 나오니?", "이 노래를 가장 긴 것부터 짧은 순서로 바꾸어 부르려면 어떻게 노랫말을 바꿔야 할까?", "노랫말에 사인펜을 넣는다면 어느 부분에 색연필을 넣어서 부르면 좋을까?"

Tip '더 무거운 것, 더 가벼운 것', '더 넓은 것, 더 좁은 것'과 같이 측정 가능한 속성에 따라 노랫말을 바꾸어 보는 사후활동 제공하기

3) 관찰을 통한 평가

유아의 측정 개념과 기능에 대한 평가는 일과 속의 자연스러운 상황이나 놀이 중에 발견할 수 있다. 자연스러운 상황에서 관찰한 개별 유아의 수학적 이해는 다음 놀이와 활동의 시작점이 된다. 다음은 일화기록을 사용하여 유아의 측정 개념에 대한 이해를 관찰하여 평가한 예이다.

관찰대상 : 이현우　　**생년월일 :** 20＊＊년 8월 11일　　**성별 :** 남
관 찰 일 : 20＊＊년　월　일　　**관찰시간 :** 바깥놀이시간(10:00~11:00)
관찰행동 : 물과 모래로 초코우유를 만드는 행동

<table>
<tr><td colspan="2">관찰내용
</td><td>현우는 바깥놀이터에서 모래와 물로 초코우유를 만들기 시작한다. 선희가 다가와 "지금 뭐 만들어?"라고 이야기하자, 현우는 "초코우유 만들고 있어. 한 잔 만들어 줄까?"라고 한다. 현우는 컵 안에 물을 반 정도 붓고, 숟가락으로 모래를 2번 넣은 후에 휘젓는다. 선희가 "나도 만들어 줄게."라고 하며 현우가 가진 컵과 같은 크기의 컵에 물을 반 정도 붓는다. 현우가 "나 이 컵(좁다란 컵)에 만들어 줘."라고 하자 선희는 이미 따른 물을 좁다란 컵에 옮겨 담는다. 그리고 숟가락으로 모래를 2번 넣고 휘저은 후 현우에게 건넨다. 현우가 "우와, 내 우유가 더 많다!"라고 이야기하자 선희가 "아니야, 똑같아!"라고 말한다.</td></tr>
<tr><td rowspan="3">관찰내용
분석</td><td colspan="2">요약
• 현우는 물 반 컵에 모래 2숟가락을 넣어 초코우유를 만들어 선희에게 준다.
• 선희는 현우의 컵과 같은 크기의 컵에 물을 반 컵 넣은 후, 좁다란 모양의 컵에 옮겨 붓는다.
• 같은 양의 초코우유에 대해 현우는 좁은 컵의 우유가 더 많다고 하고, 선희는 같다고 한다.</td></tr>
<tr><td colspan="2">분석
• 현우는 보존 개념이 아직 형성되지 않아 같은 양의 초코우유를 다른 모양의 컵에 옮겨 담자 양이 달라졌다고 생각한다.</td></tr>
<tr><td colspan="2">교육계획
• 물을 옮겨 담아도 그 양이 변하지 않는다는 것을 알 수 있게 같은 양의 물을 다양한 모양의 컵에 옮겨 담은 후, 다시 같은 모양의 컵에 옮겨 담는 활동을 반복적으로 제공한다.
• 보존 개념과 관련된 동화를 듣고, 동화 내용에 대해 이야기를 나눈다.</td></tr>
</table>

다지기

1. 다음의 상황에서 교사는 유아를 어떻게 지도해야 하는지 생각해 봅시다.

> 재원이와 정아는 크레파스로 책상의 길이를 재기 시작하였다. 그런데 책상을 다 재어보니 재원이는 크레파스 12개, 정아는 크레파스 14개를 사용하였다. 그러나 재원이는 새 크레파스를 사용하였고, 정아는 새 크레파스, 조금 쓴 크레파스, 부러진 크레파스를 모두 사용하여 측정한 것이다.

- 측정하려는 속성 :
- 측정하는 데 사용한 임의 단위 :
- 부족한 측정 기능 :
- 지도 방안과 상호작용 :

2. 동화 '맛있는 꼬리다리 감자수프'를 듣고, 할머니 마녀에게 편지 쓰기 활동을 하려고 합니다. 할머니 마녀의 요리가 왜 맛이 없었는지, 어떻게 하면 맛있는 꼬리다리 감자수프를 만들 수 있는지 알려주기 위해 여러분이라면 어떤 말을 편지에 쓸 것인가요?

> **〈꼬리다리 감자수프 : 탄탄수학동화, 여원미디어〉**
>
> 요리를 잘하는 꼬마 마녀를 시기한 할머니 마녀가 꼬마 마녀의 래시피를 훔쳐 요리대회를 나가려고 한다. 꼬마 마녀가 만든 '꼬리다리 감자수프'에는 꼬마 마녀의 주먹 크기의 감자 2알, 꼬마 마녀의 손 한 뼘만한 고추 1개, 꼬마 마녀의 손으로 한줌만큼의 소금 등이 들어간다. 할머니 마녀는 '할머니 마녀의 주먹 크기의 감자 2알, 할머니 마녀의 손 한 뼘만한 고추 1개, 할머니 마녀의 손으로 한줌만큼의 소금 등을 넣고 꼬리다리 감자수프를 만든다. 하지만 요리대회의 승자는 꼬마 마녀!

할머니 마녀에게....

[참고] 측정 개념의 이해에 도움이 되는 교재교구와 도서

● 측정의 이해 관련 교재교구 목록

교재교구	핵심개념	활용방법
 러닝리소스 수쌓기 케이크	순서 짓기 수세기 숫자와 양 관련짓기	• 크기가 제일 큰 케이크부터 제일 작은 케이크까지 순서대로 케이크를 쌓는다. • 1~10까지 수세기를 하여 순서대로 늘어놓고, 숫자가 큰 상자 안에 작은 상자를 겹쳐서 넣는다.   • 케이크 윗면의 별의 수와 케이크 앞면에 적혀있는 숫자를 연결한다.
 그림스 레인보우 블록	순서 짓기 균형 잡기	• 크기가 제일 작은 무지개(보라색)부터 제일 큰 무지개(빨간색)까지 쌓는다. • 블록의 모양과 크기, 무게 등을 고려하여 균형감 있게 쌓는다.   
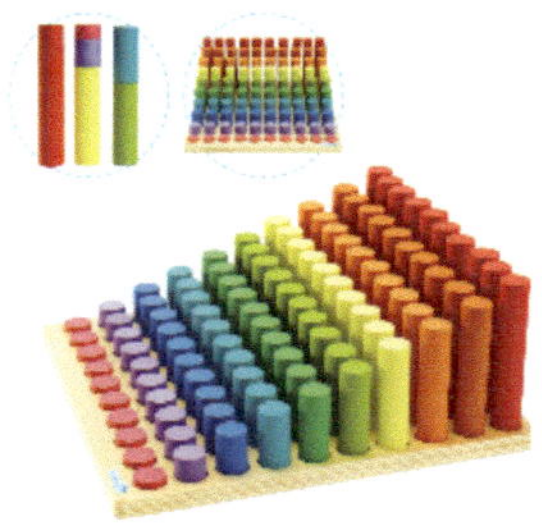	순서 짓기 분류하기	• 높이가 낮은(길이가 짧은) 순서부터 높이가 높은(길이가 긴) 순서대로 구멍에 끼운다. • 같은 색끼리 분류한다. • 길이가 같은 막대끼리 분류한다.
 몬테소리 따르기 교구	측정하기 눈과 손의 협응 소근육 조절	• 물병 안에 있는 물을 컵에 따른다. • 컵의 모양과 크기를 다양하게 제공하면 보존 개념에 관한 활동을 할 수 있다. • 작은 컵을 여러 개 제공할 경우, 물병에 담긴 물의 용량을 측정해 본다.

● 측정의 이해 관련 도서 목록

서명(연도), 저자, 출판사	핵심개념	줄거리 및 주요 상호작용
 크다 작다(2012), 이영 글, 크리스, 서정해, 이현경 그림, 블루래빗	비교하는 어휘	• 아기 동물들이 엄마 동물들을 찾는 이야기(크기) • 아기와 엄마 중에 누가 더 크니? 누가 더 작니?
 그건 내 조끼야(2000), 나카에 요시오 글, 우에노 노리코 그림, 비룡소	순서 짓기	• 쥐돌이의 조끼를 쥐돌이보다 큰 동물들이 입어서 늘어나버렸고, 속상해하는 쥐돌이에게 마지막 조끼를 입었던 코끼리가 늘어난 조끼로 그네를 태워준다는 이야기 • 어떤 동물의 조끼가 가장 작니/ 크니?
 도대체 그동안 무슨 일이 일어났을까(2000), 이호백 글 · 그림, 재미마주	시간 측정 (시간의 경과)	• 주인이 없는 동안 토끼가 집안을 돌아다니면서 벌어지는 이야기 • 주인이 나가자마자 토끼는 무엇을 했니? 그 다음에는 무엇을 했니?
 딸꾹질 한 번에 1초(2004), 헤이즐 허친스 글, 케이디 맥도널드 덴톤 그림, 북뱅크	시간 측정 (시간의 간격)	• 1초, 1분, 1시간, 하루, 일주일, 한 달, 일 년 등에 대한 이야기 • 1초/1분/1시간 동안 우리는 무엇을 할 수 있을까?

chapter 6

규칙성

1. 규칙성 이해의 발달
2. 규칙성의 지도 및 평가

학습내용

- 대수적 사고
- 규칙성의 기본단위
- 표상양식에 따른 규칙성의 유형
- 생성방식에 따른 규칙성의 유형

다음을 생각해 봅시다.

♣ 강의실, 자신의 소지품 등 주변에서 볼 수 있는 규칙성을 찾아봅시다. 그리고 내가 찾은 규칙성에는 어떤 것이 반복되어 있는지 이야기해 봅시다.

1. 주변에서 찾은 규칙성을 적어 보세요.

2. 무엇이 반복되나요?

이 장에서는...

우리는 주변에서 볼 수 있는 반복되는 규칙성을 찾아보았습니다. 우리의 환경과 삶 속에 숨어있는 질서와 규칙을 찾는 것은 세상을 이해하고 예측 가능한 생활을 추구하는 데 필수적입니다. 변화하는 현상에서 일정한 규칙을 찾고 활용하는 것은 수학의 기초입니다. 수학은 구조와 패턴(규칙)을 연구하는 언어이기 때문입니다.

유아기에 다양한 규칙성을 찾는 활동은 다음에 무엇이 올 것인지를 예상하는 데 중요한 역할을 하며, 수학적인 측면에서는 사물의 관계를 파악하는 대수적 사고의 기초를 형성하는 데 도움을 줍니다. 이 장에서는 유아의 규칙성에 대한 이해가 어떻게 발달하며, 이를 지원하는 지도 방법은 무엇인지를 살펴보고자 합니다.

1 규칙성 이해의 발달

규칙성
다음에 무엇이 올 것인지 예상할 수 있는 규칙이 있는 성질

규칙성이란 다음에 무엇이 올 것인지 예상할 수 있는 규칙이 있는 성질을 뜻하며, 사물이나 사건의 양상이 일정한 규칙으로 배열되는 것이다. 봄·여름·가을·겨울과 같은 계절의 변화, 달의 모양 변화, 음악 속의 리듬반복 등 우리의 생활 전반에는 규칙성이 내재되어 있다. Copley(2000)는 "수학은 패턴의 학문이다."라고 말하며, 수학이 규칙성으로 가득 차 있다고 한다.

수학은 추상화와 일반화를 통해 복잡한 것을 간단하게 바꾸어 생각할 수 있게 하는데 이는 규칙을 찾아내는 것에서 시작하기 때문이다. 예컨대 수학의 공식은 모두 규칙을 찾아야 가능한 것이다. 유아수학교육에서 규칙성을 기반으로 한 대수적 사고는 크게 강조되지 않았지만, 규칙성은 대수적 사고의 바탕이 되며, 다른 개념 발달을 지원하기 때문에 중요한 영역이다.

1) 규칙성과 대수적 사고

대수적 사고
수학적 사고의 가장 기초적인 능력으로서 규칙을 찾고, 적용하며, 관계를 찾는 것

대수적 사고(algebraic thinking)란 수학적 사고능력으로 규칙을 찾아 적용하며, 현상과의 관계를 찾는 것을 의미한다. 예를 들어 자동차가 1대 있으면 자동차의 바퀴 수는 4개가 되며, 자동차가 2대 있으면 자동차 바퀴의 수가 8개가 됨을 이해하는 것이다. 이를 수식으로 나타내면 Y=4x(x=자동차의 수, Y=바퀴의 수)로 표현할 수 있다. 소방차와 소화기가 배열되어 있는 규칙을 찾는 아래 그림은 빈칸에 무엇이 올지 추론해 보는 활동이다. 교사는 규칙찾기(패턴)활동을 할 때 유아가 단순한 순서 개념을 경험하는 것이 아니라 관계성에 대해 추론할 수 있도록 도와주어야 한다.

소방차와 소화기로 패턴을 만들어 봐요

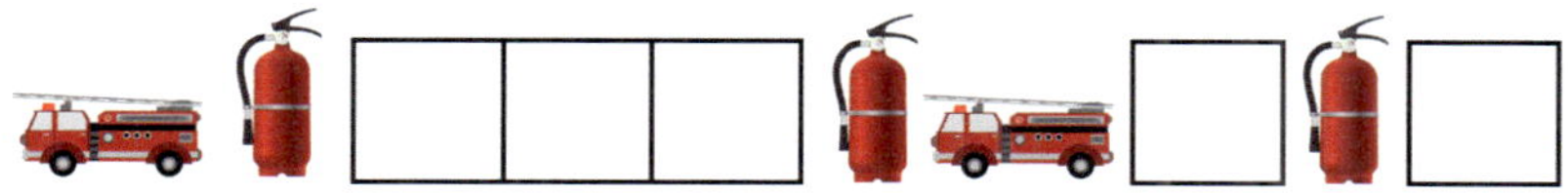

- "(빈칸을 가리키며) 다음 칸에는 무엇이 있을 것 같니? 왜 그렇게 생각하니?"
- "이 빈칸에 소방차가 있다고 생각하면 엄지손가락을 위로 올리고, 그렇지 않으면 엄지손가락을 아래로 내려 보자."
- "소방차가 있다고 생각한 사람은 왜 그렇게 생각했니?"
- "소화기가 있다고 생각한 사람은 왜 그렇게 생각했니?"

규칙성의 중요성
수 체계에 규칙성이 내재, 추론능력 신장, 대수적 사고의 기초

유아수학교육에서 규칙성이 중요한 이유는 다음과 같다(Smith, 2012). 첫째, 우리가 사용하는 수 체계에는 규칙성이 내재되어 있다. 예를 들어, 자연수의 십진법 체계, 홀수(예 : 1, 3, 5, 7, 9, 11…)와 짝수(예 : 2, 4, 6, 8, 10…)에도 규칙성이 포함되어 있다. 둘째, 생활 주변이나 여러 현상에서 찾을 수 있는 규칙은 실생활의 복잡한 문제를 해결하는 데 유용하며, 규칙 찾기를 통해 추론능력을 기를 수 있다. 예를 들어 횡단보도에 있는 신호등은 빨간불, 초록불, 빨간불, 초록불이 번갈아 켜진다. 사람들은 횡단보도의 신호등이 빨간불일 때, 다음에 초록불이 켜진다는 것을 추론하고 횡단보도에서 멈춰 서서 기다린다. 셋째, 규칙성은 생활 주변에 존재하는 다양한 현상을 탐구하게 하며, 대수적 사고의 기초가 된다. 따라서 규칙성은 패턴에 따라 순서대로 놓는 것이 아니라 관계를 찾는 것에 초점을 두어야 한다.

2) 규칙성의 유형

규칙성의 유형
규칙성은 표상양식과 생성양식에 따라 구분됨

규칙성은 표상양식, 생성양식에 따라 유형을 구분할 수 있다. 표상양식에 따른 규칙성의 유형은 운동패턴, 청각패턴, 시각패턴으로 나눌 수 있으며, 생성양식에 따른 패턴은 반복패턴(repeating patterns), 증가패턴(growing pattern), 관계패턴(relationship pattern)으로 구분할 수 있다(Smith, 2012).

표상양식에 따른 규칙성의 유형
운동패턴, 청각패턴, 시각패턴 3가지로 분류

(1) 표상양식에 따른 유형

① 운동패턴

운동패턴
신체를 이용하여 패턴을 만드는 것으로, 신체표현능력을 길러 줌

운동패턴은 신체를 활용한 패턴으로 앉기-서기-앉기-서기 또는 오른발 뛰기-왼발 뛰기-오른발 뛰기-왼발 뛰기 등 신체 동작으로 패턴을 만드는 것이다. 운동패턴은 수학적 사고뿐 아니라 신체표현능력과도 연결된다.

② 청각패턴

청각패턴
소리에 의한 패턴으로, 운율적인 반응능력을 길러 줌

청각패턴은 소리로 만드는 패턴이다. 예를 들어 박수치는 소리-발 구르는 소리-박수치는 소리-발 구르는 소리가 교차하며 반복되는 것, "대한민국"이라는 응원소리를 반복하는 것 등이 해당된다. 청각패턴은 운율적인 반응능력과 연관된다.

③ 시각패턴

시각패턴
패턴이 시각적으로 반복되는 것으로서 구성능력을 길러 줌

시각패턴은 떠벽지, 포장지, 타일 등에서 시각적으로 반복되는 패턴을 말하며, 이는 미술에서의 구성능력과 관련된다.

표상양식에 따른 규칙성의 유형	
운동패턴	
시각패턴	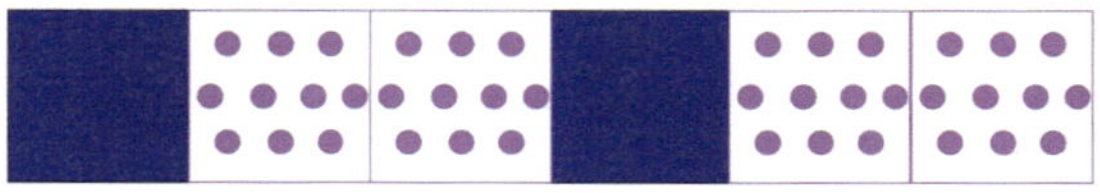
청각패턴	

(2) 생성방식에 따른 유형

생성방식에 따른 규칙성의 유형
반복패턴, 증가패턴, 관계패턴 3가지로 분류

① 반복패턴

반복패턴
기본단위나 규칙이 변화없이 그대로 유지되면서 반복되는 패턴

반복패턴은 기본단위나 규칙이 변화하지 않으며 반복되는 패턴이다. 영아의 일상 중 '우유 마시기–낮잠 자기–기저귀 갈기' 패턴이 반복되는 것이나 유치원에서 '등원 및 인사 나누기–자유선택활동–이야기 나누기'와 같은 일과가 계속 반복되는 것을 말한다.

반복패턴의 예

위의 '사과–바나나–사과–바나나–사과–바나나' 패턴은 '사과와 바나나' 그림이 계속 반복된다. 이렇게 반복되는 것을 기본단위라고 하며, 'AB'로 기호화하여 표현할 수 있다.

② 증가패턴

증가패턴
규칙성의 기본 단위가 증가하는 패턴

증가패턴은 모양, 숫자, 행동 등에서 기본단위나 규칙성이 증가(예 : AB, ABB, ABBB)하는 패턴을 말한다. 예를 들어 도형의 별모양을 이용한 증가패턴을 살펴보자. 첫 번째는 별 모양이 하나, 두 번째는 가로, 세로 모두 별 모양이 두 개씩 증가하였으며, 세 번째는 두 번째를 기준으로 가로, 세로 모두 별모양이 두 개씩 증가하는 패턴을 보인다. 이를 숫자로 보면 1, 5, 9…와 같이 가로와 세로의 별모양의 수가 증가하는 것이다.

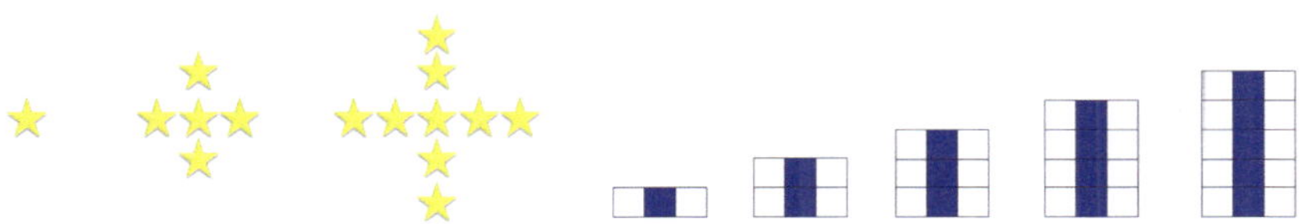

증가패턴의 예

③ 관계패턴

관계패턴
두 개의 세트 사이에서 연결이 이루어지는 패턴

관계패턴이란 두 세트 사이에서 연결이 일어나는 패턴을 말한다. 예를 들어 3명의 친구가 밴드를 이용하여 삼각형을 만들 때, 3명의 친구가 모이면 삼각형 1개, 6명의 친구가 모이면 삼각형 2개, 9명의 친구가 모이면 삼각형이 3개 만들어진다. 이를 패턴화하면 '3–1', '6–2', '9–3'과 같은 관계패턴이 된다.

관계패턴의 예

함께해봐요

혜진이는 초록색과 파란색 블록을 이용하여 정원을 만들었다. 초록색 사각형으로는 정원을, 파란색은 정원을 둘러싼 타일을 표현하였다. 그렇다면 혜진이가 만든 정원에는 어떤 규칙이 있는지 생각해 봅시다.

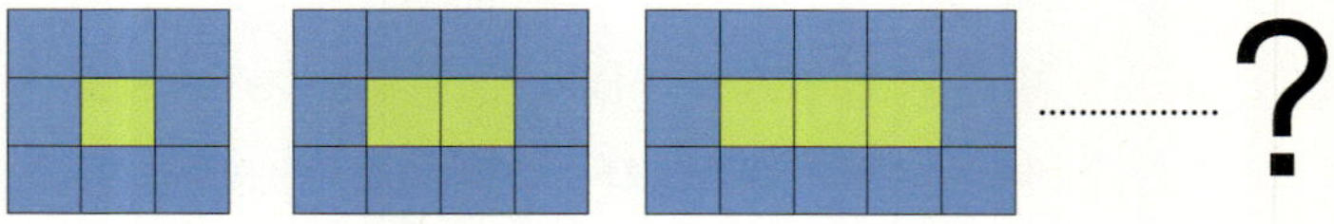

[혜진이가 만든 정원]

1) 혜진이가 만든 규칙성은 생성방식의 유형에 따르면 무슨 패턴인가요?

2) 5번째에는 어떠한 정원이 만들어 질까요? 그림으로 그려 봅시다.

3) 규칙성의 발달과정

우리는 생활에서 다양한 규칙을 접하며, 아주 어린 영아도 규칙을 인식한다(Charlesworth & Lind, 2010). 예를 들어 영아는 낮과 밤의 순서를 인지하고, 점차 기저귀를 갈고 우유를 먹고 놀고 자는 순서를 예측할 수 있다. 만 3세가 되면 생활 속에서 간단한 패턴을 인식하고 언어적으로 표현할 수 있다. 만 4세가 되면 AB패턴 따라 만들기, 패턴 끼워넣기, 패턴 이어 나가기를 할 수 있고, 만 5세가 되면 복잡한 ABB패턴을 이어 나가는 것이 가능하다. 만 6세가 되면 패턴의 기본단위를 파악하고 이를 다른 유형의 패턴으로 변환하는 것이 가능하다. 태어나서 유아기에 이르기까지 유아는 많은 패턴을 경험하며, 다양한 패턴활동을 기초로 패턴에 대한 개념을 발달시켜 간다(유지연, 2002; Taylor-Cox, 2003). 따라서 교사는 유아의 발달 경향성을 파악하여, 유아의 규칙성에 대한 개념을 확대 및 심화시키는 것이 필요하다. 규칙성의 발달과정을 살펴보면 표 6-1 과 같다.

규칙성의 발달과정
패턴인식, 패턴 따라 만들기, 패턴 이어 나가기, 패턴 끼워 넣기, 패턴 기본단위 파악하기 순서로 발달

표 6-1 규칙성의 발달

3세	4세	5세	6세
패턴 인식하기 → 생활 속에서 간단한 패턴을 인식하고 언어적으로 표현함			
	패턴 따라 만들기 → AB패턴을 보고, 동일한 패턴을 그대로 따라 만들 수 있음		
	패턴 끼워 넣기 → AB패턴에서 빠진 패턴을 찾아 넣을 수 있음		
	패턴 이어 나가기 → AB패턴 이어 나가기 주어진 AB패턴을 이어 나감	ABB패턴 이어 나가기 주어진 ABB패턴을 이어 나감	
			패턴 기본단위 인식 → 패턴의 기본단위 인식 및 패턴의 전이

출처 : *Early childhood mathematics Education Research: learning Trajectories for young children*. pp. 330–331, by J. Sarama & D. H. Clements, 2009. LY: Routledge.

(1) 패턴 인식하기

패턴 인식하기
패턴의 규칙을 인식하고 언어로 설명하는 것

주어진 패턴의 규칙을 인식하고 언어로 설명할 수 있는 것이다. 만 3세가 되면 유아는 생활 속에서 간단한 패턴을 인식하고 언어로 표현할 수 있다. 예를 들어 얼룩말의 무늬를 보고 '흰색- 검정-흰색-검정 줄이 반복돼요.' 라고 말하는 것은 규칙을 인식하고 표현하는 것이다.

(2) 패턴 따라 만들기

패턴 따라 만들기
주어진 패턴을 보고 이와 동일한 패턴을 만드는 것

패턴 따라 만들기는 주어진 패턴을 보고 동일하게 패턴을 만드는 것이다. 예를 들어 '빨강-노랑-빨강-노랑'의 패턴으로 만든 AB 목걸이를 보고 똑같이 '빨강→노랑' 패턴 목걸이를 만드는 것이다.

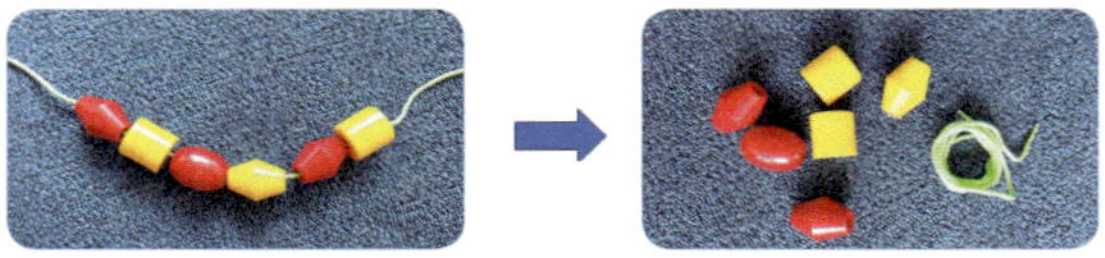

패턴 따라 만들기의 예

(3) 패턴 이어 나가기

패턴 이어 나가기
주어진 패턴에서 패턴을 이어 만들기

주어진 패턴에 이어 패턴을 만드는 것이다. 만 4세 유아는 AB패턴과 같은 단순패턴을 기초로 이어 나가는 것이 가능하며, 만 5세가 되면 ABB 패턴에 이어 나가기가 가능해진다.

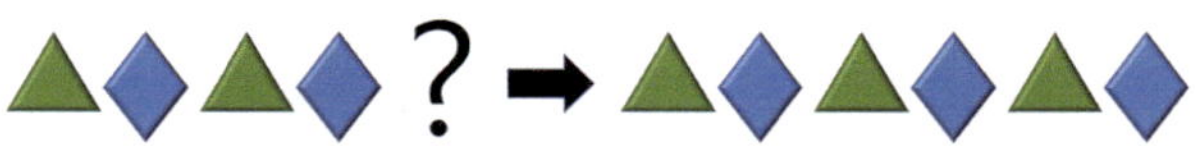

패턴 이어 나가기의 예

(4) 패턴 끼워 넣기

패턴 끼워 넣기
주어진 패턴을 보고 빠져 있는 패턴을 찾아 끼워 넣기

패턴 끼워 넣기란 주어진 패턴을 보고 빠진 패턴을 찾아 끼워 넣는 것이다. 예를 들어 '동그라미-동그라미-?-동그라미-동그라미-네모-동그라미'로 놓인 패턴에서 빠진 패턴이 무엇인지 예측하고 이를 찾아 넣는 것이다. 이때 교사는 "어떤 색을 가진 도형이 와야 될까? 왜 그렇게 생각했니?"와 같이 상호작용을 함으로써 유아가 패턴의 기본단위를 찾아 빠진 패턴을 넣을 수 있도록 도와주어야 한다.

패턴 끼워 넣기

지유 : 동그라미 동그라미... 그리고 동그라미 동그라미 네모 동그라미..
교사 : 중간이 빠져 있네. 어떤 도형을 넣어야 할까?
지유 : 음.. 네모가 와야 할 것 같아요.
교사 : 왜 그렇게 생각하니?
지유 : 동그라미 동그라미 네모 동그라미 동그라미 네모... 동그라미 동그라미 네모가 반복되니까요.

(5) 패턴 기본단위 인식 및 패턴의 전이

패턴 기본단위 인식 및 패턴의 전이
패턴의 기본단위를 파악하고 이를 다른 유형 패턴으로 변화시키기

만 6세가 되면 패턴을 스스로 구성할 수 있고, 보이는 패턴의 기본단위를 파악하여 이를 다른 유형의 패턴으로 바꿀 수 있다. 예를 들어 '노랑-초록-초록-노랑-초록-초록'으로 반복되는 패턴을 보고, 패턴의 기본단위를 ABB(노랑-초록-초록)으로 인식하고, 이를 운동패턴 등 다른 패턴의 유형으로 구성하는 것이 가능해진다.

패턴 기본단위 인식 및 패턴의 전이

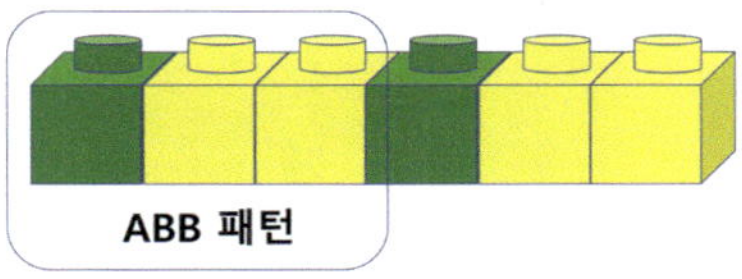

교사 : 무엇이 반복되니?
지유 : 초록, 노랑, 노랑, 초록, 노랑, 노랑

▶ 규칙성의 기본단위 인식

교사 : 초록 노랑 노랑이 반복되는 것을 앉기와 서기로 바꾸면 어떻게 하면 될까?
지유 : 앉기, 서기, 서기, 앉기, 서기, 서기

▶ 패턴의 전이 : 시각적 패턴 → 운동패턴

2 규칙성의 지도 및 평가

1) 규칙성의 지도방법

규칙성에 대한 이해를 돕기 위한 지도방법은 다음과 같다.

(1) 일상에서의 규칙성 경험

유아는 일상생활에서 규칙성에 대한 경험을 한다. 교사는 유아들에게 모양, 색과 같은 주제에서 패턴을 찾아보도록 하는 것에서 나아가 수 관계 등 보다 복잡한 상황에서 규칙성을 발견하도록 기회를 제공할 필요가 있다. 이를 위해 교사는 블록, 조약돌, 색빨대 등과 같은 구체물을 충분히 제공하여 유아들이 일상에서 다양한 규칙성을 만들 수 있도록 돕는다. 또한 유아가 하루일과 가운데 규칙성을 발견하며, 기쁨을 느끼도록 해야 한다. 예를 들어 매주 수요일은 '도서관 가는 날'과 같이 유아가 일과에서 스스로 규칙성을 발견함으로써 성공하는 기쁨을 느끼게 하는 것이 필요하다.

조약돌

나뭇잎

색빨대

병뚜껑

블록

공깃돌

(2) 기본단위를 찾는 경험

규칙성을 지도할 때에는 규칙성을 구성하는 기본단위에 주목하도록 격려하는 것이 중요하다. "다음에 뭐가 올까?", "그 다음은?"과 같이 상호작용하여, 유아가 규칙성을 단순히 순서로 이해하도록 지도하는 것은 바람직하지 않다. 교사는 "어떤 것이 반복될까?", "규칙을 발견할 수 있니?", "왜 그렇게 생각했니?", "발견한 규칙에 대해 이야기해 줄 수 있니?"와 같은 상호작용을 통해 유아가 규칙성에서 반복되는 기본단위에 주목하도록 격려해야 한다.

(3) 여러 유형의 패턴경험

유아들에게 익숙한 시각패턴, 반복패턴 이외에 표상양식(운동패턴, 청각패턴)과 생성양식(증가패턴, 관계패턴)에 따른 다양한 유형의 패턴을 제공한다. 시각패턴을 제공할 때에는 모양, 색의 반복뿐 아니라, 위치의 변화에 따른 패턴을 제공하여 유아가 다양한 관점에서 패턴을 생각해 보도록 한다. 더불어 유아가 다양한 유형의 패턴을 경험하기 위해서는 교사가 규칙성에 대한 지식을 가지는 것이 필요하다. 박진이(2017)의 연구에 다르면 만 5세 유아가 '2-1-3-1-4-1'과 같은 증가패턴을 만들었음에도 교사가 증가패턴을 패턴으로 인식하지 못해 '2-1-2-1'과 같은 반복패턴으로 수정하도록 하였다. 이는 교사의 수학내용 지식(Mathematics Content Knowledge, MCK)이 부족한 데서 기인한다. 따라서 다양한 유형의 패턴경험을 제공하기 위해서는 교사가 패턴에 대한 지식을 가지고, 유아의 발달수준에 따라 적합한 유형의 패턴을 제공해 주는 것이 필요하다.

위치 변화에 따른 패턴

2) 놀이 상황에서의 규칙성

규칙성의 실제는 유아의 자유놀이 안에 포함된 규칙성 개념 읽어내기(수학 놀이 읽기), 교사가 의도하여 계획하지는 않았지만 수학학습의 기회를 포착하여 지원하기(우발적 수학 놀이 지원하기), 교사가 수학학습을 위해 의도적으로 계획한 놀이 제공하기(의도적 수학 놀이 제공하기)로 나누어 살펴보고자 한다.

(1) 수학 놀이 읽기

유아가 규칙성을 경험할 수 있는 놀이 상황은 매우 다양하다. 다음은 유아들이 줄넘기를 만드는 놀이 상황에서 색 빨대를 번갈아 끼워 패턴을 만드는 예이다. 이 과정에서 유아들은 색 빨대를 번갈아 끼워 간단한 패턴을 만들고, 빨대의 색을 바꾸어 패턴을 전이하거나 다른 유아가 만든 줄넘기를 보며 규칙성의 기본단위를 파악하는 모습을 볼 수 있다.

패턴 줄넘기 만들기

유아들은 줄에 색 빨대를 패턴으로 끼워 줄넘기를 만든다. 줄넘기를 다 만든 후, 다른 친구들은 어떤 패턴으로 줄넘기를 만들었는지 알아맞힌다.

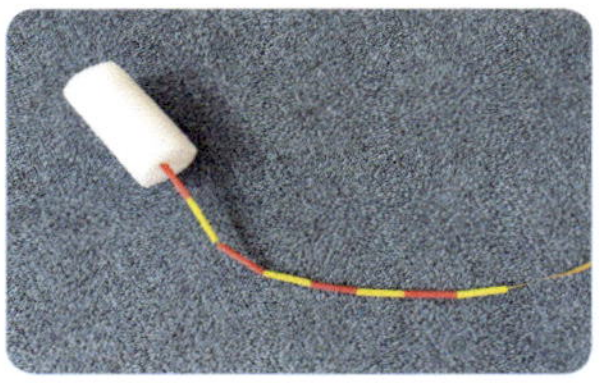	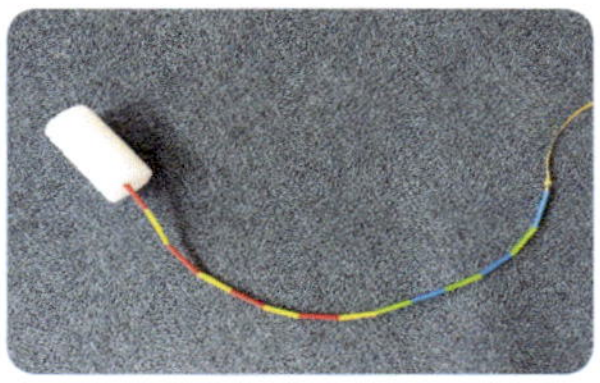	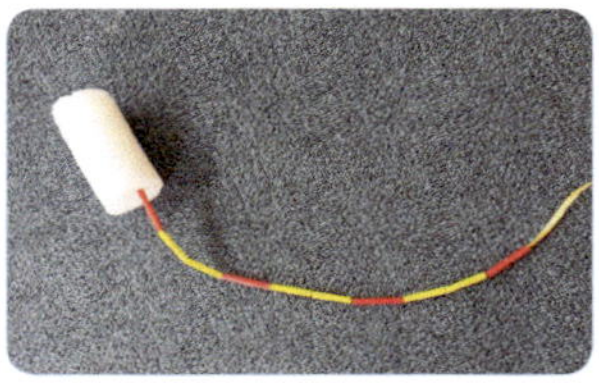
은수 : 빨강, 노랑, 빨강, 노랑...	은수 : 빨대가 모자라네. 그러면 빨간색 대신에 연두색, 노란색 대신에 파랑색으로 바꿔야겠다.	준환 : 나도 다 만들었다. 소연 : 음... 너는 빨강, 노랑, 노랑, 빨강, 노랑, 노랑을 번갈아 끼웠네. 준환 : 오~ 맞췄네!
▶ AB패턴 만들기	▶ AB패턴 전이하기	▶ 규칙성의 기본단위 파악하기

(2) 우발적 수학 놀이 지원하기

유아는 놀이뿐 아니라 옷이나 벽지의 무늬, 반복되는 하루일과 등 다양한 상황에서 패턴을 경험한다. 다음은 '과일 꼬치' 간식을 먹으며 유아가 경험한 패턴 인식, 패턴 만들기의 예이다. 교사는 학습의 기회를 포착하여 수학적 상호작용을 하며 유아가 패턴을 인식하고, 만들어 보는 경험을 하도록 지원하였다.

맛있는 딸바딸바, 포바바포바바 꼬치를 먹어요

★ 나만의 꼬치를 만들자!

오늘의 간식은 딸기 꼬치 1개, 바나나 꼬치 1개, 포도 꼬치 1개이다. 연아는 꼬치에 끼워진 과일을 모두 빼 간식 접시 위에 올린 후, 딸기와 바나나를 AB패턴으로 꼬치에 꽂았다. 그러자 같은 책상에서 간식을 먹던 친구들이 연아가 만든 과일꼬치에 관심을 보였다. 교사는 이를 학습의 기회로 포착하여 규칙성을 가진 사례(소떡소떡 꼬치)와 자연스럽게 연결시킴으로써 유아가 규칙성의 기본단위에 관심을 갖도록 지원하였다.

연아 : 딸기 다음에 바나나, 또 딸기 다음에 바나나...
교사 : 소떡소떡 꼬치처럼 딸기 바나나 딸기 바나나가 번갈아 꽂혀 있네. 연아가 만든 꼬치는 딸바딸바 꼬치?
연아 : 맞아요 딸바딸바 꼬치.
유진 : 딸바딸바 꼬치 재미있다! 나도 만들어 봐야지.

패턴 인식

★ 나도 만들어 볼래! 내 꼬치는 포바바포바바 꼬치!

유아는 연아가 만든 꼬치와 똑같이 AB패턴으로 꼬치를 만들기도 하고(패턴 따라 만들기), 다른 과일을 이용해서 AB패턴으로 꼬치를 만들기도 하였다(패턴 전이하기). 이때 교사는 규칙성을 반복되는 순서로 이해하는 것이 아니라 반복되는 기본단위에 주목하도록 상호작용하였다. 그리고 교사는 유아가 보다 다양한 패턴을 경험할 수 있도록 ABB패턴을 소개하고, 유아들이 새로운 규칙을 가진 꼬치를 만들어볼 수 있도록 격려하였다.

패턴따라 만들기

유진 : 나도 연아처럼 딸바딸바 꼬치 만들었다!
교사 : 유진이 꼬치도 딸바딸바 꼬치이고, 신지 꼬치는 무슨 꼬치니?
신지 : 전 포도랑 딸기를 좋아해서 포딸포딸 꼬치 만들었어요.
교사 : 딸바딸바꼬치가 딸기와 바나나가 반복되는 것처럼 포딸포딸 꼬치는 포도랑 딸기가 반복되네.

패턴 기본단위 인식, 패턴 전이

교사 : 선생님이 만든 고치는 무슨 꼬치일까요?
연아 : 포바바포바바... 포도 다음에 바나나를 2개 끼웠네요.
유진 : 맞아, 선생님 꼬치는 포바바포바바 꼬치네요. 맞죠?
교사 : 딩동댕! 새로운 규칙의 꼬치를 만들어 봤어.
유진 : 그러면 나는...딸기, 바나나, 포도, 딸기, 바나나, 포도...
내 꼬치는 무슨 꼬치일까요?

새로운 패턴 만들기

(3) 의도적 수학 놀이 제공하기

교사는 유아의 규칙성 개념 발달을 도모할 수 있는 수학 놀이를 계획하여 제공할 수 있다. 개별 또는 소집단 형태의 수학 놀이와 대집단 형태의 수학 놀이로 나누어 살펴보고자 한다.

개별 또는 소집단 형태의 수학 놀이

패턴 목걸이 만들기

| 대상연령 | 만 3~5세

| 핵심개념 | 패턴인식, 패턴 따라 만들기

| 활동자료 | 구슬, 줄, 패턴카드

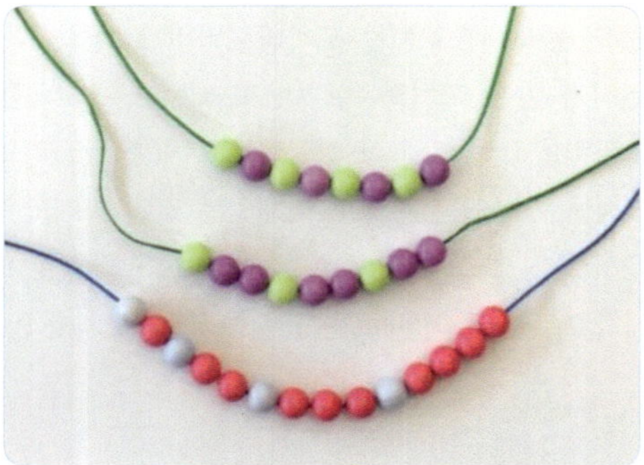

| 활동방법 | 1) 다양한 크기, 모양, 색을 가진 구슬 탐색하기

2) 패턴카드를 이용하여 패턴 목걸이 만들기

| 핵심개념 관련 상호작용으로 놀이 지원하기 |

"무엇이 반복되니? 그 다음에 어떤 구슬을 꿰어야 할까?"

tip – 연령과 수준에 따라 난이도 조절하기

- 1수준 : 패턴카드의 패턴을 인식하고 모방하기
- 2수준 : 유아가 자신만의 패턴을 만들고 다른 친구에게 패턴을 소개하는 활동으로 확장하기

개별 또는 소집단 형태의 수학 놀이

키스 해링 그림 속 사람이 되어 보아요

| 대상연령 | 만 4~5세

| 핵심개념 | 운동패턴, 패턴 만들기

| 활동자료 | 키스 해링 동작카드

| 활동방법 |

1) 키스 해링 작품 감상하기
2) 키스 해링 작품 속의 동작카드를 잘라 패턴 만들기
3) 키스 해링 동작카드 속 패턴을 몸으로 표현하기
4) 친구가 표현한 패턴이 무엇인지 이야기나누기

| 핵심개념 관련 상호작용으로 놀이 지원하기 |

"어떤 동작이 반복되니?"

Tip
- 패턴의 기본단위를 파악하고 운동패턴으로 만들도록 격려하기
- 악기를 이용하여 운동패턴을 청각패턴으로 전이하기

개별 또는 소집단 형태의 수학 놀이

패턴 음식 만들기

| 대상연령 | 만 4~5세

| 핵심개념 | 패턴 따라 만들기

| 활동자료 | 패턴 음식 만들기 카드, 음식모형

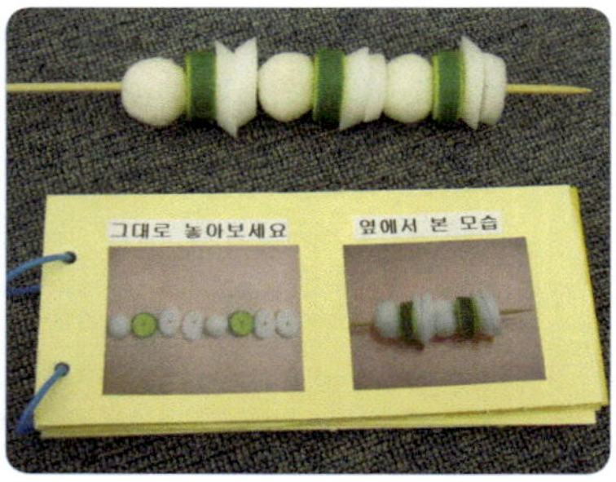

| 활동방법 |

1) 만들고 싶은 '패턴 음식 만들기 카드' 선택하기
2) 필요한 음식모형 가져가기
3) '패턴 음식 만들기 카드'에 나온 패턴에 따라 음식모형 배열하기

| 핵심개념 관련 상호작용으로 놀이 지원하기 |

- "○○이 어떻게 반복되니?"
- "이 다음에는 무엇을 놓아야 할까? 왜 그렇게 생각하니?"

Tip
- 활동이 익숙해지면 패턴의 중간 부분을 가리고 패턴 끼워 넣기로 확장 가능
- 빈 카드를 제공하여 유아들이 생각한 패턴을 그려보는 사후활동 제공하기

대집단 형태의 수학 놀이

게임 '패턴 길을 만들어요'

| 대상연령 | 만 4~5세

| 핵심개념 | 규칙성의 기본단위, 패턴 이어 나가기

| 활동자료 | 신호악기, 모양판(동그라미, 세모, 네모), 색깔판(파랑, 노랑, 빨강), 촉감판(사포, 솜, 비닐), 크기판(지름 10cm, 15cm, 20cm 동그라미), 패턴카드

| 활동방법 | 1) 사전활동(동화 '뒤죽박죽 마녀의 성')을 회상하며 흥미 유발하기

2) 활동자료와 활동방법 소개하기

① 두 사람이 한 팀이 되어 출발선에 선다.

② 패턴 길을 만들 사람과 패턴 길을 걸을 사람을 정한다.

③ 패턴카드를 뽑는다.

④ 신호악기가 울리면 출발한다.

⑤ 패턴 길을 만드는 사람은 패턴에 따라 바닥에 판을 놓아 길을 만든다.

⑥ 다른 유아는 놓여진 패턴 길을 밟아 뒤죽박죽 성에 갇힌 우리반 친구를 구출해서 돌아온다.

3) 수학적 요소(규칙성의 기본단위, 패턴 이어 나가기)를 고려하며 '패턴 길을 만들어요' 게임하기

4) 게임한 소감에 대해 이야기 나누고 사후활동 소개하기

| 핵심개념 관련 상호작용으로 놀이 지원하기 |

– 규칙성의 기본단위 : "패턴카드에는 무엇이 반복되고 있니?"

– 패턴 이어 나가기 : "길을 만들 수 있는 판에는 무엇이 있니?"

"(패턴카드를 한 장 뽑아) 이 패턴을 만들려면 어떤 판을 어떻게 놓아야 될까?"

"다음 사람은 어떤 판을 가져 와야 할까?"

Tip – '나만의 패턴 길 만들기' 게임 사후활동 제공하기

– 유아의 발달수준에 따라 패턴의 난이도 조절하기

3) 관찰을 통한 평가

유아의 규칙성에 대한 평가는 일과 속의 자연스러운 상황이나 놀이 중에 발견할 수 있다. 자연스러운 상황에서 관찰한 개별 유아의 수학적 이해는 다음 놀이와 활동의 시작점이 된다. 다음은 일화기록을 사용하여 유아의 규칙성에 대한 이해를 관찰하여 평가한 예이다.

<table>
<tr><td colspan="2">관찰대상 : 박정안</td><td>생년월일 : 20＊＊년 5월 11일</td><td>성별 : 남</td></tr>
<tr><td colspan="2">관 찰 일 : 20＊＊년 월 일</td><td colspan="2">관찰시간 : 바깥놀이 시간(10:30～11:20)</td></tr>
<tr><td colspan="4">관찰행동 : 자연물로 패턴을 구성하는 행동</td></tr>
<tr><td colspan="2">관찰내용
</td><td colspan="2">정안이는 바깥놀이터에서 도토리와 산수유 열매를 반복하여 놓으며 패턴을 만든다. 혜진이가 다가와 "정안아 지금 뭐 만들어?"하고 묻자 정안이는 자기가 만든 것을 가리키며 "도토리, 산수유, 도토리, 산수유, 도토리, 산수유"하고 이야기한다. 혜진이가 정안이에게 "나도 한번 해 볼게. 내가 뭐 만들었는지 한번 맞춰봐."라고 말하며, 도토리와 돌멩이로 "도토리–돌멩이–도토리–돌멩이–돌멩이–도토리–돌멩이–돌멩이–돌멩이"를 반복해서 놓았다. 정안이는 혜진이가 만든 패턴을 가리키며 "도토리–돌멩이–도토리–돌멩이–돌멩이? 어~~잘못 놓은 거 같은데"하고 이야기하였다. 그러자 혜진이가 정안이에게 "아니야 내 껀 도토리에 돌멩이 하나, 도토리에 돌멩이 둘 이렇게 계속 반복되는 거야."하고 이야기하였다.</td></tr>
<tr><td rowspan="3">관찰내용
분석</td><td colspan="3">요약
• 정안이는 '도토리와 산수유'를 번갈아 놓아 패턴을 만든다.
• 정안이는 자신이 만든 패턴을 언어로 설명한다.
• 혜진이는 도토리와 돌멩이를 이용해서 증가패턴을 만들었으나, 정안이는 패턴이 잘못되었다고 생각한다.</td></tr>
<tr><td colspan="3">분석
• 정안이는 AB패턴을 만들 수 있으며, 패턴의 기본단위를 언어로 설명할 수 있다.
• 정안이는 반복패턴에 대해 이해하고 있으나, 증가패턴에 대한 개념이 형성되어 있지 않다.</td></tr>
<tr><td colspan="3">교육계획
• 정안이에게 반복패턴 이외에도 증가패턴과 같은 다양한 패턴을 탐색할 기회를 제공해준다.
• 정안이에게 AB패턴 이외에도 ABB패턴, ABC패턴 등 다양한 반복패턴의 요소를 경험할 기회를 제공한다.</td></tr>
</table>

다지기

1. '옆에 옆에' 노래에서 나타난 표상양식 또는 생성방식에 따른 규칙성의 유형과 규칙성의 기본단위를 찾아 봅시다.

- 규칙성의 유형 :
- 규칙성의 기본단위 : (   )와/과 (   )이/가 반복 혹은 되풀이되는 규칙

2. 아래의 예시처럼 표상양식 또는 생성방식에 따른 규칙성의 유형과 기본단위를 포함하여 노랫말을 바꾸어 봅시다.

〈예시〉

- 규칙성의 유형 : 표상양식에 따른 패턴 유형 – 청각패턴
- 규칙성의 기본단위 : (왼발)과 (오른발)의 반복

박수 박수 박수 박수쳐	박수 박수 박수 박수쳐
왼발 오른발 왼발 오른발	왼발 오른발 왼발 오른발

〈바꾸어 보세요〉

- 규칙성의 유형 :
- 규칙성의 기본단위 : (   )와 (   )의 반복

[참고] 규칙성 이해에 도움이 되는 교재교구와 도서

● 규칙성 이해 관련 교재교구 목록

교재교구	핵심개념	활용방법
  브랜드B 팝아티	패턴 만들기	• 분류 준거(모양, 색, 크기 등)를 정하여 구슬을 분류한다. • 규칙성 기본단위(예 : AB, ABB, ABC 등)로 패턴을 만들다가 익숙해지면 복잡한 규칙성 기본단위(예 : ABAC, ABBA 등)로 패턴을 만들어 본다. • 반복패턴, 증가패턴, 관계패턴과 같은 생성방식에 따른 다양한 패턴 유형을 만들어 본다. • 패턴 만들기를 어려워하는 유아들을 위해 패턴 따라 만들기를 할 수 있는 패턴카드를 제공할 수 있다.
 패턴카드	패턴 끼워 넣기	• 패턴카드를 펼쳐 중간에 빠진 모양을 추측한다. • 패턴카드를 펼쳐 패턴을 이어 나간다.
 연결큐브	규칙성 기본단위 패턴 전이	• 연결큐브를 이용해서 패턴을 만든다. • 패턴 만들기가 익숙해지면 친구들이 만든 패턴을 다른 색 패턴으로 전이하여 만들어 본다.

● 규칙성 이해 관련 도서 목록

서명(연도), 저자, 출판사	핵심개념	줄거리 및 주요 상호작용
 알록달록 행복한 조각이불(2013), 이향안 글, 정은민 그림, 블루래빗	반복패턴	• 천 조각이 하나씩 모여, 새로운 조각이불이 되는 이야기 • 엄마가 만든 행복한 조각이불에는 어떤 색의 패턴이 반복될까?
 뒤죽박죽 마녀의 성(2008), 차보금 글, 홍성지 그림, 여원미디어	반복패턴	• 남쪽 나라의 씩씩한 공주가 북쪽의 규칙나라를 지나 왕자를 구하러 가는 이야기 • 악어가 입을 벌리고 있는 강을 건너기 위해 공주는 어떤 규칙을 발견했니?
 왜 이렇게 바쁜거야(2018), 하늘땅 글, 홍성지 그림, 아람	시각패턴, 청각패턴, 운동패턴	• 숲속 동물 친구들이 하니와 피키의 결혼식을 준비하면서 색, 소리, 행동 등 다양한 규칙을 만나는 이야기 • 코끼리 가족은 결혼식을 준비하기 위해 어떤 음악을 반복해서 연주했니?
 들쥐, 도시락, 들쥐, 도시락(2011), 윤영선 글, 홍시아 그림, 아람	규칙의 필요성	• 배고픈 고양이가 들쥐를 잡아먹으려고 뒤쫓는 이야기로 규칙적인 상황과 규칙적이지 않은 상황을 비교하는 이야기 • 규칙이 있으면 어떤 점이 좋으니? 규칙이 없으면 어떤 점이 불편하니?

chapter 7

자료의 이해

1. 자료 이해 능력의 발달

2. 자료의 이해 지도 및 평가

학습내용

- 짝짓기
- 그래프의 종류
- 단순분류, 복합분류, 유목포함
- 확률적 사고

다음을 생각해 봅시다.

♣ EBS 다큐프라임 '문명과 수학' 동영상을 보고 아래의 활동을 해 봅시다.

– 동영상 주소 : https://www.youtube.com/watch?v=JKZaxqJuaBE

– 3분 30초부터 재생하세요.

1. 3분 58초에 동영상을 멈춘 뒤,
   해 1개, 달 1개, 구름 2개, 바위 3개, 나무 2개, 양 3마리, 양치기 1명을 자신만의 기준으로 나누어 보세요.

분류하여 그림 그리기	자신만의 분류기준 적기

2. 다음은 어떤 기준으로 나누었는지 생각해 봅시다.
   동영상(4분 28초)에서 자신이 생각한 분류기준이 맞는지 확인해 보세요.

분류기준 :

이 장에서는...

분류하기 활동을 통해 동일한 정보라도 사람에 따라 정보를 분류하고 결과를 나타내는 방법이 다양함을 알 수 있습니다. 우리는 살아가며 수많은 정보를 접하고 자기 나름의 기준에 따라 정보를 분류하고 조직하여 문제를 해결하는 과정을 반복합니다. 유아 역시 문제 상황에 부딪히거나 선택을 해야 할 때 나름대로 자료를 수집하고 분류하며 재조직하는 과정을 경험하게 됩니다. 이와 같이 정보에 기초하여 의사결정을 하고 예측하는 것은 앞으로의 사회에서 매우 중요합니다. 이 장에서는 자료 이해의 출발점이 되는 분류하기와 분류 결과 나타내기를 중심으로 유아의 개념 발달과 적합한 지도 방법을 살펴보고자 합니다.

1 자료 이해 능력의 발달

4차 산업혁명시대로 불리는 오늘날의 사회는 데이터 사회라 불릴 정도로 정보를 발견하는 것이 이전에 비해 훨씬 쉽고 편리해졌다. 이와 같은 사회에서는 각 상황에 의미 있는 정보를 찾아 활용하는 능력이 중요하다. 생활 속에서 문제를 해결하기 위해 필요한 자료를 수집, 분류, 정리, 해석하는 것은 다가올 미래를 예측하고 합리적인 의사결정을 하는 데 도움을 준다. 뿐만 아니라 자료를 분석하는 과정에는 수 세기, 표상하기, 비교하기 등 수학적 사고와 수학적 과정이 종합적으로 사용된다(NCTM, 2000). 유아는 일상에서 유사한 사물들끼리 분류하고, 궁금한 문제를 해결하기 위해 자료를 모아 활용하는 경험을 하게 된다. 예를 들어 바깥놀이 시간에 주어 온 나뭇잎에는 어떤 모양들이 있는지를 알기 위해, 나뭇잎의 모양에 따라 분류하고 각 범주별 나뭇잎의 수를 세어본다. 또한 그 결과를 표나 그래프로 나타내기도 한다. 이렇게 유아가 자신의 사고 수준에서 자료를 모으고 활용하는 경험은 수학능력의 발달에 기여한다.

1) 분류하기

분류하기
사물을 같은 속성을 가진 것끼리 범주별로 나누어 놓는 것

분류하기는 사물 간의 유사점과 차이점을 비교하는 것에서 시작한다. 기준에 따라 유사한 사물을 모으는 분류능력은 사물 간의 관계를 인식하는 토대가 되며, 논리적 사고의 가장 초기 단계가 된다(이정욱, 유연화, 2012). 예를 들어 물건을 사려면 꼭 필요한 물건과 그렇지 않은 물건을 분류하는 일이 필요하며, 바쁜 생활 속에서 우선적으로 처리해야 하는 일과 그렇지 않은 일을 분류해야 한다. 이처럼 분류하기는 수학뿐만 아니라 주변 환경을 이해하고 이에 대처하는 기본적인 능력이다.

분류하기는 아주 어린 연령에서부터 발달된다. 유아기의 분류 발달과정은 무선분류, 지각적 분류, 기능적 분류로 구분할 수 있다(김민경 외 2006 재인용). 김민경 외(2006)에 따르면, 무선분류(random classification)는 만 2~3세

유아들에 해당되며 쌍으로 함께 묶을 수는 있으나 분류의 이유를 설명하지 못하는 수준이다. 예를 들면, 자동차와 강아지를 묶어 '나는 자동차와 강아지를 좋아한다'고 말할 수 있는 수준으로 엄밀히 말하면 아직 제대로 분류하지 못하는 것이다. 지각적 분류(perceptual classification)는 만 3~4세 유아들에 해당되고 색, 모양 등 지각적 특성에 의해 분류하는 것이다. 기능적, 쉐마적, 주제적 분류(functional, schematic, thematic classification)는 만 4~5세 유아들에 해당하며 보충적 관계를 생각하여 분류하는 것이다. 예를 들어, 농장에서 볼 수 있는 것, 의사가 사용하는 것과 같이 분류하는 것이다. 만 6세 이후가 되면 주로 지각적 특성이 아닌 범주관계(예: 동물, 자동차 등)에 기초하여 분류하는 데 이를 유사적, 분류학적, 범주적 분류(similarity, taxonomic, categorical classification)라고 한다(표 7-1 참조).

표 7-1 분류하기의 발달

2세	3세	4세	5세	6세	7세	8세	9세	10세
◄ 무선분류 ► 짝으로 분류								
	◄ 지각적 분류 ► 색, 형태 등 지각적 특성에 의한 분류							
		◄ 기능적, 주제적 분류 ► 보충관계에 의한 분류						
				◄ 범주적 분류 ► 범주관계에 의한 분류				

유아의 분류하기는 짝짓기, 단순분류, 복합분류, 유목포함관계로 발달하게 된다.

(1) 짝짓기

짝짓기
같은 것 또는 관련 있는 것끼리 연결하는 것

짝짓기는 같은 것 또는 관련 있는 것끼리 연결하는 것을 말한다. 짝짓기는 분류하기의 가장 기초적인 단계로서 일대일 대응의 개념과 관련된다. 유아는 물체의 차이점보다는 공통점을 먼저 인식하므로 자연스럽게 같은 물체끼리 짝 짓는 경험을 한다. 예를 들어 유아는 신발이나 놀잇감을 정리하는 것을 통해 짝짓기를 해 볼 수 있다. 또한 어미와 새끼 동물, 실과 바늘 등 유사하거나 어울리는 것끼리 짝지어 볼 수 있다.

같은 것끼리 짝짓기

관련 있는 것끼리 짝짓기

(2) 단순분류

단순분류
공통된 속성 한 가지를 기초로 분류하는 것

단순분류(simple classification)는 공통된 속성 한 가지를 기초로 물체를 분류하는 것을 말한다. 단순분류를 할 때 처음에는 "이 굴체의 특성은 무엇인가?"에 초점을 두고 점차 "다른 물체는 왜 포함되지 않았을까?"라는 것으로 옮겨가야 한다. 어린 유아도 지각적으로 차이가 주렷한 구체적인 대상은 쉽게 단순분류 할 수 있다.

놀이를 하며 유아가 단순분류를 할 다양한 기회가 있으므로 이를 최대한 활용하고, 필요한 경우에는 분류기준을 제시해 주어 유아가 분류할 수 있도록 하는 것도 필요하다. 점차 유아 나름대로 기준을 가지고 분류하는 경험, 나아가 이미 분류된 결과를 보고 어떤 기준에 의한 것인지 추론(예 : 왜 이렇게 나누었을까? 등)하는 경험을 제공한다.

팝아티 구슬을 분류해 봐요		
		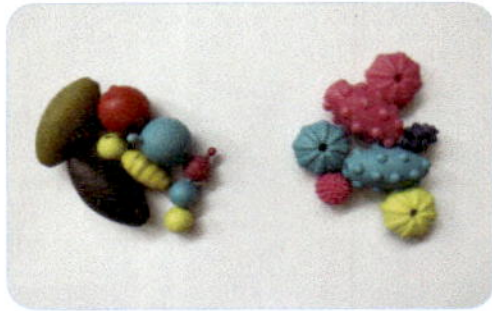
교사 : 같은 색끼리 모아보세요. 유리 : 다 모았어요.	유리 : 선생님, 이번에는 같은 모양끼리 모아봤어요.	교사 : 유리야, 선생님이 모은 구슬 좀 봐볼래? 유리 : 음... 아하! 매끈매끈한 것끼리 울퉁불퉁한 것끼리 모았죠?
▶ 제시된 기준에 따라 분류하기	▶ 스스로 기준 만들어 분류하기	▶ 분류기준 추론하기

(3) 복합분류

복합분류
두 가지 이상의 속성을 고려하여 물체를 분류하는 것

복합분류(multiple classification)는 두 가지 이상의 속성을 동시에 고려하여 물체를 분류하는 것이다. 이를 위해서는 한 가지 물체(예 : 우레탄 블록)에 여러 속성(예 : 색과 크기)이 있음을 알아야 한다. 유아기에 복합분류를 하기 위해서는 물체의 속성을 충분히 경험하여야 하며, 이를 기초로 물체를 하나의 기준으로 분류한 다음, 다른 기준으로 분류하는 재분류 경험이 선행되어야 한다. 이 과정에서 유아들끼리 자신들이 분류한 이유를 설명해 보게 하면 물체의 속성과 분류의 기준 사이의 관계를 이해하는 데 도움이 된다. 점차 유아는 두 가지 기준을 동시에 사용하여 분류하는 복합분류가 가능해진다.

우레탄블록으로 아파트를 만들어요	

채운 : 빨간색 우레탄블록이 필요해. 빨간색 아파트를 먼저 만들 거야. 서윤 : (빨간색 우레탄블록을 모아서 채운이에게 밀어준다.) 몇 개 필요해?	채운 : (서윤이가 건네준 블록을 보면서) 그런데 작은 건 지금 필요 없어. 아파트니까 일단 큰 거만 필요해. 서윤 : 빨간색 큰 블록이 필요하다는 거지?
▶ 한 가지 기준(색)으로 단순분류하기	▶ 두 가지 기준(색, 크기)으로 복합분류하기

채운이와 서윤이는 크기가 큰 빨간색 우레탄블록으로 아파트를 만들려고 하였다. 서윤이가 크기를 고려하지 않고 색만을 고려하여 우레탄블록을 제공하자 채운이가 크기와 색을 동시에 고려할 것을 요구하였다. 이처럼 유아들은 일상생활에서 두 가지 속성의 용어(예 : 빨간색의 큰 우레탄블록)를 동시에 사용하는 언어적 상호작용을 경험할 수 있다. 또한 유사한 두 물체의 공통점과 차이점을 알아보는 가운데 제시된 기준에 따라 분류하기도 하고, 자신이 기준을 제시하여 분류하는 것도 가능하다.

(4) 유목포함

유목포함(class-inclusion)은 사물의 위계적 관계로, 어떤 한 가지 유목에 속하는 물체가 다시 상위 유목에 포함될 수 있음을 이해하는 것이다. 예를 들어 "나는 과일을 좋아해. 그중에서 나는 포도를 제일 좋아해."라고 이야기하는 것은 전체와 부분과의 관계, 위계적인 관계를 이해하고 있는 것이다.

유목포함
한 가지 유목에 속하는 물체가 다시 상위 유목에 포함되는 위계적 관계

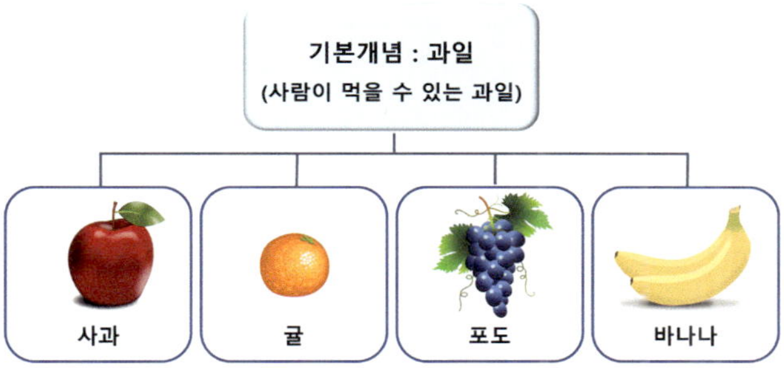

유목포함에 대한 이해를 향상시키기 위해 교사는 전체와 부분의 관계를 떠올릴 수 있는 질문이나 경험을 제공할 수 있다. 예를 들어 "사랑반은 모두 몇 명이니(10명)? 그중에서 남자 친구는 모두 몇 명이 있니(8명)? 여자 친구는(2명)?"이라고 한 뒤 "사랑반 친구의 수가 많니? 여자 친구의 수가 많니?"라고 질문할 수 있다. 또한 일과를 통해 '~이 아닌' 이라는 용어를 사용하여 보충유목 개념을 경험할 기회를 준다. 예를 들어, 유아들이 블록 놀잇감을 정리할 때, "빨간색 블록은 여기에 정리하고, 빨간색이 아닌 블록은 저기에 넣자."라고 안내하는 것이다.

2) 분류결과 나타내기

유아는 친구가 좋아하는 운동이나 음식을 알아보기 위해 자료를 수집하는 데서 나아가 수집한 자료를 분류하고 이를 그림, 표, 그래프 등으로 나타내고자 한다. 그래프는 수집한 자료를 다른 사람도 알아보기 쉽게 나타내는 방식으로, 문제와 맥락을 고려하여 추론하고 적절한 결론을 도출하는 문제해결 과정이다(교육과학기술부, 보건복지부, 2012). 아래의 사례는 텃밭에서 감자를 수확한 후, 어떤 요리를 만들고 싶은지 결정하는 과정에서 다른 사람도 알아보기 쉽게 다양한 형태의 그래프를 활용하는 예시이다.

그래프
자료를 점, 선, 직선, 곡선, 막대, 그림 등을 사용하여 나타낸 것

텃밭에서 수확한 감자로 요리를 만들어요	
자료 수집에 대한 유아의 흥미 유발하기	 "우와, 감자 풍년이다. 풍년!" "맛있는 감자요리 해먹자!"  유아들 : 난 감자튀김, 난 삶은 감자, 난 감자전... 교사 : 어떤 감자요리를 만들지 어떻게 결정할까? 나연 : 우리반 친구들이 제일 좋아하는 감자요리를 만들어요. ▶ 유아의 흥미에 기초하여 자료수집의 주제 정하기
자료 수집하기	**지혜반 친구들이 좋아하는 감자 요리는?** 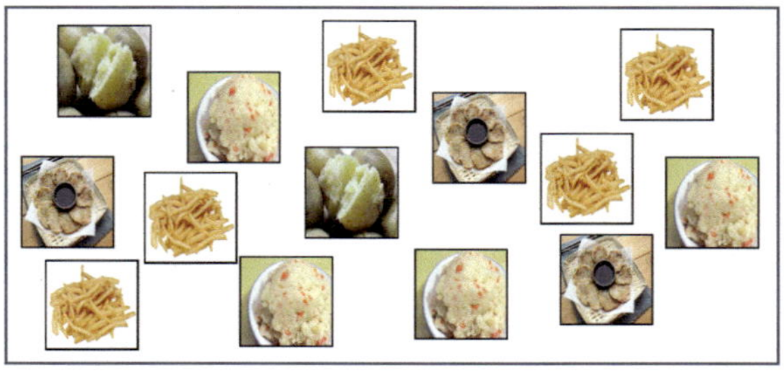 다연 : 난 감자튀김이 제일 좋아. 나 말고도 감자튀김 좋아하는 친구들이 또 있네. 교사 : 우와, 많이 모였네. 그런데 지혜반 친구들이 가장 좋아하는 감자요리가 무엇인지 한눈에 알아보려면 어떻게 하면 좋을까? ▶ 벽면 게시판을 이용하여 자유롭게 자료 모으기

<table>
<tr>
<td>수집한 결과 나타내기</td>
<td>

지혜반 친구들이 좋아하는 감자 요리는?

정연 : 이렇게 똑같은 것들끼리 모아놓으니까 훨씬 보기 편해요.
미나 : 그래서 뭐가 제일 많은 거야?
정연 : 다 세어봐야 알 수 있어.
교사 : 조금 더 세기 편하게 바꾸어 볼까?

▶ 수집한 자료를 같은 종류끼리 묶어 나타내기

</td>
</tr>
<tr>
<td>다양한 방법으로 수집한 결과 나타내기</td>
<td>

지혜반 친구들이 좋아하는 감자 요리는?

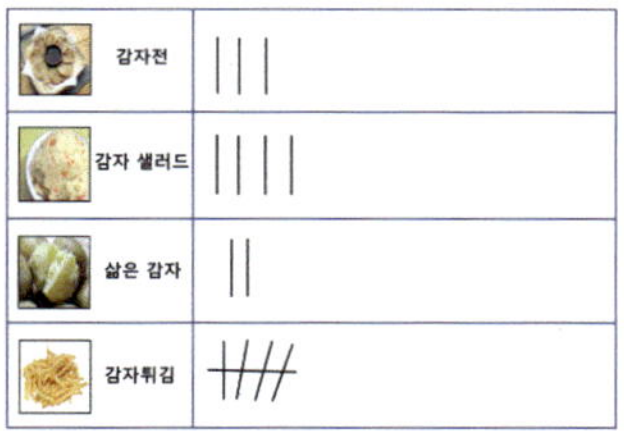

▶ 막대표시를 이용해서 표로 나타내기

지혜반 친구들이 좋아하는 감자 요리는?

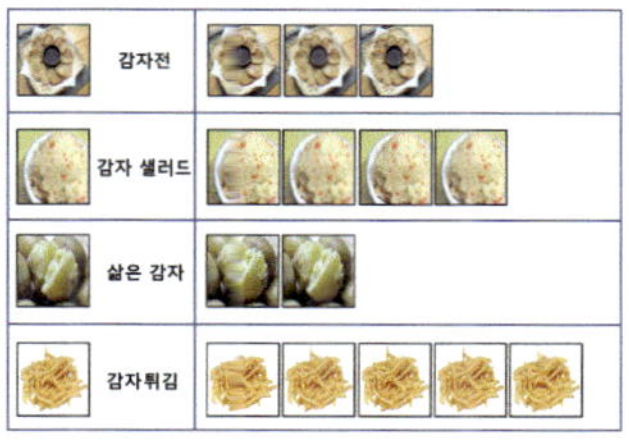

▶ 가로 그래프로 나타내기

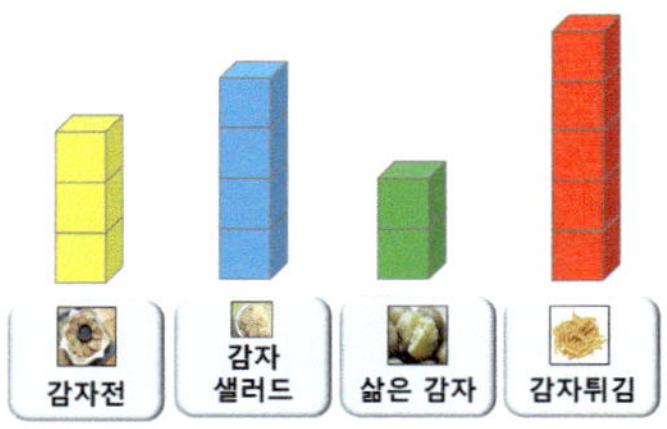

▶ 블록을 이용하여 세로 그래프로 나타내기

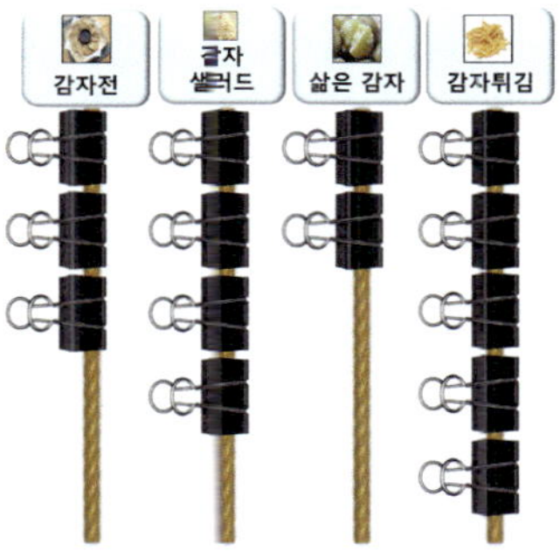

▶ 집게를 이용하여 세로 그래프로 나타내기

</td>
</tr>
</table>

위의 사례는 유아가 관심 있어 하는 내용을 알아보기 위해 자료를 수집하고 표, 그래프로 자료의 특성을 나타내는 과정을 보여준다. 유아는 수집한 결과를 모두가 알아보기 쉽도록 그림, 블록, 집게 등의 재료로 여러 유형의 표와 그래프를 만들었다. 이때 교사는 "어떤 그래프가 우리 반 친

그래프의 종류
실물그래프, 그림그래프, 상징그래프

구들이 좋아하는 감자요리를 가장 잘 보여주니?"와 같은 질문을 하여 유아에게 수집한 자료의 특성을 가장 잘 나타내는 방식이 무엇인지 생각해 볼 기회를 제공할 수 있다. 이러한 경험은 유아가 일상생활에서 표와 그래프가 왜 필요한지 자연스럽게 인식하게 도와준다. 그래프는 자료의 특성과 자료를 표상하는 방식에 따라 실물그래프, 그림그래프, 상징그래프로 구분할 수 있다.

(1) 실물그래프

실물그래프
해당 물체를 그래프 판위에 직접 놓아 만드는 3차원 그래프

실물그래프는 해당 물체를 그래프 판 위에 직접 놓아 만드는 3차원 그래프를 말한다. 우리반 친구가 신고 온 신발 종류를 알아보기 위해 실물을 그래프 위에 하나씩 올려놓으며 실물그래프를 구성할 수 있다. 이때 줄을 그어 집단을 비교해 보거나 사진으로 기록을 남겨 유아와 다시 이야기 나누어 보는 것이 중요하다. 실물그래프는 구체물을 활용하여 구성하므로 유아가 가장 쉽게 접근할 수 있으며, 그림그래프나 상징그래프의 기초가 된다.

실물그래프의 예

▶ 놀잇감의 종류 알아보기

▶ 신발의 종류 알아보기

(2) 그림그래프

그림그래프는 조사한 결과를 그림으로 나타내는 것이다. 실물그래프보다 추상적이지만 물체의 사진이나 그림, 모양 등을 활용해 나타내므로 실물그래프와 상징그래프의 특성을 함께 가지고 있다. "우리 반 친구들이 가장 좋아하는 동물은?"과 같이 구체물을 활용하기 어려운 주제를 조사할 때 특히 유용하다. 그림그래프는 유아가 구체물과 상징을 연결하는 연습을 하고, 다음 단계인 상징그래프를 준비할 수 있도록 도우며, 다양한 주제에서 사용할 수 있어 유용하다(서혜정, 고지민, 2017).

그림그래프
조사한 결과를 사진, 그림, 모양을 이용하여 나타내는 그래프

그림그래프의 예

▶ 친구들이 좋아하는 과일 알아보기

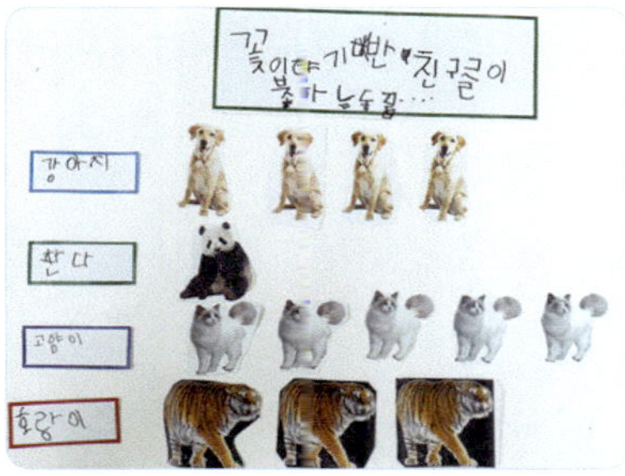

▶ 가장 좋아하는 동물 알아보기

(3) 상징그래프

상징그래프는 상징을 사용하여 물체를 표상하고 이를 그래프로 나타내는 것이다. 기호(예 : 빗금표시 등)로 우리반 친구가 좋아하는 동물이나 과일에 대해 조사한 결과를 나타낼 수 있다. 유아가 조사하여 나타낸 결과를 기초로 다른 유아와 함께 이야기할 기회는 그래프의 개념을 이해하고 읽는 능력을 기르는 데 도움이 된다.

상징그래프
기호 등의 상징을 사용하는 그래프

상징그래프의 예

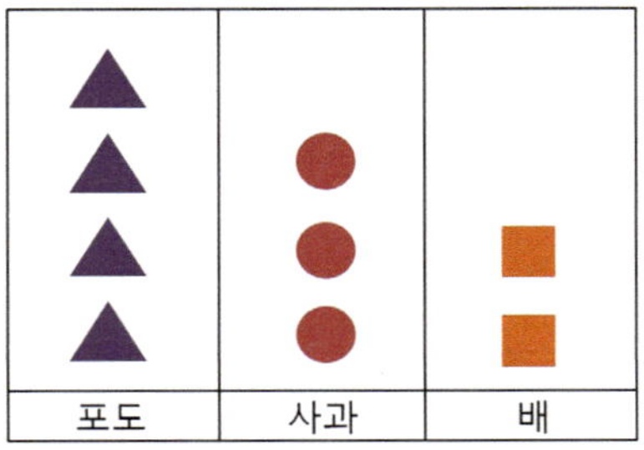

과일 샐러드에 넣고 싶은 과일 알아보기

가장 좋아하는 색깔 알아보기

1. 궁금한 것에 대해 조사해 보세요. (예 : 가장 좋아하는 연예인은?)

2. 기준을 정해서 조사한 내용을 분류한 뒤, 이를 그래프로 나타내보세요.

3. 다른 사람의 결과를 보고 분류기준에 대해 맞춰 보세요.

2 자료의 이해 지도 및 평가

1) 자료의 이해 지도방법

유아의 자료에 대한 이해를 돕기 위한 지도방법은 다음과 같다.

(1) 유아 주변 물체의 속성을 탐색할 충분한 기회 제공

분류하기는 유아가 일상에서 경험하고 친근하게 느낄 수 있는 물체를 기초로 하는 것이 좋다. 유아가 물체의 여러 속성을 기초로 분류하기 위해서는 충분한 탐색이 필요하기 때문이다. 따라서 충분히 놀이하며 물체의 속성을 경험하도록 한다. 그리고 이 과정에서 적절한 질문을 통해 유아가 탐색한 사물의 속성을 생각해 볼 기회를 제공한다. 예를 들어 유아가 블록을 가지고 놀이할 때 "무슨 모양이 있니?", "어떤 색이 있니?" 등의 질문을 통해 자신이 가지고 놀던 블록을 모양과 색깔에 따라 나누어 보게 할 수 있다. 또한 역할놀이에서 사용하는 음식물 모형 등의 속성을 탐색하여 음식물의 종류, 색 등 여러 기준에 따라 분류해 보도록 한다.

(2) 분류기준을 생각하고 공유할 기회 제공

교사는 유아가 스스로 정한 분류기준에 따라 사물을 분류할 기회를 제공하고, 분류한 물체를 어떤 기준으로 분류했는지 이야기해 보도록 돕는다. 때로 유아가 정한 기준이 분명하지 않은 경우에는 분류에 어려움이 있을 수 있다. 따라서 유아가 정한 기준을 존중해 주지만, 분류에는 분명한 기준이 필요함을 인식하도록 하는 것도 중요하다. 이를 위해 유아에게 임의로 분류된 물체 집합을 제시하고, 분류기준을 추론해 보도록 하는 것도 좋다. 예를 들어, 모임시간에 같은 성씨를 가진 유아를 앞으로 나오게 한 후, 앞으로 나온 유아의 공통된 속성이 무엇인지 찾아보게 한다. 이때 교사는 유아마다 생각한 분류기준은 다를 수 있음을 이해해야 한다. 또한 성인의 관점에서 논리적인 기준이 아니더라도 나름대로 유아가 논리적인 이유를 제시하면 이를 수용한다.

(3) 문제제기, 자료수집과 분류, 결과 나타내기와 해석의 과정 경험하기

자료의 이해는 알고자 하는 것이 무엇인지를 질문하는 것에서 시작한다. 우리 반 친구들이 운동회에서 가장 하고 싶은 운동 종목이 무엇인지, 아나바다 행사를 위해 모은 물건들이 무엇인지와 같이 궁금한 것에 대한 질문에서 시작하여 이를 알아보기 위해 필요한 자료를 수집하는 것으로 진행된다. 자료수집은 질문에 따라 관찰, 측정, 실험, 의견조사 등 그 방법이 달라질 수 있다. 운동회의 운동 종목을 결정하기 위해서는 의견조사를 할 수 있고, 아나바다 행사 물품을 알기 위해서는 관찰을 할 수 있다. 수집한 자료는 알고자 했던 질문을 생각하며 분류하여 정리하게 된다. 분류한 결과를 잘 나타낼 수 있는 방법으로 표나 그래프를 만들어 볼 수 있다. 유아들은 표나 그래프를 보고 해석하는 경험을 하게 된다. 정리된 자료를 보고 결과를 해석하기 위해 유아에게 개방적인 질문을 하는 것이 도움이 된다. 예를 들어, "이 그래프를 보니까 무엇을 알 수 있니?" 또는 "이 그래프에 어떤 제목을 붙이면 좋을까?"와 같은 질문을 하여 유아가 처음에 알고자 했던 것이 무엇이었는지를 다시 생각해보게 한다.

(4) 문제해결을 위한 방법으로 그래프 활용하기

유아교육현장에서 그래프는 가로와 세로선이 그려진 그래프 형식에 스티커를 붙이는 형태로 이루어지는 경우가 많다. 그러나 그래프는 유아가 조사하거나 수집한 자료를 나타내는 하나의 방법으로 활용된다는 것에 유의해야 한다(교육과학기술부, 보건복지부, 2012). 따라서 유아가 조사한 자료의 특성에 따라 실물그래프, 그림그래프, 상징그래프를 만들어보며 조사한 자료의 특성을 쉽게 이해할 수 있는 방법을 찾아보도록 지원하는 데 초점을 둔다. 그래프로 표상하는 과정에서 유아는 시작점을 정하거나 수집한 자료를 일정한 간격으로 붙이는 것에 어려움을 느낀다. 교사는 수집한 자료를 그래프 형태로 나타낼 때, 자료들 간의 간격을 동일하게 하지 않아 그래프 해석의 오류가 발생한 문제 상황을 포착하여 적절한 안내를 통해 이를 해결하도록 도와야 한다. 또한 "어떤 것이 더 많니?", "개수가 같은 것은 어떤 것들이니?", "~보다 ~가 몇 개 더 많니?" 등의 질문을 통해 정보를 비교할 기회를 제공한다.

한눈에 알아볼 수 있게 하려면?	
문제해결하기 : 결과해석의 어려움	 교사 : 동그라미가 더 많니? 세모가 더 많니? 서아 : 음, 잠시만요. 하나, 둘, 셋, 넷, 다섯, 여섯. 세모가 6개, 동그라미가 5개예요. 채니 : 세모가 더 많아요. 그런데 봐서는 잘 므르겠어요. 다 세어봐야 해요.
분류결과 나타내기 : 그래프 형태로 나타내기	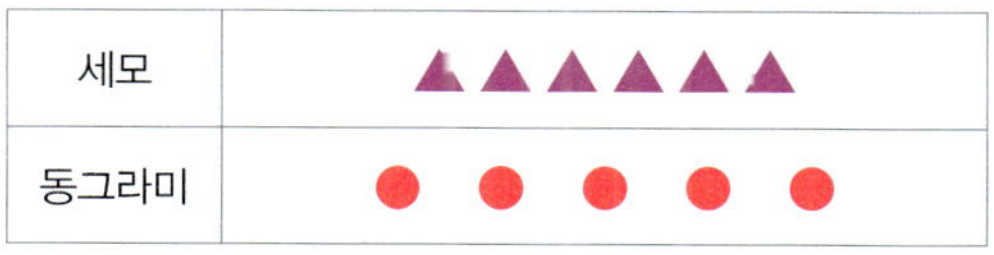 서아 : 상아야, 세모가 동그라미보다 더 많아. 상아 : 어? 세모가 더 많다고? 동그라미 줄이 더 기니까 동그라미가 더 많은 거 아니야? 서아 : 세어보니까 세모는 6개, 동그라미는 5개야. 교사 : 왜 세모가 더 많은데 줄이 더 짧을까? 채니 : 따닥따닥 붙여놔서 그래요. ▶ 그래프 간격이 달라 해석 시 오류 발생
동일한 간격으로 그래프 재조정	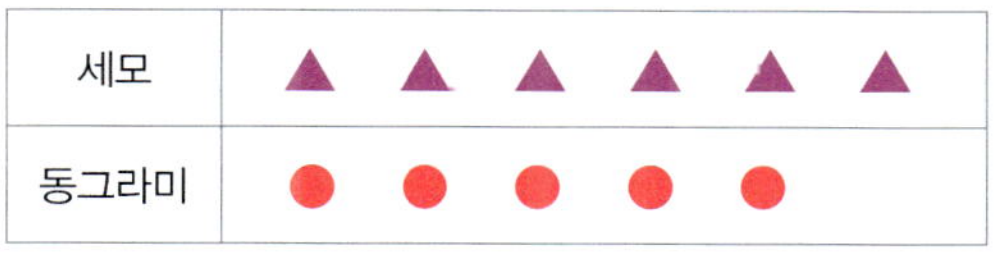 서아 : 하나씩 하나씩 맞춰서 붙이니까 훨씬 한눈에 보기 좋다! 채니 : 세모가 동그라미보다 하나 더 많네.

Tip 가능성 예측하기

NCTM(2000)의 「학교수학을 위한 원리와 기준」에서는 Pre–K–2 수학교육내용에 자료를 기초로 예측하고 평가하는 것, 그리고 유아의 경험과 관련하여 특정 사건이 일어날 가능성이 많고 적음을 예측하여 추론하는 것 등을 포함할 것을 제안하였다. 2015 개정 초등 수학과 교육과정에서 기존의 '확률'이라는 용어를 '가능성'으로 변경하여(교육부, 2018), 초등학교 시기에는 확률의 기초 개념인 사건이 일어날 가능성에 대한 것을 다루도록 하고 있다.

유아기에 형성되는 가능성에 대한 기초 개념은 일상에서 반복되는 경험에 의해 직관적으로 어떤 일이 발생할 가능성의 정도를 인지하는 것이다(이정욱, 김인아, 2007; 이정욱, 2008). 예를 들어 "바깥놀이가 끝나면 항상 점심을 먹어", "점심 먹기 전에 엄마가 데리러 오는 일은 거의 없어" 등과 같이 일상생활에서 더 많이 일어날 가능성과 그렇지 않을 가능성에 대해 이야기할 기회를 제공함으로써 논리적인 사고와 추론능력을 발달시키는 것이다. 이때 교사는 가능성과 관련된 언어(예 : 확실한, 가능한, 불가능한, 가능성이 없는, 매우, 훨씬, 항상, 거의, 별로 등) 사용의 모델링을 보임으로써 유아가 일상생활 속에서 더 많이 일어날 가능성과 그렇지 않을 가능성에 대해 인식하도록 할 필요가 있다.

2) 놀이 상황에서의 자료 이해

자료의 이해 실제는 유아의 자유놀이 안에 포함된 자료의 이해 읽어내기(수학 놀이 읽기), 교사가 의도하여 계획하지는 않았지만 수학학습의 기회를 포착하여 지원하기(우발적 수학 놀이 지원하기), 교사가 수학학습을 위해 의도적으로 계획한 놀이 제공하기(의도적 수학 놀이 제공하기)로 나누어 살펴보고자 한다.

(1) 수학 놀이 읽기

유아가 자료의 이해와 관련된 경험을 할 수 있는 놀이 상황은 매우 다양하다. 다음은 유아가 음식 모형을 가지고 역할놀이를 하며 종류별로 음식모형을 나누고, 같은 음식모형끼리 짝지어보는 예이다. 이 과정에서 유아들은 주어진 1~2가지 기준에 따라 단순분류를 하거나 스스로 분류기준을 만들어 보는 모습을 볼 수 있다.

맛있는 과일 샐러드 만들기

유아들은 과일 샐러드를 만들기 위해 여러 종류의 음식모형들 중에서 과일모형만 분류하였다. 그리고 반쪽으로 나누어진 과일모형들은 같은 과일끼리 찾아 붙였다.

청하 : 우리 과일 샐러드 만들자!
세정 : 좋아. 내가 냉장고에서 과일을 꺼내올게.
청하 : 뭐야. 다 섞여 있잖아.
소미 : 나누면 되지. 금방이야. 과일은 이쪽에, 과일 아닌 것은 저쪽에!

▶ 한 가지 기준(과일과 과일이 아닌 것)으로 단순분류하기

세정 : 다 나눴다! 진짜 금방이네. 그런데 어떤 과일은 붙어 있고, 어떤 과일은 떨어져 있네.
청하 : 사과가 반쪽 밖에 없어. 나머지 좀 찾아줘.
소미 : 여기 있어. 여기. 우리 같은 과일끼리 붙이자.

▶ 같은 과일 모형끼리 짝짓기

(2) 우발적 수학 놀이 지원하기

유아는 자연스러운 놀이 상황뿐 아니라 신발이나 장갑 짝 짓기, 남자팀 대 여자팀 또는 사자 버스 등하원 친구 대 원숭이 버스 등하원 친구 등과 같이 일상생활에서 자료나 정보를 분류하

고 해석하는 경험을 한다. 다음은 유니트 블록을 정리하면서 경험하는 자료의 이해에 대한 예이다. 교사는 학습의 기회를 포착하여 관련된 수학적 상호작용을 함으로써 유아가 단순분류하기, 분류기준 탐색하고 추론하기, 분류한 사물 재분류하기를 할 수 있도록 지원하였다.

정리를 쉽고, 빠르게 하려면?

★ 우리 모양대로 나누어서 정리하자!

정리시간이 되자 몇 명의 유아들이 유니트 블록으로 만든 성을 무너뜨렸다. 유아들은 유니트 블록 조각이 다 섞이고, 양도 너무 많아 정리하는 데 어려움을 겪었다. 교사는 이를 학습의 기회로 포착하여 효과적으로 유니트 블록을 정리할 수 있는 방법에 대해 의논하기를 제안하였고, 유아는 각자 한 모양씩 맡아서 블록을 정리하기로 하였다. 이 과정에서 유아는 유니트 블록의 다양한 속성 중 모양이라는 기준을 사용하여 단순분류를 하였다.

승재 : 으악, 블록 폭탄이다!
하늘 : 완전히 산더미이다 엉망진창... 정리하기 완전 힘들겠다.
교사 : 그러게. 정말 정리하기 힘들겠네. 얘들아, 우리 어떻게 정리하면 조금 더 편하게 할 수 있을까?
채운 : 난 상자모양.
승재 : 난 기둥모양.
교사 : 모양별로 나누어서 정리를 하자는 이야기니?
승재, 채운, 하늘 : 네.
교사 : 아주 멋진 생각인 걸! 그러면 어떤 모양들이 있는지 살펴볼까?

분류준거 고안하기

★ 상자모양 블록을 다시 나누어 볼까?

정리시간이 마무리되어갈 즈음, 상자모양을 맡은 채운이는 여전히 정리해야 할 상자모양 블록이 너무 많아 울상이 되었다. 교사는 정리를 마친 승재에게 채운이를 도와줄 수 있는지 물어 보았고, 상자모양 블록을 다른 기준으로 분류할 수 있을지 생각해 보도록 하였다. 그리고 유아가 생각해내지 못한 기준인 들이(밑면적과 높이) 기준으로 분류한 결과를 유아에게 보여주고 분류의 기준을 추론할 기회를 제공하였다.

채운 : 선생님, 상자 모양이 너무 많아서 힘들어요.
교사 : 상자모양이 정말 많네. 그런데 조금씩 다르게 생겼다.
승재 : 긴 상자모양! 짧은 상자모양!
교사 : 또? 어떻게 나눌 수 있을까?
음... 얘들아, 선생님이 나눌 수 있는 방법을 또 발견했어!
유아들 : 뭔데요?
교사 : 알아맞혀 보세요.
채운 : 음... 알았다! 뚱뚱한 블록이랑 날씬한 블록이요.

복합분류

(3) 의도적 수학 놀이 제공하기

교사는 유아의 자료에 대한 이해를 지원하는 수학 놀이를 계획하여 제공할 수 있다. 개별 또는 소집단 형태의 수학 놀이와 대집단 형태의 수학 놀이로 나누어 살펴보고자 한다.

개별 또는 소집단 형태의 수학 놀이

배고픈 애벌레에게 먹이를 줘요

| 대상연령 | 만 3~4세

| 핵심개념 | 짝짓기

| 활동자료 | 배고픈 애벌레 모형, 과일 자르기 모형

| 활동방법 | 1) 과일 자르기 모형의 짝을 찾아 붙이기

2) 배고픈 애벌레 모형 안에 완성한 과일 모형 넣기

| 핵심개념 관련 상호작용으로 놀이 지원하기 |

"어떤 과일일 것 같니? 다른 한 쪽도 찾아볼까?"

Tip
- 사전활동으로 동화 『배고픈 애벌레』 감상하기
- 과일모형의 크기가 큰/작은 순서대로(순서 짓기), 같은 색의 과일 모형끼리(단순분류) 모으기로 확장하기

개별 또는 소집단 형태의 수학 놀이

분류번호에 맞게 책을 책장에 정리해요

| 대상연령 | 만 5세

| 핵심개념 | 분류하기

| 활동자료 | 책장, 분류번호가 붙어있는 책

| 활동방법 | 1) 책의 분류번호 살펴보기
2) 분류번호에 맞게 책 분류하기
3) 분류한 대로 책장에 책 정리하기

| 핵심개념 관련 상호작용으로 놀이 지원하기 |

- "땅/하늘/물에 사는 동물에 대한 책끼리 모아보자."
- "또 어떤 기준으로 책을 모았니?"

Tip
- 사전활동으로 도서관 견학 '책 분류체계와 분류번호에 대해 알아보아요', 이야기 나누기 '우리반의 책 분류체계와 분류번호를 만들어 봐요' 하기
- 활동 후 분류기준이 이해하기 쉽고, 분류번호에 따라 분류하기 쉬웠는지 평가하고, 평가한 결과를 반영하여 분류체계와 분류번호를 조정하기
- 유아수준에 맞는 분류기준의 예 : 생활주제 '동물'이면 '땅에 사는 동물(땅)', '하늘을 나는 동물(하늘)', '물에 사는 동물(물)' 등

개별 또는 소집단 형태의 수학 놀이

지게차에 짐을 실어 주세요

| 대상연령 | 만 3~5세

| 핵심개념 | 분류하기, 그래프

| 활동자료 | 지게차, 짐, 주사위

| 활동방법 | 1) 지게차에 실을 짐의 글자 수 살펴보고 분류하기

2) 주사위 던져 나온 수(예 : 3)와 같은 글자 수(예 : 지우개)의 짐 가져오기

3) 가져온 짐의 글자 수(예 : 지우개)와 같은 번호(예 : 3호차)의 지게차 찾아 짐 싣기

| 핵심개념 관련 상호작용으로 놀이 지원하기 |

- "짐들을 어떻게 나누었니?"
- "몇 글자짜리 짐이 가장 많니? 어떻게 한 번에 알 수 있었니?"

Tip - 게임이 끝난 후, 지게차에 몇 글자 짐을 가장 많이 실었는지 알아보기(실물그래프)

- 작업일지에 지게차별 짐 개수만큼 스티커 붙이기로 확장 가능(상징그래프로 연결)

* 충북대학교 아동복지학과 손에스더, 조수진 학생이 제작한 교구입니다.

대집단 형태의 수학 놀이

이야기 나누기 '아나바다 바자회를 준비해요'

| 대상연령 | 만 5세

| 핵심개념 | 분류하기

| 활동자료 | 바자회에서 판매할 물건(실물, 사진), 분류할 바구니, 바자회 사진, 화이트보드, 화이트보드펜

| 활동방법 |
1) 유치원 아나바다 바자회에 판매하기 위해 가져온 물건 소개하기
2) 바자회에 대한 사전경험 이야기 나누기
3) '아나바다 바자회'에서 판매할 물건 분류기준(예 : 물건의 종류, 사용하는 사람의 연령대, 사용 여부, 들이, 가격대 등)에 대해 이야기 나누기
4) 수학적 개념(분류기준, 단순분류)를 고려하여 바자회 물품 분류하기
5) 이야기 나눈 결과를 정리하고 사후활동 소개하기

| 핵심개념 관련 상호작용으로 놀이 지원하기 |

- 분류기준 고안 : "이 물건들을 어떻게 나누면 파는 사람도 쉽게 팔 수 있고, 사려는 사람도 쉽게 살 수 있을까?"
  "너는 어떻게 나누면 좋다고 생각했니? 왜 그렇게 나누면 좋을 것 같다고 생각했니?"
- 단순분류/재분류 : "네가 생각한 대로 한 번 나누어 보자. 이렇게 나누니까 어떤 점이 편하고 어떤 점이 불편하니?"
  "또 다른 방법으로 나누어 볼 친구들 있니?"

Tip
- 이야기 나누기 시, 나온 의견(분류기준)에 따라 분류해 보고 가장 적절한 분류기준을 선택하는 사후활동으로 확장하기
- 유아의 발달수준을 고려하여 분류한 결과를 보고 분류기준을 찾아보는 과정 추가하기

3) 관찰을 통한 평가

유아의 자료이해에 대한 평가는 일과 속의 자연스러운 상황이나 놀이 중에 발견할 수 있다. 관찰을 통해 나타난 개별 유아의 수학적 이해는 다음 놀이와 활동의 시작점이 된다. 다음은 일화기록을 사용하여 유아의 자료에 대한 이해 정도를 관찰하여 평가한 예이다.

<table>
<tr><td colspan="2">관찰대상 : 김성재 생년월일 : 20＊＊년 5월 11일 성별 : 남
관 찰 일 : 20＊＊년 월 일 관찰시간 : 자유선택활동시간(9:00~10:00)
관찰행동 : 배달해야 할 편지를 분류하는 기준 정하기</td></tr>
<tr><td>관찰내용
</td><td>지원이와 성재는 우체통에 쌓인 편지를 모두 꺼낸다. “우와, 편지가 정말 많네. 우리 빨리 배달해야겠어.”라고 지원이가 말하자 성재가 “그래, 그런데 어떻게 나누어서 배달할까?”라고 지원이에게 묻는다. 지원이는 한참을 고민하더니 “키 큰 친구랑 키 작은 친구 어때?”라고 말하자, 성재가 “그러면 나는 키가 큰 친구야 작은 친구야?”라고 지원이에게 되묻는다. 지원이는 “넌 키 큰 친구지.”라고 말하자 성재가 “그런데 나는 너보다 작은 걸. 키로 나누는 건 정확하지 않은 거 같애. 음... 남자친구에게 보내는 편지랑 여자친구에게 보내는 편지로 하는 건 어때?”라고 말한다. 지원이는 “오, 그건 딱 나누어지고 좋은데! 우리 빨리 편지 나누자.”라고 말한 후, 둘은 편지를 나눈다.</td></tr>
<tr><td rowspan="3">관찰내용
분석</td><td>요약
• 성재와 지원이는 우체통에 가득찬 편지를 분류할 기준을 정하였다.
• 성재는 키를 기준으로, 지원이는 성별을 기준으로 분류하자고 제안하였다.</td></tr>
<tr><td>분석
• 성재는 많은 양의 편지를 쉽게 배달하기 위하여 편지를 분류하는 방법을 제안하였다.
• 지원이는 명확한 분류기준을 정하는 데 어려움을 겪었다.
• 성재는 한 가지 기준(성별)에 따라 편지를 쉽게 분류하였다.</td></tr>
<tr><td>교육계획
• 분류기준이 명확해야 쉽게 분류할 수 있다는 것을 스스로 느낄 수 있도록 명확한/모호한 분류기준을 사용해서 분류하는 활동을 제공한다.
• 성별로 1차 분류한 편지를 다른 기준으로 재분류해 볼 수 있게 안내한다.</td></tr>
</table>

다지기

■ 비가 올 확률이 적은 달로 운동회 날짜를 정하려고 합니다. 작년 5월과 6월의 기상 정보를 분석하여 올해 5월과 6월 중 언제 운동회를 하면 좋을지 선택해 봅시다.

작년 5월						
월	화	수	목	금	토	일
		1	2	3	4	5
6	7	8	9	10	11	12
13	14	15	16	17	18	19
20	21	22	23	24	25	26
27	28	29	30	31		

작년 6월						
월	화	수	목	금	토	일
					1	2
3	4	5	6	7	8	9
10	11	12	13	14	15	16
17	18	19	20	21	22	23
24	25	26	27	28	29	30

작년 5월		
날씨	빗금 표시	합계
		번
		번
		번

작년 6월		
날씨	빗금 표시	합계
		번
		번
		번

올해 유치원 운동회는 (　　　　)월에 하기로 결정하였습니다.

왜냐하면 ______________________________ 때문입니다.

[참고] 자료의 이해에 도움이 되는 교재교구와 도서

● 자료의 이해 관련 교재교구 목록

교재교구	핵심개념	활용방법
	분류	• 자석을 이용해 그림과 같이 구슬을 이동시킨다. • 색을 기준으로 단순분류한다.
	복합분류	• 사과의 색상, 크기, 줄기, 잎, 벌레 등을 인식하고 구분할 수 있도록 카드를 다양하게 만든다. • 카드에 표시된 특징의 사과를 빨리 골라 바구니에 담는다.
	재분류/복합분류	• 질문에 대한 답을 듣고, 그 답에 해당하는 그림 또는 해당하지 않는 그림을 제외하며 정답을 맞힌다. • 분류한 결과를 새로운 기준으로 재분류하는 과정을 여러 번 거치며 복합분류를 한다.
	복합분류	• 원하는 직업카드를 한 장씩 펼친 후 다섯 개의 주사위를 한꺼번에 던진다. • 주사위에 나온 그림들을 확인한 후 종류별로 구분한다. • 주사위에 나온 그림 중 한 종류를 골라 자신이 선택한 직업카드 위에 그림에 맞는 게임칩을 올린다. • 게임칩을 모두 사용하며 각각의 직업 카드에 칩을 가장 많이 놓은 사람이 이긴다.

● 자료의 이해 관련 도서 목록

서명(연도), 저자, 출판사	핵심개념	줄거리 및 주요 상호작용
 우주선 타기는 정말 진짜 너무 힘들어(2011), 이재윤 글, 노자매 그림, 아이세움	단순분류	• 외계인 친구 여덟 명이 지구 여행을 떠나기 위해 우주선 두 대에 나뉘어 타는 방법을 찾아내는 이야기 • 우주선에 어떤 기준으로 나눠서 탈 수 있을까?
 뱅글뱅글 박사의 비밀로봇(2013), 양승현 글, 장여회 그림, 블루래빗	복합분류	• 로봇을 완성하기 위해 필요한 나사를 찾기 위해 조건에 맞는 나사를 찾아내는 이야기 • 색도 다르고 모양도 다를 때에는 어떤 방법으로 나사를 빨리 찾을 수 있을까?
 바빠요, 바빠! 산타마을(2013), 차보금 글, 다니엘라 도글리아니 그림, 블루래빗	단순분류	• 크리스마스 전날 뒤죽박죽 뒤섞여 버린 선물을 비슷한 종류로 분류하여 무사히 크리스마스 선물을 전하는 이야기 • 산타할아버지를 어떻게 도와드릴 수 있을까?

서명(연도), 저자, 출판사	핵심개념	줄거리 및 주요 상호작용
 신통방통 마을의 족장선거(2003), 김은경 글, 주미혜 그림, 그레이트북스	그래프	• 신통방통 마을의 새로운 족장을 뽑기 위해 네 명의 족장 후보를 대상으로 투표를 하고, 수를 비교하여 족장을 뽑는 이야기 • 족장 후보 중 누가 표를 많이 얻었는지 어떻게 하면 쉽게 비교할 수 있을까요?
 곰돌이 케니의 먹이 창고(2009), TINMAN 글 · 그림, 우리책	단순분류	• 곰돌이 케니의 먹이창고를 정리하기 위해 사물의 속성을 이해하고 구분하여 문제를 해결해 나가는 이야기 • 좋아하는 간식을 이야기해 볼까요? 어떻게 분류할 수 있을까요?

chapter 8

환경구성과 평가

1. 환경구성

2. 평가

학습내용

- 수학영역
- 수학활동자료
- 다양한 놀이 공간
- 관찰, 면담, 포트폴리오

들어가기

다음을 생각해 봅시다.

♣ 아래 그림에는 유아의 수학적 경험을 지원하기 위한 교구가 있습니다. 수학의 여러 개념을 고르게 경험하도록 제시하고 있는지 분석해 봅시다.

수학 개념	교재교구 이름	수량
수와 연산	자동차 주차하기 게임	개
공간과 도형		개
측정		개
규칙성		개
자료의 이해		개

이 장에서는...

유아는 자신을 둘러싼 환경과 상호작용하며 수학 지식을 획득합니다. 유아에게 질 높은 수학교육을 제공하기 위해 교사는 유아가 수와 연산, 공간과 도형, 측정, 규칙성, 자료의 이해 등 수학 개념을 폭넓게 경험할 수 있는 풍부한 환경을 구성하는 것이 필요합니다. 또한 유아의 수학적 이해를 평가하고, 교사 자신의 수학교수 역량을 평가하는 것도 함께 이루어져야 합니다. 이 장에서는 환경구성과 평가에 대해 살펴보고자 합니다.

1 환경구성

수학은 일상생활, 놀이 등 유아의 다양한 경험 안에서 일어나므로 유치원 환경 전체가 수학 경험의 장(場)이 된다. 그러나 교실 안에서 수와 연산, 공간과 도형, 규칙성, 자료의 이해 등의 수학 개념을 깊이 있게 탐색할 수 있는 별도의 공간을 구성하면 유아의 수학적 경험을 풍부하게 지원할 수 있다. 본 장에서는 질 높은 수학교육을 위한 환경구성으로 수학적 탐구에 초점을 두고 구성한 수학영역과 그 외의 다양한 놀이 공간으로 구분하여 제안하고자 한다.

1) 수학영역

수학영역
수학적 호기심을 자극하고 사고를 자극하는 영역

수학영역에서 유아는 자료를 가지고 사물의 양이나 수를 경험하고, 사물이 가진 속성을 기준으로 분류해 보거나 조각 그림을 맞추어 보며 공간 관계를 경험하게 된다. 따라서 유아의 수학적 호기심을 자극하고 깊이 생각하도록 하며 문제를 해결하는 장소가 되도록 수학영역을 구성할 수 있다. 이와 같은 목적을 가지고 수학영역을 구성할 때 고려해야 할 점은 다음과 같다(이정욱, 유연화, 2012; Decker &Decker, 2001).

수학영역 구성시 고려점
공간의 융통성, 연령, 다양한 수학 개념을 포함한 자료, 전시 공간

첫째, 수학활동 내용이나 활동유형에 따라 융통성 있게 활용할 수 있도록 공간을 구성한다. 예를 들어, 책상 외에 유아가 게임판이나 교구를 바닥에 놓고 사용할 수 있도록 바닥에 카펫을 깔아준다. 또한 유아가 개별로 하는 활동, 다른 유아와 함께 상호작용하며 하는 활동에 모두 참여할 수 있도록 공간과 책상을 조정하여 배치한다.

둘째, 연령을 고려하여 구성한다. 만 3세 혹은 만 3세 미만의 유아는 수학과 과학, 조작활동 등 다른 영역과 통합하여 사물의 탐색활동을 중심으로 구성할 수 있고, 만 4~5세 유아는 독립적으로 영역을 구성할 필요가 있다.

셋째, 다양한 자료를 준비하여 유아가 사물 간 관계를 탐색할 기회를

제공한다. 만 3세의 경우, 1~10까지 셀 수 있는 구체물(예 : 작은 동물모형, 조개류, 솔방울 등), 크기를 비교할 수 있는 놀잇감, 각종 수서기판, 주사위, 윷, 숫자 1~12까지 씌여져 있는 시계, 달력, 분류자료(예 : 조개, 열매, 병뚜껑 등의 구체물) 등을 제공한다. 만 4~5세의 경우에는 수 막대 등 수학 개념을 담은 교구, 유아 사이의 상호작용과 전략을 유발하는 그룹 게임이나 2인용 게임(일대일 게임)을 위한 게임판을 제공한다. 이때 다양한 개념이 담긴 자료를 고루 포함하고, 유아의 이해수준을 고려하여 자료를 제시함으로써 유아가 이해와 흥미에 따라 수학경험을 하도록 돕는다.

넷째, 수학활동의 결과를 공유할 수 있는 공간을 마련한다. 이를 위해 유아가 활동한 결과나 도표, 그래프, 구성물을 전시할 게시판과 자료를 배치할 수 있는 선반 등을 포함하여 구성한다.

전시공간이 마련된 수학영역의 예

2) 다양한 놀이 공간

다양한 놀이공간
미술영역, 과학영역, 쌓기놀이영역, 역할놀이영역, 실외영역 등 실내 · 외 공간에서 수학적 경험을 할 수 있는 환경 구성하기

교사는 수학영역 외 다양한 실내 · 외 공간에서 수학적 경험을 할 수 있도록 환경을 구성할 수 있다. 예를 들어 유아는 시계, 달력과 같은 일상용품들을 통해서도 비형식적으로 수학을 경험한다. 교사는 벽에 걸린 시계를 보며 "지금 시계의 긴 바늘이 6자에 있는데, 시계의 긴 바늘이 8자에 가면 정리할 거예요"하고 상호작용하여 유아가 시간의 흐름을 이해할 수 있도록 지원할 수 있다. 유아가 수학을 경험하는 다양한 놀이 공간의 환경구성에 대해 살펴보자.

(1) 미술영역

미술영역
동일한 개념이 서로 다른 표상형식으로 표현되는 미술영역에서 창의적 자료, 재활용품, 다양한 게시자료 등을 활용하여 수학적 경험하기

수학과 미술은 시각적–공간적 능력(visual–spatial ability)을 포함하는 학문으로 밀접한 관련성을 지닌다(이정욱, 유연화, 2012). 미술과 수학에는 공간, 균형, 패턴, 비례, 움직임 등 동일한 개념들이 서로 다른 표상형식으로 표현된다. 따라서 교사는 미술영역에서 유아가 수와 관련된 경험을 할 수 있도록 창의적 자료들 즉, 그리기 도구, 찍기 도구, 점토, 다양한 크기의 상자, 캔 등의 재활용품을 제공하는 것이 필요하다. 또한 미술영역에 다양한 게시자료(예: 명화)를 활용하여 수학경험을 이끌 수 있다. 예를 들어, 미술영역에서 찍기 도구를 활용하여 '나만의 가방'만들기 놀이를 하며, 다양한 도형을 경험하고 모양, 색을 이용하여 패턴을 만들 수 있다. 또는 재활용품을 활용하여 타조를 만들며 입체도형의 물리적 특성을 이해하고, 입체도형의 합성과 분할에 대해 경험하게 된다.

미술영역에서의 수학적 경험

(2) 과학영역

수학과 과학은 학문 자체에 상호관련성이 높다. 유아는 과학놀이를 하며 여러 가지 측정을 하며, 측정과정을 통해 과학개념에 대한 깊은 이해를 한다. 수학개념을 내포하는 과학놀이는 수학개념 학습을 위한 동기유발을 제공한다(McBride & Silverman, 1991). 이처럼 과학영역은 생물, 물질, 자연현상 등을 관찰하고 탐구하면서 다양한 발견학습이 이뤄진다. 따라서 교사는 유아에게 측정도구, 필기도구, 관찰 기록지 등을 제공하여 유아의 탐구과정을 지원하는 것이 필요하다. 예를 들어, 유아는 '버섯 프로젝트'를 진행하면서, 여러 종류의 버섯을 관찰하고, 물에 넣은 버섯이 어떻게 변화하는지를 관찰하고 기록하는 과정을 통해 측정하기, 시간의 변화 이해하기 등의 수학개념을 경험할 수 있다.

과학영역
측정도구, 필기도구, 관찰 기록지 등을 활용하여 유아의 탐구과정을 지원하며 이를 통해 측정하기, 시간의 변화 이해하기 등 수학적 경험하기

과학영역에서의 수학적 경험

(3) 쌓기놀이영역

쌓기놀이영역은 다양한 크기, 모양의 블록을 이용하여 자신이 상상하는 것을 구성하는 공간이다. 유아는 유니트 블록, 공간블록, 종이벽돌블록 등을 이용하여 구성물을 만드는 과정을 통해 수와 연산, 공간과 도형, 측정 등에 대한 개념을 경험할 수 있다. '자동차 경주장 놀이'를 위해 종이벽돌블록을 이용하여 도로를 설계(도형)하고, 종이벽돌블록에 숫자, 그림으로 길이를 표상(수와 연산)하며, 자동차가 굴러간 길이를 예측해보고 측정해 보는 수학적 경험을 할 수 있다. 또한 놀이가 끝난 후, 같은 색의 블록끼리 모으고 분류해보는 과정을 통해 분류개념을 발달시킬 수 있다(pp. 215–216 참조).

쌓기놀이영역
유니트 블록, 공간블록, 종이벽돌블록 등을 이용하여 구성물을 만드는 과정을 통해 수와 연산, 공간과 도형, 측정에 대한 수학적 개념 경험하기

쌓기놀이영역에서의 수학적 경험

(4) 역할놀이영역

역할놀이영역
일상생활에서 경험한 것을 역할놀이로 표현해 보는 과정에서 수학적 경험하기

일상생활의 축소판과 유사한 역할놀이영역은 유아가 가장 선호하는 영역이다(한유미, 2016). 유아는 일상생활에서 경험한 것을 역할놀이로 표현해 보는 과정을 통해 자연스럽게 수학적 경험을 하게 된다. 예를 들어, 소풍놀이를 하며, 음식 종류별로 물건을 분류하고 친구와 음식(예: 피자 등)을 동등하게 나누어 먹는 경험을 통해 수 세기, 수의 부분과 전체 개념을 경험하게 된다. 또한 병원놀이 시, 친구들의 키를 측정하고 색 테이프로 친구들의 키를 표시하는 경험을 통해 임의 단위를 경험하게 된다.

역할놀이영역에서의 수학적 경험

(5) 실외영역

실외영역
신체놀이영역, 물 · 모래놀이영역, 동식물 기르기 영역에서 실외놀이를 하며 수학적 경험하기

실외영역은 신체놀이영역, 물 · 모래놀이영역, 동식물 기르기 영역 등으로 구분되며, 실외영역에서는 실내영역과 동일하게 다양한 수학적 경

험을 할 수 있다. 신체놀이영역에서는 술래잡기 놀이를 하며, 위치, 방향, 거리(pp. 107-108 참조)에 대한 근접개념을 경험할 수 있다. 물 · 모래 놀이영역에서는 물과 모래를 다양한 크기의 그릇에 담아보는 과정을 통해 들이에 대한 개념을 경험한다. 동식물 기르기 영역에서 유아는 동식물의 성장에 대해 기록 및 측정하고, 서로 다른 동식물의 특성을 비교하는 수학적 경험을 할 수 있다.

실외영역에서의 수학적 경험

3) 수학활동자료

수학활동을 위한 자료는 다양한 수학 개념을 포함하고 유아의 흥미를 유발하고 지속시킬 수 있어야 한다(이정욱, 유연화, 2012). 또한 한 가지 답을 요구하는 자료보다는 여러 가지로 변형할 수 있으며, 사고하는 것을 돕고, 다른 영역과 연계할 수 있는 개방적 자료이어야 한다. 유아의 수학적 이해를 돕기 위해 활용할 수 있는 자료는 일상용품, 고사가 제작한 교구, 상품화된 교구로 구분할 수 있다.

수학활동자료
교사가 제작한 교구, 일상용품, 상품화된 교구

(1) 수학활동자료의 종류

① 일상용품

유아가 쉽게 접하는 일상용품은 의미 있는 수학적 경험을 제공할 수 있다. 예를 들어 얼음판은 일대일 대응, 수 세기, 그래프 판으로 활용할 수 있고, 클립 등은 측정, 수 세기 자료로 활용할 수 있다. 일상용품을 활용

일상용품
계란판, 바둑돌, 휴지심 등과 같은 생활 주변에서 수학적 경험을 제공할 수 있는 교구

하는 것은 유아가 수학을 친숙하게 느끼고, 교사가 손쉽게 준비할 수 있다는 장점이 있다.

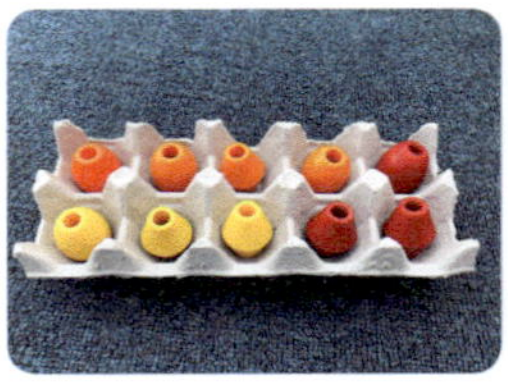

계란판 : 수세기, 부분과 전체

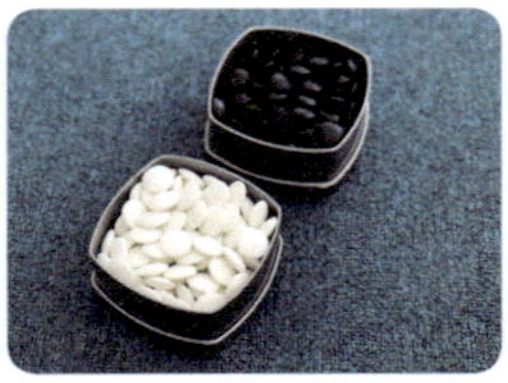

바둑돌 : 수세기, 규칙성

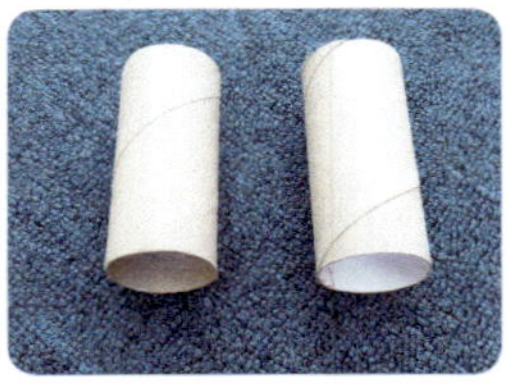

휴지심 : 입체모양

② 교사가 제작한 교구

교사가 제작한 교구
수학과 관련된 활동목적을 반영하여 교사가 제작한 교구

유아교육기관에서는 교구를 구입하여 사용하는 경우가 많다. 하지만 활동의 목적이나 의도를 반영한 상품화된 교구를 찾기 어려운 경우, 교사가 활동목적을 반영하여 교구를 제작할 수 있다.

산타할아버지의 선물 배달
: 서수

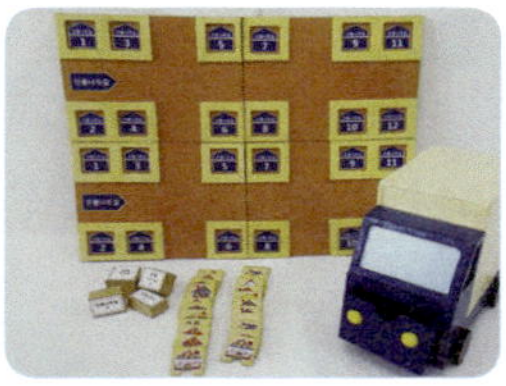

택배를 배달해요
: 위치와 방향

무엇을 먹을까요
: 두 수의 크기 비교

상품화된 교구
수학교육을 목적으로 개발되는 교구

③ 상품화된 교구

퀴즈네어 막대, 탱그램, 양팔저울, 패턴블록, 퍼즐 등 수학교육을 목적으로 상품화된 교구는 매우 다양하다. 유아수학교육 내용별로 활용하기에 적합한 수학활동자료는 3장부터 7장까지 각 장 뒤쪽의 [참고]에 제시하였다. 상품화된 교구는 가격이 비싸다는 단점이 있지만, 교사가 교재교구를 만드는 시간을 절약할 수 있고 내구성이 강하다는 장점이 있다. 따라서 교사는 예산 범위 내에서 활동의 목적을 고려하여 수학의 핵심개념이 분명하며 견고한 자료를 구입해야 한다.

(2) 수학활동자료 선정 시 고려할 점

수학활동자료를 유아에게 제공하기에 앞서 교사는 다음과 같은 부분을 고려할 필요가 있다(황의명 외, 2017).

첫째, 유아는 자신들의 경험이 반영된 자료에 좀 더 친숙함을 느낀다. 따라서 유아의 일상생활 경험을 반영하는 자료를 활용한다.

둘째, 수학활동자료는 유아가 직접 조작하거나 변형할 수 있는 것이어야 한다.

셋째, 수의 이해와 관련된 내용 외에도 공간과 도형, 규칙성, 측정과 같이 다양한 수학내용 지식과 관련되어야 한다.

넷째, 유아의 수학 이해수준에 따라 활동할 수 있도록 놀이방법 및 문제해결방법이 다양한 수학활동자료를 제시해야 한다.

다섯째, 단순하고 반복적인 놀이를 할 수 있는 자료에서 시작하여 유아가 문제를 해결하고 추론할 수 있어 논리 · 수학적인 관계를 이해할 수 있는 자료까지 다양하게 제시한다.

여섯째, 일상생활용품, 교사들이 제작한 교구, 상품화된 교구 외에 유아가 가정에서 가져오거나 수집한 자료, 자연에서 구할 수 있는 자연물 등을 제공한다.

2 …… 평가

평가
교사, 부모, 유아에게 유용한 정보를 제공하고, 유아의 수학발달을 지원하는 과정

평가는 교사와 유아 모두에게 유용한 정보를 제공하고, 유아의 수학발달을 지원한다(NCTM, 2000). 무엇보다 수학에 대한 유아의 지식, 기능, 태도의 현재 수준을 파악하여 다음의 수학적 경험을 제공하는 데 필요한 정보를 얻을 수 있다. 따라서 유아수학교육의 평가는 유아수학교육의 계획과 실행과정에 긍정적인 영향을 미치는 과정이어야 한다. 미국수학교사협의회(NCTM)에서 제시한 수학 평가의 목적은 다음과 같다(NCTM, 2000).

첫째, 교실에서 유아의 수학능력 발달을 관찰하고 기록하여 교사가 유아의 수학학습 정도를 이해하도록 돕는다.

둘째, 현재 이루어지고 있는 수학교육의 교수학습 평가를 기초로 다음 교수활동을 적절히 계획한다.

셋째, 유아의 수학 성취를 평가하고 지원한다.

넷째, 유아수학교육 프로그램의 질을 평가한다.

다섯째, 유아수학교육을 실시하고 있는 교사 자신의 수행에 관한 정보를 파악하여 수학경험을 제공하는 데 있어 교사의 전문성을 향상시킨다.

이와 같이 수학교육에서 평가는 수학 개념의 이해를 측정하고 수학활동이 진행되는 동안 교수학습과정이 효율적으로 진행되는지 살펴보는 것을 말한다. 본 장에서는 유아에 대한 평가와 교사의 자기평가로 구분하여 살펴보고자 한다.

1) 유아에 대한 평가

유아에 대한 평가는 유아가 무엇을 알고 있는지, 어떻게 행동하는 지에 대해 관심을 가지고, 유아를 관찰하고 기록하는 과정을 말한다(이정욱, 유연화, 2012). 유아의 이해를 평가하는 방법에는 관찰, 면담, 수행과제, 자기평가, 포트폴리오와 같은 방법을 활용할 수 있다(Smith, 2012). 본 장에서는 유아교육기관에서 일상적으로 활용할 수 있는 방법인 관찰, 면담, 포트폴리

오 평가를 중심으로 살펴보고자 한다.

(1) 관찰

유아 관찰을 통해 교사는 유아가 가진 수학 지식, 수학에 대한 관심과 흥미 등 유아의 수학적 이해를 평가할 수 있다. 관찰은 언어적 의사소통이 원활하지 않은 유아에게 특히 적합하며, 비언어적 행동에 대한 정보도 제공한다는 점에서도 유용하다(한유미, 2016). 유아의 수학적 이해는 일상적 상황이나 놀이 상황, 교사가 수학학습을 위해 의도적으로 계획한 놀이 상황에서 모두 관찰할 수 있다. 교사는 관찰한 내용을 기초로 유아가 수학학습을 할 수 있는 기회를 포착하고, 유아의 이해를 지원하도록 도와야 한다. 유아의 수학 놀이 상황의 관찰에는 일화기록, 체크리스트를 활용할 수 있다.

관찰
행동이 이루어진 장면을 객관적으로 살펴보는 방법

① 일화기록

일화기록은 중요한 사건이나 핵심이 되는 행동을 중심으로 짧게 서술식으로 기록하는 방법이다. 따라서 유아가 어떤 수학활동에 관심이 많은지, 어떻게 수학적으로 사고하고, 문제를 해결하는지 등 유아 개개인의 반응과 상황에 대한 정보를 자세히 얻을 수 있다.

일화기록을 수학평가에 활용할 때에는 각 유아의 수학적 행동을 객관적으로 기록한 후 유아가 경험한 수학적 상황을 간단하게 요약한다. 그 다음 과정으로 요약한 자료를 분석하여 추후에 유아의 수학적 이해를 지원하기 위한 놀이계획을 제시한다.

일화기록
중요한 사건이나 핵심이 되는 행동을 중심으로 짧게 기록하는 방법

〈일화기록의 예〉

<table>
<tr><td colspan="3">관찰대상 : 문시호 생년월일 : 20＊＊년 5월 11일 성별 : 남
관 찰 일 : 20＊＊년 월 일 관찰시간 : 자유선택활동시간(9:30~10:30)
관찰행동 : 색과 크기가 다른 색종이를 분류하는 행동</td></tr>
<tr><td colspan="2">관찰내용
</td><td>시호와 지수는 색과 크기가 다른 색종이를 분류한다. 시호는 같은 색끼리 색종이를 모으며, 지수는 크기별로 색종이를 모으고 있다. 시호가 지수에게 “색은 같은데, 크기가 다른 것은 어떻게 하지?”라고 묻자, 지수는 “나도 그런 거 있어. 크기는 같은데 색이 다른 거.”라고 말하며 보여준다. 시호는 “나는 같은 색끼리 모을 거야.” 라고 말하며, 크기에 관계없이 색깔이 같은 색종이를 같은 더미에 올려 놓는다.</td></tr>
<tr><td rowspan="3">관찰내용 분석</td><td colspan="2">요약
• 시호는 색깔별로 색종이를 모은다.
• 시호는 크기가 달라도 색깔이 같으면 같은 색종이 더미에 분류한다.</td></tr>
<tr><td colspan="2">분석
• 시호는 한 가지의 물체에 두 가지 속성(예 : 색, 크기)이 있음을 안다.
• 시호는 한 가지 기준(예 : 색)에 따라 색종이를 분류한다.</td></tr>
<tr><td colspan="2">교육계획
• 시호에게 사물의 속성을 충분히 탐구할 기회를 제공한다.
• 시호가 분류한 기준 외에 다른 준거를 활용하여 재분류할 기회를 제공한다.</td></tr>
</table>

② 체크리스트

체크리스트
관찰하고자 하는 특성을 목록화하여 행동의 발생 여부를 기록하는 방법

체크리스트는 관찰하고자 하는 수학행동을 사전에 목록으로 만들어 행동의 발생 여부를 ‘예/아니오’로 표기하는 방법이다. 따라서 수학교육의 내용영역이나 수학적 과정과 관련하여 유아가 이해해야 할 내용을 체크리스트로 만들어 유아의 수학행동을 관찰하면 체계적인 평가를 할 수 있다.

〈체크리스트의 예〉

기관명 :	교사명 :
학급명 :	작성일 :

유아정보	이 름 :	생년월일 :
	성 별 :	기 타 :

항 목	구 분	
	예	아니오
1~10까지의 수를 순서대로 말할 수 있다.		
두 물체의 길이를 비교할 수 있다.		
주변의 반복되는 규칙성을 알 수 있다.		
같은 것끼리 짝짓기를 할 수 있다.		

(2) 면담

면담은 유아와 대화하며 유아가 수학 개념을 잘 이해하고 있는지 평가하는 방법이다. 면담은 사전에 계획하여 실행하는 형식적인 면담과 일과 중에 자연스럽게 활용하는 비형식적 면담으로 나눌 수 있는데, 유아교육기관에서는 비형식적인 면담을 활동과정에 포함하여 유아의 수학적 이해를 살펴보는 방법이 보다 유용하다. 나이가 어린 유아의 경우, 면담을 통해 자신의 사고를 표현하는 것이 어려우므로 Schwartz와 Brown(1995)이 제시한 인정하기, 검토하기, 도전하기 전략을 활용하면 유아가 자신의 생각을 보다 명확히 표현하게 도울 수 있다(Smith, 2012).

면담
형식적 면담, 비형식 면담

면담 전략
인정하기, 검토하기, 도전하기

오늘의 간식은 방울토마토와 우유 한 컵이에요		
교사 : 오늘 간식은 방울토마토와 우유 1컵이에요. 진이 : 선생님 병인이 접시에 방울토마토가 더 많아요. 교사 : 그래. 병인이 접시에 방울토마토가 더 많구나.	교사 : 혹시 너희 모둠에서 방울토마토가 더 많이 혹은 더 적게 담겨져 있는 접시가 있니? 진이 : (친구들의 접시를 살펴보며) 선미 접시의 방울토마토가 하나 더 적어요. 교사 : 어떻게 알았니?	교사 : 이번엔 우유를 나누어 줄게. (두 컵에 우유를 나누어 부으며) 어떤 컵의 우유가 더 많니? 어떻게 하면 똑같이 나눌 수 있을까? 진이 : (두 컵에 담긴 우유 양을 똑같이 만들기 위해 우유를 나눠 담는 행동을 반복함) 교사 : (진이 행동을 바라봄)
▶ 인정하기(validating) 수학적 개념에 대한 유아의 직관적 인식('더 많다')을 인정하고 언어로 표현해 주는 것	▶ 검토하기(reviewing) 수학적 개념에 대한 유아의 이해를 확인하기 위한 질문('더 많다'와 '더 적다'의 용어)을 하고, 유아가 사고한 것을 다시 생각해 보게 하는 것	▶ 도전하기(challenge) 수학적 개념에 대한 이해를 확장하기 위해 새로운 요소를 더한 수학적 활동을 제시하는 것

위의 경우와 같이 교사는 일상경험 중 비형식적인 면담을 활용하여 유아의 수학 개념을 평가할 수 있다. 교사는 간식을 먹는 일과 속에서 유아가 발견한 수량에 관한 직관적 인식을 언어로 표현해 주고(인정하기), "더 많이 혹은 더 적게 담아져 있는 접시는 없니? 어떻게 알았니?"라는 질문을 던져 '많고 적음'과 같은 양에 대한 유아의 수학적 이해를 평가하고자 하였다(검토하기). 그 다음에는 "어떤 컵의 우유가 더 많니? 어떻게 하면 똑같이 나눌 수 있을까?"와 같은 질문(도전하기)을 통해 '같음'에 대한 개념을 이해하는지를 평가하고, 두 개의 컵에 우유를 똑같이 나누는 새로운 과제를 부여하여 들이 측정을 할 수 있는지 확인하였다. 이와 같이 일과 속에 포함된 비형적인 면담은 관찰로는 얻기 어려운 정보를 자연스럽게 수집할 기회를 제공한다.

(3) 포트폴리오

포트폴리오는 유아의 발달과 학습에 대해 기록 · 수집한 자료를 체계적으로 조직한 결과물로 유아의 경험, 노력, 발달과정, 성취 등을 보여준다. 포트폴리오에는 개별 또는 모둠활동의 결과물, 그림, 유아의 언어를 기록한 관찰지, 유아들의 그래프, 유아의 행동을 찍은 사진이나 동영상, 유아의 자기 평가, 또래 평가, 객관적인 검사 결과 등을 포함할 수 있다. 포트폴리오는 유아의 수학적 이해를 평가하는 데 다음과 같은 특징이 있다(Smith, 2012).

포트폴리오
지속적으로 나타나는 발달과 학습에 대해 기록한 증거를 의도적으로 조직화한 결과물

- 유아의 발달과정을 연속적인 과정으로 확인할 수 있다.
- 유아의 수학적 이해에 관한 다양한 수행과정 및 결과 자료를 통해 다면적인 이해를 확인할 수 있다.
- 포트폴리오는 유아의 수학적 이해 및 발달과정에 대해 학부모와 효과적으로 의사소통할 수 있는 매개체가 된다.

포트폴리오에 포함할 수 있는 자료
유아 결과물, 그림, 관찰지, 그래프, 사진, 동영상, 자기 평가, 또래 평가, 검사결과

포트폴리오를 구성하여 평가하는 과정에 유아가 참여할 기회를 제공하면 수학활동에 대한 유아의 동기를 높이고 자율성을 향상시킬 수 있다. 예를 들어, 자신에게 의미 있는 활동결과물을 유아가 직접 고르게 하거나 어떤 자료를 모으고 싶은지 유아와 이야기를 나누는 것이다. 포트폴리오를 활용한 평가를 효과적으로 실행하기 위해서는 포트폴리오가 결과물을 수집하는 것이 아니라 유아의 발달과 진보에 대해 체계적으로 평가하는 과정임을 인식해야 하며, 학기 초에 포트폴리오에 어떠한 내용을 포함하여 평가할 것인지에 대한 계획을 미리 수립해야 한다.

포트폴리오의 특징
연속적인 발달과정 확인
수학적 이해에 대한 다면적 이해
효과적 의사소통 수단

다음에 제시한 〈수학 포트폴리오 평가의 예〉와 같이 개별 유아의 수학적 이해의 발달을 보여주는 자료를 수집하여 포트폴리오를 구성할 수 있다.

〈수학 포트폴리오 평가의 예〉

<table>
<tr><td>유 아 명</td><td>박○○</td><td>평가일시</td><td colspan="2">2018년 4월 4일</td></tr>
<tr><td>평가방법</td><td>일화기록, 체크리스트, 사진</td><td>활 동 명</td><td colspan="2">로콘블록 놀이</td></tr>
<tr><td>평가내용</td><td colspan="4">평면도형 인식, 도형 합하기와 나누기</td></tr>
<tr><td>관찰상황</td><td colspan="4">○○는 “삼각형만 모아야지”하고 이야기하며 여러 모양의 로콘블록 중 삼각형 로콘블록을 여러 개 모은다. ○○는 파란색 삼각형 로콘블록 6개로 오각형을 만든 후, 사방에 삼각형 로콘블록을 붙여 별 모양을 완성한다. ○○는 자신이 만든 것을 교사에게 보여주며 “선생님, 별을 만들었어요! 다 삼각형만 가지고 만들었어요.”라고 말한다. ○○는 “이번에는 무엇을 만들지?”하고 말한 뒤, 빨간색 삼각형 로콘블록 여러 개로 하트 모양을 만든다. 그리고 옆에 앉은 민하에게 “민하야, 나 하트 모양 만들었다!”라고 말한다.</td></tr>
<tr><td colspan="2">체크리스트</td><td>예</td><td>아니오</td><td>비고</td></tr>
<tr><td rowspan="3">평가내용</td><td>기본 도형의 이름을 아는가?</td><td>√</td><td></td><td></td></tr>
<tr><td>같은 도형끼리 모을 수 있는가?</td><td>√</td><td></td><td></td></tr>
<tr><td>도형을 나누거나 합하여 모양을 구성할 수 있는가?</td><td>√</td><td></td><td></td></tr>
<tr><td>활동모습</td><td colspan="4"> </td></tr>
<tr><td>교사의견</td><td colspan="4">○○는 평소 모양과 관련된 놀잇감을 가지고 놀이하는 것을 즐기는 편임. ○○는 여러 모양의 로콘블록을 1가지 준거(모양)로 분류할 수 있음. 그리고 삼각형, 사각형과 같은 기본도형의 이름을 알고, 말할 수 있음. ○○는 삼각형 로콘블록 여러 개를 이어 붙여 별, 하트와 같은 다른 도형을 완성함. ○○에게는 평면도형을 결합하여 입체도형을 만들어보는 활동을 제공하면 좋을 것 같음.</td></tr>
</table>

<table>
<tr><td>유 아 명</td><td>박○○</td><td>평가일시</td><td colspan="2">2018년 10월 4일</td></tr>
<tr><td>평가방법</td><td>일화기록, 체크리스트, 사진</td><td>활 동 명</td><td colspan="2">로콘블록 놀이</td></tr>
<tr><td>평가내용</td><td colspan="4">평면도형과 입체도형 인식, 도형 합하기와 나누기</td></tr>
<tr><td>관찰상황</td><td colspan="4">○○는 로콘블록 책에 있는 정육면체 전개도를 보고 사각형 로콘블록을 찾아 전개도 모양으로 놓는다. ○○는 로콘블록의 홈과 홈을 맞춰 끼워 정육면체를 만든 후, “다 끼우니까 상자모양이 되네.”하고 말한다. 옆에 있던 민지가 “나도 만들고 싶다. 사각형 몇 개 필요해?”라고 묻자 ○○는 정육면체의 면을 세다가 헷갈리는지 정육면체 전개도에 있는 사각형 블록의 수를 세어 민지에게 알려준다. ○○는 “다른 모양도 만들어야지. 이번에는 삼각형으로 만들어볼까?”하고 이야기한 후, 삼각형 블록 3개를 모아 삼각뿔을 만든다. 이어 사각형과 삼각형 로콘블록을 연결하여 사각뿔을, 오각형과 삼각형 로콘블록을 연결하여 오각뿔을 만든다.</td></tr>
<tr><td colspan="2">체크리스트</td><td>예</td><td>아니오</td><td>비고</td></tr>
<tr><td rowspan="3">평가내용</td><td>기본 도형의 이름을 아는가?</td><td>√</td><td></td><td></td></tr>
<tr><td>평면도형을 합하여 입체도형을 만들 수 있는가?</td><td>√</td><td></td><td></td></tr>
<tr><td>평면도형과 입체도형의 관계를 아는가?</td><td>√</td><td></td><td></td></tr>
<tr><td>활동모습</td><td colspan="4"> </td></tr>
<tr><td>교사의견</td><td colspan="4">○○에게는 평면도형을 결합하여 입체도형을 만들어보는 기회를 제공하기 위해 다양한 입체도형의 전개도를 책으로 만들어 제시함. 처음에는 전개도에 나와 있는 도형과 같은 평면도형을 찾아 끼움. 전개도 설명에 따라 홈과 홈을 끼워 정육면체를 만드는 경험을 통해 입체도형이 여러 면의 평면도형으로 이루어져 있음을 이해하며, 평면도형과 입체도형의 차이를 알고 있음.
이후 다양한 평면도형을 끼워 입체도형을 만들며 즐거워함. 자신이 만든 결과물을 가지고 팽이놀이로 연결하여 재미있게 놀이함.</td></tr>
</table>

2) 교사의 자기평가

자기평가
교사의 지식, 수행, 신념, 혹은 결과에 대한 적절성과 효과성을 스스로 판단하는 과정

수학교육을 평가하는 목적에는 유아의 발달을 지원하는 것뿐 아니라 교사의 전문성을 증진시키는 것도 포함된다. 교사의 자기평가는 교수능력 개선을 목적으로 지식, 수행, 신념, 혹은 결과에 대한 적절성과 효과성을 스스로 판단하는 과정(김정환, 이계연, 2005)으로 자신의 교수활동에 대한 전문성을 신장시키기 위한 것이다. 따라서 양질의 수학적 경험을 유아에게 제공하기 위해 교사는 수학교과교육학 지식을 점검하고, 수학교육의 질을 평가함으로써 전문성을 신장시켜야 한다.

(1) 수학교과교육학 지식 점검하기

전문성 함양을 위해 교사는 자신이 수학을 가르치는 데 필요한 수학교과교육학 지식(Pedagogical content Knowledge in Mathematics)을 가지고 있는지 점검할 필요가 있다. 교사의 수학교과교육학 지식은 유아의 수학경험과 수학능력의 성장에 영향을 주기 때문이다. 교사가 자기평가를 할 때, 매체로 자신의 수업을 관찰(동영상 촬영이나 음성녹음 등)하거나 평가도구(아래 〈표 8-1〉 참조) 등을 활용하면 보다 체계적으로 자신의 이해 정도를 파악할 수 있다.

표 8-1 수학교과교육학 지식 평가도구의 예

〈보기〉

1) 수학과 관련이 있다고 생각하는 장면을 찾아 밑줄과 번호를 표시해 주십시오.
2) 해당 장면이 유아수학교육의 내용 중 어떤 개념과 연관된다고 생각하는지 '교사의견'란에 기입해주십시오.
3) 왜 그렇게 생각하는지 괄호 안에 적어주기 바랍니다.

사례	교사 의견
윤아는 상차림 놀이를 하고 있다. 윤아는 '하나, 둘, 셋'이라고 조용히 혼잣말을 하며 숟가락 통에서 숟가락을 3개를 집어 들었다. … 이하 생략 …	① 수 (3까지 수세기를 함)

사례를 읽고 위의 〈보기〉와 같은 형식으로 답해 주시기 바랍니다.	교사의견

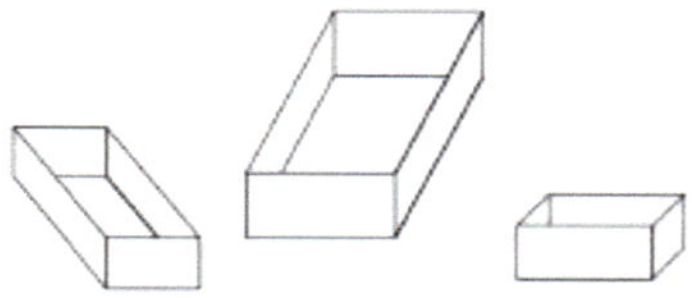

민희와 준영이는 역할놀이에서 아기 인형을 가지고 놀이하고 있다. 민희와 준영이는 아기인형 5개를 침대에 눕히고 싶었으나 침대가 없어서 주변에 있는 신발상자 3개를 가져와 침대 3개를 만들었다.

준영 : 근데, 여기 침대가 부족해.

민희 : (머리카락이 없는 인형 3개를 가리키며) "이 아기들은 더 어리니까"라고 말하며 민희는 머리카락이 없는 인형 3개를 상자 옆에 내려놓았다. 그리고 민희는 "이 아기들은 이제 낮잠 잘 필요가 없어."라고 말하면서 나머지 머리카락이 있는 인형 2개를 치워 버렸다. … 이하 생략 …

수학교과교육학 지식
수학교과내용을 상황에 적절하게 효과적으로 가르치는 방법에 대한 지식

출처 : 김나연(2016). 유아 교사의 수학교과교육학지식과 수학에 대한 태도의 관계. 이화여자대학교 석사학위논문.

(2) 교실에서 일어나는 수학교육의 질 평가하기

교사는 유아가 수학적 지식을 구성해가는 과정에서 다양한 활동을 통해 수학에 대한 직관적인 감각을 기르고, 수학적 사고를 형성하도록 촉진해야 한다. 수학교육의 질은 교사가 구성하는 물리적 환경과 상호작용에 의해 파악될 수 있는데, COEMET(Classroom Observation of Early Mathematics Environment and Teaching) 도구를 활용하면 교실 내의 수학교육의 질을 점검할 수 있다.

COEMET
교실문화, 의도적 수학활동으로 구분, 문항 점수가 높을수록 수학교육의 질이 높은 것으로 해석

표 8-2 수학교육의 질을 평가하는 도구의 예 : COEMET

- 평가내용 : 수학 관련 교실문화와 교사가 계획하여 준비한 수학활동에서 나타나는 수학적 상호작용에 대해 체크해 보는 평가도구
- 평가준거 : 5점 척도, 문항에 대한 점수가 높을수록 수학교육의 질이 높음

영역	내용범주	문항수(점수)
교실 문화 (45)	환경과 상호작용 • 유아들과의 상호작용 및 반응 • 주교사외 성인들의 적극적인 상호작용 • 가르칠 수 있는 순간(teachable moments)의 포착 • 수학적 소프트웨어가 있는 컴퓨터의 사용 • 수학활동과 관련된 자료의 준비 • 수학활동과 관련된 자료의 게시	6문항 (30)
	교사의 개인적 특성 • 수학에 대한 지식과 자신감 • 수학학습에 대한 믿음 • 수학적 아이디어에 대한 열정	3문항 (15)
의도적 수학 활동 (95)	수학적 초점 • 수학적 내용에 대한 이해 • 유아의 발달에 적합한 수학내용	2문항 (10)
	교수방법 • 수학적 사고에의 몰입 • 활동 진행 속도의 적합성 • 양질의 수학활동 운영 • 교사의 적극적 참여 시간의 비율 • 교수전략의 적합성	5문항 (25)
	수학적 기대 • 유아에 대한 수학적 기대수준의 적합성 • 유아들의 노력과 집중에 대한 인정	2문항 (10)
	유아의 해결방법 유도 • 유아의 아이디어 공유에 대한 요청 • 유아의 반응 촉진 • 다른 유아의 아이디어에 대한 평가 격려	3문항 (15)
	유아의 개념적 이해 지원 • 설명하는 유아의 생각에 대한 지지 • 듣고 있는 유아의 이해를 지원 • 필요한 만큼 적절량의 도움 제공	3문항 (15)
	유아의 수학적 사고 확장 • 유아의 아이디어 정교화 • 유아의 반성적 사고 격려	2문항 (10)
	평가 • 경청 및 관찰 기록 • 발달 수준에 맞게 과제와 토론의 조정	2문항 (10)

출처 : Sarama & Clements (2007). *Manual for Classroom Observation (COEMET)–Version3*. Unpublished version.

■ 포트폴리오의 관찰 사항과 교사 의견에 기초하여 1) 평가내용(핵심개념)을 적은 뒤, 2) 체크리스트에 √해 주세요.

유 아 명	박○○	평가일시	20**년 12월 14일
평가방법	체크리스트, 사진	활 동 명	눈송이로 5 만들기
평가내용 (핵심개념)			
관찰상황	○○이는 친구와 함께 '눈송이로 5 만들기' 놀이를 한다. 친구가 눈송이가 2개 그려진 카드를 내려놓자, ○○이는 "아 제발~ 나는 눈송이 3개 카드 나왔으면"하고 말한다. ○○이는 뒤집은 카드에서 눈송이 3개가 나온 것을 보고 재빨리 종을 누르며 "5개"하고 말한다. 친구가 눈송이 1개가 그려진 카드를 내려놓자, ○○이는 "이번에는 눈송이 4개 그래야 5갠데." 하고 말한다.		

체크리스트		예	아니오	비고
평가내용	수를 세지 않고 직관적으로 수량을 알 수 있는가?			
	구체물 수량의 부분과 전체 관계를 알 수 있는가?			
	5 이내의 범위 내에서 구체물을 더할 수 있는가?			
활동모습				
교사의견	○○이는 평소에 수와 관련된 게임에 흥미를 가지고 자발적으로 참여하는 편이며, 자신감이 많은 편임. ○○이는 '눈송이 5 만들기' 놀이를 하며 카드에 그려진 눈송이의 개수를 소리 내어 세지 않고 '즉지하기'를 하여 수를 파악할 수 있고, 다양한 조합으로 5를 만들 수 있음. ○○이는 5 이내의 범위 내에서 수 연산을 능숙하게 할 수 있으므로, 수의 범위를 늘려 구체물을 통해 수 연산을 할 수 있는 경험을 제공하면 좋을 것 같음.			

참고문헌

고경나, 오은순 (2015). 유아 수와 연산 교육실태와 교사 인식 조사. **육아지원연구, 9**(1), 65-95.

고윤희 (2017). **표준보육과정과 누리과정에 기초한 영유아 수과학교육**. 경기: 공동체.

교육과학기술부 (2013). **초등학교 1~2학년군 수학 교사용 지도서**. 서울: 천재교육.

교육과학기술부, 보건복지부 (2012). **5세 누리과정 교사용 지도서**. 서울: 교육과학기술부.

교육과학기술부, 보건복지부 (2013). **3-5세 연령별 누리과정 해설서**. 서울: 교육과학기술부 · 보건복지부.

교육부 (2018). **교사용 지도서 수학 1-1**. 서울: 천재교육.

교육부 (2019). **유치원 교육과정**(교육부 고시 제2019-189호). 세종: 교육부.

교육부, 보건복지부 (2019). **2019 개정 누리과정 해설서**. 세종: 교육부, 보건복지부.

교육인적자원부 (2007). **유아를 위한 수학교육활동자료**. 서울: 교육인적자원부.

김경희 (2007). 사회적 구성주의 수학활동이 유아의 수학능력, 수학적 과정, 수학적 태도에 미치는 영향: 측정영역 중심으로. 순천향대학교 대학원 박사학위논문.

김나연 (2016). 유아교사의 수학교과교육학지식과 수학에 대한 태도의 관계. 이화여자대학교 대학원 석사학위논문.

김민경, 홍혜경, 이지현, 이정욱 (2006). **유아수학교육의 탐구**. 서울: 교우사.

김민형 (2018). **수학이 필요한 순간**. 서울: 인플루엔셜.

김보경, 박윤현, 이순형 (2017). 자극의 대상개별화 수준에 따른 유아와 성인의 즉지하기: 대상의 간격, 색, 모양 구성에 따른 수행을 중심으로. *Family and Environment Research, 55*(5), 491-505.

김소향 (2004). 수학게임을 통한 유아의 수학적 지식, 수학적 과정기술, 수학적 태도에 미치는 영향. 덕성여자대학교 박사학위논문.

김숙자, 변경애, 변선주, 박현진 (2007). 유아 미술과 수학 활동의 통합적 접근이 수 표상에 미치는 영향. **유아교육학논집, 11**(2), 263-284.

김영실, 김지영 (2002). 유아의 수 세기 능력에 관한 연구. **한국교육, 29**(1), 247-265.

김유정, 김정원 (2015). **재미있고 쉬운 유아수학교육: 누리과정에 근거한 그림책 활용 접근번의 이론과 실제**. 경기: 공동체.

김정환, 이계연 (2005). 수업의 질 개선을 위한 교사 수업능력 자기평가 방략에 관한 논리적 고찰. **교육평가연구, 18**(3), 19–38.

김지혜 (2003). 신체활동을 통한 수학교육 활동이 유아의 수학개념 습득과 태도에 미치는 영향. 중앙대학교 교육대학원 석사학위논문.

문연심 (2009). **통합적 접근에 기초한 영유아 수학교육.** 경기: 양서원.

박지영, 황해익 (2006). 유아의 수학학습 잠재력에 따른 수학능력 및 수학적 태도의 차이. **유아교육논총, 15**(1), 27–47.

박진이 (2017). 유치원 만 5세와 초등학교 1학년 수학수업에서 나타나는 연계의 모습. 덕성여자대학교 박사학위논문.

백소영 (2005). 일상생활 자료를 활용한 수학적 탐구 활동이 유아의 수학 개념 및 태도에 미치는 영향. 중앙대학교 교육대학원 석사학위논문.

변자영 (2009). 사전 설계를 통한 쌓기 놀이가 유아의 기하도형 이해에 미치는 영향. 덕성여자대학교 교육대학원 석사학위논문.

서혜정, 고지민 (2017). **유아수학교육.** 경기: 어가.

신이섭, 황혜정, 김동원, 이동환, 송민호, 신항균, 장혜원, 김상미, 고호경, 김선희, 이환철, 방승진, 박혜숙, 이재학, 김영록, 도종훈, 김화경, 전철, 최흥원 (2011). **2009 개정 교육과정에 따른 수학과 교육과정 연구.** 정책연구 2011–11. 서울: 한국장학창의재단.

유승희 (2017). 영유아교사의 수학교수효능감에 대한 수학적 태도, 수학교과교육학 지식 및 구성주의 신념의 영향. 명지대학교 대학원 석사학위논문.

유지연 (2002). 수학 · 음악 통합 활동이 유아의 패턴 이해 능력에 미치는 영향. 덕성여자대학교 교육대학원 석사학위논문.

이정욱 (2004). Vygotsky의 근접발달지대에 기초한 유아 기하도형 지도를 위한 이론적 고찰. **열린유아교육연구, 9**(3), 371–391.

이정욱 (2008). 교집합의 확률에 관한 유아의 이해. **유아교육학논집, 12**(6), 281–296.

이정욱, 김인아 (2007). 유아의 확률적 사고에 관한 연구. **유아교육연구, 27**(3), 337–353.

이정욱, 박진이 (2013). 어린이집의 3–5세 연령별 누리과정 운영 실태: 서울 지역을 중심으로. **유아교육연구, 33**(6), 339–365.

이정욱, 오애순 (2002). 3,4,5세 유아의 크기 비교 능력 및 전략. **아동학회지, 23**(4), 21–33.

이정욱, 유연화 (2012). **유아수학교육.** 경기: 정민사

한유미 (2016). **유아수학교육**(개정증보판). 경기: 정민사

홍혜경 (1999). 유아의 수 표상능력 발달에 대한 분석과 교육적 활용. **유아교육연구, 19**(2), 95–119.

홍혜경 (2009). **유아 수학능력 발달과 교육**(개정판). 경기: 양서원.

홍혜경 (2010). **영유아를 위한 수학교육**. 경기: 공동체.

홍혜경, 이정욱, 정정희 (2006). 유아수학능력검사 도구 개발. **유아교육연구, 26**(5), 377-401.

황의명, 조형숙, 서동미 (2017). **유아수학교육**. 경기: 정민사.

황정숙 (1997). 수학교수방법이 유아의 수학적 개념, 문제해결 능력, 수학 접근태도에 미치는 영향. **유아교육학논집, 1**(1), 55-83.

Andrews, A. G., & Trafton, P. R. (2017). **어린이 수학자**. 한종화(역). 경기: 정민사. (원본 출간 2002)

Baroody, A. J. (2004). The developmental bases for early childhood number and operations standards. In *Engaging young children in mathematics: Standards for early childhood mathematics education* (pp. 173-219). New York: Routledge.

Boulton-Lewis, G. M., Wilss, L. A., & Mutch, S. L. (1996). An analysis of young children's strategies and use of devices for length measurement. *The Journal of Mathematical Behavior, 15*(3), 329-347.

Bransford, J. D., Brown, A. L., & Cocking, R. R. (Eds.). (1999). *How people learn: Brain, mind, experience, and school.* Washington, DC: National Academy Press.

Carpenter, T. P., & Moser, J. M. (1984). The acquisition of addition and subtraction concepts in grades one through three. *Journal for research in Mathematics Education, 15*(3), 179-202.

Carpenter, T. P., Carey, D. A., & Kouba, V. (1990). A problem solving approach to the operations. In J. Payne (Ed.), *Mathematics for the young child* (pp. 111-132). Reston, VA: National Council of Teachers of Mathematics.

Charlesworth, R., & Lind, K. K. (2010). *Math & Science for Young Children* (6th ed.) Belmont, CA : Wadsworth Cengage learning.

Clements (2004). Geometric and Spatial Thinking in Early Childhood Education. In D. H. Clements, J. Sarama, & A. M. DiBiase (Eds.), *Engaging Young Children in Mathematics: Standards for Early Childhood Mathematics Education* (pp. 267-297). Mahwah, NJ: Lawrence Erlbaum Associates.

Clements, D. H. (1999). Teaching Length Measurement : Research Challenges. *School Science Mathematics 99*(1), 5-11.

Clements, D. H. (2003). Teaching and learning geometry. In J. Kilpatrick, W. G. Martin, & D. Schifter (Eds.), *A research companion to principles and standards for school mathematics* (pp. 151-178). Reston, VA: National Council of Teachers of Mathematics.

Clements, D. H. (2004). Engaging Young Children in Mathematics: Major Themes and Recommendations. In D. H. Clements & J. Sarama (Eds.), *Engaging young children in mathematics: Standards for early childhood mathemctics* (pp. 7–72). Mahwah, NJ: Lawrence Erlbaum Associates.

Clements, D. H. (2004). Major themes and recommendations. In D. H. Clements & J. Sarama(eds.), *Engaging young children in mathematics : Standards for early childhood mathematics education.* Mahwah, NJ : Lawrence Erlbaum Associate, Pub.

Clements, D. H., & Battista, M. T. (1992). Geometry and spatial reasoning. In D. A. Grouws (Ed.), *Handbook of research on mathematics teaching and learning* (pp. 420 – 464). New York: Macmillan.

Clements, D. H., & McMillen, S. (1996). Rethinking "concrete" manipulatives. *Teaching children mathematics, 2*(5), 270–280.

Clements, D. H., & Stephan, M. (2004). Measurement in pre–K to grade 2 mathematics. *Engaging young children in mathematics: Standards for early childhood mathematics education*, 299–317.

Clements, D. H., Sarama, J., & DiBiase, A. M. (2003). *Engaging young children in mathematics: Standards for early childhood mathematics education.* New York: Routledge.

Copley, J. V. (2000). *The young Child and mathematics.* Washington DC: NAEYC.

Cross C., Woods, T. A., & Schweingruber, H. (2009). *Mathematics Learning in Early Childhood: Paths toward Excellence and Equity.* Washington DC: National Research Council of the National Academics press.

Decker, C. A., & Decker, J. R. (2001). *Planning and administering early childhood programs.* Upper Saddle River, NJ : Prentice–Hall, Inc.

Delacour, L. (2012). Interpreting the curriculum–mathematics and didactic contracts in Swedish preschools. *Utbildning och Lärande/Education and Learning, 6*(2), 64–79.

Devlin, K. (2005). *The math instinct: Why you're a mathematical genius (along with lobsters, birds, cats, and dogs).* New York: Avalon.

Duncan, G. J., & Magnuson, K. (2011). The nature and impact of early achievement skills, attention skills, and behavior problems. In G. J. Duncan and R. J. Murnane (Eds.), *Whither opportunity? Rising inequality, schools, and children's life chances* (p. 572). New York: Russell Sage Foundation.

Duncan, G. J., Dowsett, C. J., Claessens, A., Magnuson, K., Huston, A. C., Klebanov, P.,

Pagani, L., Feinstein, L., Engel. M., Brooks-Gunn, J., Sexton, H., Duckworth, K., & Japel, C. (2007). School readiness and later achievement. *Developmental Psychology, 43*(6), 1428-1446.

Evans, T. M., Kochalka, J., Ngoon, T. J., Wu, S. S., Qin, S., Battista, C., & Menon, V. (2015). Brain structural integrity and intrinsic functional connectivity forecast 6 year longitudinal growth in children's numerical abilities. *Journal of Neuroscience, 35*(33), 11743-11750

Farran, D. C., Lipsey, M. W., & Wilson, S. (2011). *Experimental evaluation of the Tools of the Mind pre-k curriculum*. Report available online, https//my.vanderbilt.edu/toolsofthemindevaluation/files/2011/12/Tools-Report-8-10-11-Appendices-Removed1.pdf.

Geary, D. C. (1994). *Children's mathematical development: Research and practical applications.* Washington, DC, US: American Psychological Association.

Gelman, R., & Gallistel, C. R. (1978). The child's concept of number. Cambridge, MA: Harvard.

Ginsburg, H. P., & Baron, J. (1993). Cognition: Young children's construction of mathematics. In R. J. Jensen (Ed.), *Research ideas for the classroom: Early childhood mathematics* (pp. 3-21). New York: Macmillan.

Ginsburg, H. P., Inoue, N., & Seo, K. (1999). Young children doing mathematics: Observations of everyday activities. In J. V. Copley (Ed.), *Mathematics in the early years* (pp. 88 - 99). Reston VA: National Council of Teachers of Mathematics

Hannibal, M. A. Z., & Clements, D. H. (2000). Young children's understanding of basic geometric shapes. *Manuscript submitted for publication.*

Hildebrandt, C. & Zan, B. (2002). Using group games to teach mathematics. In R. DeVries, B. Zan, C. Hildebrandt, R. Edmiaston, & C. Sales (Eds.). *Developing constructivist early childhood curriculum: Practical principle and activities.* New York: Teachers College Press.

Hofer, K. G., Farran, D. C., & Cummings, T. P. (2013). Preschool children's math-related behaviors mediate curriculum effects on math achievement gains. *Early Childhood Research Quarterly, 28*(3), 487-495.

Huttenlocher, J., & Newcombe, N. (1984). The child's representation of information about location. In C. Sophian (Ed.), *The origin of cognitive skills* (pp. 81 - 111). Hillsdale, NJ: Lawrence Erlbaum Associates.

Kamii, C. K., & Housman, L. B. (1999). *Young children reinvent arithmetic: Implications of Piaget's theory*(2th ed). New York: Teachers College Press

Kennedy, L. M. & Tipps, S. (2000). *Guiding children's learning of mathematics.* Belmont, CA: Wadsworth.

Klibanoff, R. S., Levine, S. C., Huttenlocher, J., Vasilyeva, M., & Hedges, L. V. (2006). Preschool children's mathematical knowledge: The effect of teacher "math talk". *Developmental psychology, 42*(1), 59-69.

Kloosterman, P., Warfield, J., Wearne, D., Koc, Y., Martin, W., & Strutchens, M. (2004). Fourth-grade students' knowledge of mathematics and perceptions of learning mathematics. In P. Kloosterman & F. Lester (Eds.), *Results and interpretations of the 1990 through 2000 mathematics assessment of the National Assessment of Educational Progress*. Reston, VA: National Council of Teachers of Mathematics.

McAfee, O. D., & Leong, D. J. (2002). *Assessing and guiding young children's development and learning.* Boston, MA: Allyn & Bacon.

McBride, J. W., & Silverman, F. L. (1991). Integrating Elementary/Middle School Science and Mathematics. *School Science and Mathematics, 91*(7), 285-92.

NAEYC & NCTM (2002). *Early childhood mathematics: Promoting good beginnings*. Joint position statement. Washington, DC: NAEYC.

National Council of Teachers of Mathematics (1989). *Curriculum and evaluation standards for school mathematics.* Reston, VA: Author.

National Council of Teachers of Mathematics (2000). *Principles and Standards for School Mathematics.* Reston, VA: Author.

National Research Council (2006). *Learning to think spatially*. Washington, DC: National Research Council, National Academy Press

Pagani, L. S., Fitzpatrick, C., Archambault, I., & Janosz, M. (2010). School readiness and later achievement: a French Canadian replication and extension. *Developmental psychology, 46*(5), 984.

Pirjo, A., Jarkko, H., Johannes, E., & Van, L. (2005). Mathematical thinking intervention programmes for preschool children with normal and low number sense. *European Journal of Special Needs Education, 20*(2), 131-146.

Reys, R., Lindquist, M. M., Lambdin, D. V., & Smith, N. L. (2009). *Helping children learn mathematics* (9th ed.). Hoboken, NJ: Wiley.

Sarama, J., & Clements, D. H. (2007). *Manual for Classroom Observation* (COEMET)-Version3. Unpublished version.

Sarama, J., & Clements, D. H. (2009). *Early childhood mathematics education research: learning trajectories for young children.* New York: Routledge.

Schoenfeld, A. H., & Stipek, D. (2011). Math matters: Children's mathematical journeys start early. *Report of the Pathways for Supporting Early Mathematics Learning Conference held November 7 & 8*. Berkeley, CA.

Schwartz, S. L., & Brown, A. A. (1995). Communicating with young children in mathematics: A unique challenge. *Teaching Children Mathematics, 1*(6), 350-354.

Shaw, J. M., & Blake, S. (1998). *Mathematics for young children.* Prentice Hall.

Siegler, R. S. (1998). *Emerging minds: The process of change in children's thinking*. New York: Oxford University Press.

Smith, S. S. (2012). *Early Childhood Mathematics*(5th ed.). Boston: Allyn & Bacon.

Starkey, P., & Cooper, R. G. (1995). The development of subitizing in young children. *British Journal of Developmental Psychology, 13*(4), 399-420.

Taylor-Cox, J. (2003). Algebra in the early years. *Young Children, 58*(1), 14-21.

Van de Walle, J. A. (1988). The Early Development of Number Relations. *Arithmetic Teacher, 35*(6), 15.

Ward, C. S. (1993). Developmental versus academic mathematics education: Effects on problem-solving performance and attitudes toward mathematics in kindergarten. Unpublished doctoral dissertation, Peabody College for Teacher of Vanderbilt University.

Wynn, K. (1992). Addition and subtraction by human infants. *Nature, 358*(6389), 749-750.

Wynn, K. (2000). Findings of addition and subtraction in infants are robust and consistent: Reply to Wakeley, Rivera, and Langer. *Child Development, 71*(6), 1535-1536.

찾아보기

ㄱ

공간시각화 • 111
공간적 사고 • 105
관찰 • 239
관찰을 통한 평가 • 094
교사가 제작한 교구 • 236
국가수준 유아수학교육과정 • 026
규칙성 • 176
규칙성의 발달과정 • 181
규칙성의 유형 • 177
그래프의 종류 • 207
그림그래프 • 209
기본단위 • 185
길이 • 152

ㄴ

넓이 • 154
놀이와 의도적 교수 • 025

ㄷ

다양한 놀이 공간 • 232
단순분류 • 203
대수적 사고 • 176
더하기 전략 • 080
도형 • 114
도형의 합성과 분할 • 121
두 수의 크기 비교하기 전략 • 074
들이 • 155

ㅁ

말로서 기 • 068
면담 • 241
무게 • 156
문제하 결하기 • 044
물체서 기 • 069

ㅂ

복합눈류 • 204
부분과 전체의 관계 • 077
분류하기 • 201
비교하기 • 144
비형식적 수학 • 017
빼기 전략 • 082

ㅅ

상징그래프 • 209
상품화된 교구 • 236
생성방식에 따른 유형 • 179
생활 속의 수학 • 016
수 세기 • 067
수 세기의 원리 • 069
수 쓰기 • 073
수 연산 • 079
수 읽기 • 072

수학교과교육학 지식 • 247
수학 놀이 읽기 • 086
수학영역 • 230
수학적 경험 • 019
수학적 과정 • 023
수학적 태도 • 053
수학활동자료 • 235
순서수 • 065
순서 짓기 • 146
시간 • 157
실물그래프 • 208

ㅇ

연계하기 • 051
우발적 수학 놀이 지원하기 • 088
위치와 방향 • 106
유목포함 • 205
유아에 대한 평가 • 238
의사소통하기 • 048
이름수 • 065
이행성 • 146
일상용품 • 235
일화기록 • 239
임의 단위 • 150
입체도형 • 115

ㅈ

자연수 • 065
즉지하기 • 066
집합수 • 065
짝짓기 • 202

ㅊ

체크리스트 • 240
추론하기 • 046
측정 • 143

ㅍ

평가 • 238
평가에 기초한 수학학습 • 025
평면도형 • 118
포트폴리오 • 243
표상양식에 따른 유형 • 178
표준 단위 • 151

COEMET • 248

저자소개

이정욱

덕성여자대학교 유아교육과 및 동 대학원 졸업

미국 Wisconsin–Madison 주립대학교(철학박사)

현재 : 덕성여자대학교 유아교육과 교수

임수진

덕성여자대학교 유아교육과 및 동 대학원 졸업(교육학박사)

현재 : 동신대학교 유아교육과 부교수

마혜진

덕성여자대학교 대학원 졸업(교육학박사)

현재 : 서울교통공사 어린이집 원장

박진이

덕성여자대학교 유아교육과 졸업

중앙대학교 교육대학원 졸업

덕성여자대학교 대학원 졸업(교육학박사)

현재 : Radboud University 방문연구원

양지애

덕성여자대학교 유아교육과 및 동 대학원 졸업(교육학박사)

현재 : 국립공주대학교 유아교육과 조교수

이소정

덕성여자대학교 대학원 졸업(교육학박사)

현재 : 두원공과대학교 보육복지과 조교수

유아수학교육

1판 1쇄 발행 2019년 8월 30일
1판 6쇄 발행 2025년 1월 30일

저 자 이정욱 · 임수진 · 마혜진 · 박진이 · 양지애 · 이소정
발 행 인 회장 박철용
대표 박세원
발 행 처 정민사
주 소 경기도 파주시 직지길 522 파주출판도시
전 화 031-955-8030
팩 스 031-955-8025
홈 페 이 지 http://www.jmpub.co.kr
이 메 일 yswgroup@naver.com
출 판 등 록 1979년 1월 22일 No. 406-2004-000130호

I S B N 978-89-5809-767-9
정 가 20,000원